Matthias Glaubrecht:
Wenn's dem Wal zu heiß wird
Neue Berichte aus dem Alltag der Tiere

Deutscher
Taschenbuch
Verlag

dtv

Im Text ungekürzte Ausgabe
Dezember 1991
Deutscher Taschenbuch Verlag GmbH & Co. KG,
München

ISBN 3-430-13227-4
Umschlaggestaltung: Celestino Piatti
Umschlagfoto Vorderseite: François Gohier,
Bildarchiv Okapia, Frankfurt am Main
Umschlagfoto Rückseite: Fotostudio Volksdorf
Gesamtherstellung: C.H. Beck'sche Buchdruckerei,
Nördlingen
Printed in Germany · ISBN 3-423-11482-7

Inhalt

Denn die Wahrheiten der organischen Natur sind von liebenswürdiger und ehrfurchtgebietender Schönheit, und sie werden immer schöner, je tiefer man in ihre Einzelheiten und Besonderheiten eindringt. Es ist unsinnig zu meinen, die Sachlichkeit der Forschung, das Wissen, die Kenntnis der natürlichen Zusammenhänge schmälerten die Freude am Wunderbaren der Natur. Im Gegenteil: Der Mensch wird um so tiefer und nachhaltiger von der lebendigen Wirklichkeit der Natur bewegt werden, je mehr er über sie weiß.

Konrad Lorenz

Vorwort: Von Mosaiksteinchen, Nobelpreisen und Vermenschlichungen

Als der britische Naturforscher Charles Darwin vor 150 Jahren während seiner Weltumseglung mit dem Forschungsschiff ›Beagle‹ die Galapagos-Inseln betrat, bekam er zum erstenmal eine Idee davon, *wie* Evolution funktioniert. Mehr als eine Legende freilich ist dies nicht. Dennoch kann Darwins Forschungsreise von 1831–1836 getrost als die Geburtsstunde der modernen Evolutionsbiologie gelten, obgleich der Forscher seine Erkenntnisse erst nach bewundernswert gründlicher Schreibtischarbeit ein Vierteljahrhundert später veröffentlichte.

Auch noch 125 Jahre danach wird am Gedankengebäude der Evolutionstheorie eifrig gebaut – mehr denn je, nachdem Konrad Lorenz die Verhaltensforschung in den Rahmen der Evolutionsbiologie eingefügt hat und nachdem die Soziobiologie und Öko-Ethologie in den 70er und 80er Jahren zum Verhalten der Tiere eine Fülle von faszinierenden, aber auch kontroversen Theorien beisteuerte. Verhaltensweisen, seien es die von Vögeln, Fischen oder Menschen, werden als von der Evolution auserlesen aufgefaßt, so wie auch Flügel, Flossen und Finger an die Umwelt angepaßt sind. Mehr noch: Wissenschaftler begreifen diese Verhaltensweisen zunehmend als geradezu ausgetüftelte und überaus raffinierte »Strategien« zum Überleben in einer sich verändernden Welt. Sie fragen als Evolutionsbiologen nicht mehr nur nach dem *Wie* von Verhaltensweisen, sondern sind in den letzten Jahren vor allem dem *Warum* und *Wozu* auf der Spur.

Sie unterziehen alltägliche Verhaltensmuster einer geradezu kaufmännisch anmutenden Kosten/Nutzen-Analyse, bei der sie den Gewinn in Form von Genen und Generationen vergeben; und es gelingt ihnen sogar zu erklären, warum uneigennütziges, ja geradezu selbstmörderisches Verhalten bei Tieren entstand – eine Frage, an deren Beantwortung sich Darwin und Darwinisten zuvor vergeblich die Zähne ausgebissen hatten.

Von solchen Fragen und Antworten soll in diesem Buch

am Beispiel aktueller Forschungsergebnisse die Rede sein. Nicht die Theorie der Evolution wird dabei in erster Linie diskutiert werden. Ich möchte vielmehr Geschichten erzählen: Geschichten von Tieren, ihrem Verhalten und ihrer Evolution, die besser im Gedächtnis haften bleiben als theoretische Abhandlungen. Ganz ohne Fakten, Befunde und Fossilien freilich wird es allerdings auch dabei nicht gehen. In den Geschichten spannt sich der Bogen vom Brutparasitismus des Kuckucks über die Paarungssysteme bei Vögeln bis zur Molekularbiologie und zur Paläontologie, vom Archaeopteryx bis zum Zebra, vom »lebenden Fossil« Quastenflosser zum ausgestorbenen Quagga bis hin zu der Frage, warum es Walen selten zu warm wird – ein, so hoffe ich, buntes und spannendes Bild der Naturgeschichte.

In einer Zeit, in der die meisten von uns – und Wissenschaftler wären die letzten, die dabei eine Ausnahme machten – immer mehr über immer weniger wissen, erschien es mir wichtig, verstreute Forschungsarbeiten zusammenzutragen und eine Verknüpfung isolierter Kenntnisse herzustellen. Mehr als ein Mosaikbild der modernen Biologie allerdings kann auch dieses Buch nicht sein.

Mit der Abstammungslehre hatte Darwin einst sowohl ein Konzept für die Ursachen der Evolution vorgelegt als auch umfangreiches Belegmaterial für die Evolution an sich. Dieses Belegmaterial ist angewachsen. Bei der täglichen wissenschaftsjournalistischen Arbeit entdeckt man, wie sich oft eine neue Erkenntnis an die andere fügt, so wie sich Mosaiksteinchen auf vielfältige Weise aneinanderfügen. Und so wie diese zahlreiche Verbindungen aufnehmen zu benachbarten Steinchen, so sollen auch diese Geschichten das farbige und facettenreiche Mosaikbild der Evolutionsbiologie entstehen lassen.

Vorgestellt werden dabei – mit einer Ausnahme – die Forschungen anderer, doch ich habe mich bemüht, diese so zuverlässig wie möglich wiederzugeben. Geschrieben wurde dieser Band aber nicht nur, um verblüffende Geschichten vom Verhalten der Tiere zu erzählen, sondern um Interesse zu wecken für oft vernachlässigte Teile der Biologie, die nach oberflächlicher Ansicht allenfalls gut sind für »exotische Tierstories«. Die erkenntnisorientierte Grundlagenforschung, der wir unser Weltbild verdanken, ist oft ein Stiefkind und selten spektakulär. In einer Zeit, da Gentechnologie und Molekularbiologie als Schlüsselwörter biologischer Disziplinen im Wortschatz und Denken vieler überhandzunehmen drohen, stehen die medizinisch und merkantil verwertbaren biologischen Forschungen an vorderster Front; Nobelpreise dagegen für Evolutionsbiologen wird es vielleicht nie geben. Aber gäbe es nur Nobelpreisträger, wäre unser Kenntnisstand über die Naturgeschichte und über die Evolution des Menschen immer noch im Nebelhaften des 19. Jahrhunderts verhüllt. Auch Darwin wäre, hätte es den Nobelpreis damals gegeben, wahrscheinlich nicht mit ihm ausgezeichnet worden.

Daß die Geschichte der Natur viel zu faszinierend und wichtig ist, um sie allein in Fachveröffentlichungen schlummern zu lassen, hoffe ich in verständlicher Sprache vermittelt zu haben. Doch dort, wo allzu menschenähnliches Verhalten eine vermenschlichende Darstellung geradezu aufdrängt, hoffe ich, dieser Gefahr beim Schreiben nicht erlegen gewesen zu sein. Wenn da – und das sei betont – lediglich *analog* zum menschlichen Verhalten von Ehe, Seitensprung, Trug und Treue die Rede ist, so nicht, um tierisches Verhalten mit menschlichen Maßstäben zu messen, sondern einfach, um in einem leicht lesbaren Bericht jene Begriffe unserer Sprache zu gebrauchen, mit denen sich tierische Verhaltensweisen möglichst anschaulich schildern lassen. Und das gelingt mit einem Wort wie Seitensprung allemal leichter als etwa mit einem geradezu zwanghaft neutral gehaltenen Begriff der Fachwelt wie »extra pair fertilization«, der soviel wie »außereheliche Kopulation« bedeutet.

Wenn exakte Naturwissenschaft gelegentlich etwas salopp geschildert wird, wie etwa das Bestreben der Systematiker, ein natürliches System des Lebendigen zu erarbeiten, als »Phylogenie-Spiel«, so geschieht das nicht in der Absicht, dies als lächerliche und unzeitgemäße Beschäftigung oder akademischen Zeitvertreib abzutun, sondern um oft »trokkene« Abschnitte dem Leser näherzubringen; dies um so mehr, als ich selbst an derartigen Fragestellungen interessiert bin. Und das eigene Steckenpferd reitet man am liebsten.

So ist die Auswahl der Aufsätze, wenn auch nicht zufällig, so doch angesichts der Fülle neuer Erkenntnisse notwendigerweise subjektiv und spiegelt die Neigungen des Autors wider – aber wo tut sie das nicht. Ein Schwergewicht liegt deshalb auch auf ornithologischen Arbeiten, zumal wesentliche evolutionsbiologische und soziobiologische Studien an Vögeln ausgeführt wurden. Die Verhaltensforschung wie auch die Evolutionsbiologie verdankt dieser leicht zu beobachtenden und im Verhalten derart vielfältigen Tiergruppe wesentliche Impulse; und zu allem Überfluß entstammt auch das berühmteste Fossil der Paläontologie, der »Urvogel«, jener Verwandtschaft.

Doch ich hoffe, auch mit diesen Geschichten, die die Natur selbst schrieb, einige Einblicke in die »Arbeitsweise« der Evolution und der Evolutionsforscher zu geben; Einblicke in solche Fragen, die die Biologen auch beschäftigen und von deren Antwort Charles Darwin vermutlich gern gewußt hätte.

Hamburg, im April 1988 Matthias Glaubrecht

Teil I:
Soziobiologie –
Anpassung an die Umwelt

1. Kapitel: Unfreiwillige Pflegeeltern

Zum Kuckuck mit dem Kuckuck
Auch Schmarotzer haben es schwer

Jahr für Jahr wiederholt sich das Drama: Ein Singvogelweibchen hat kaum seine Eier gelegt und für einen Augenblick das Nest verlassen, da wird schon ein fremdes Ei hineingeschmuggelt und dafür in Sekundenschnelle ein anderes aus dem Gelege gefressen.

Den Vogel, von dem da die Rede ist, kennt jeder. Sein Name steht für Brutparasitismus *par excellence.* Das kuriose Fortpflanzungsverhalten ist so bekannt wie der unverwechselbare Ruf, der uns den Frühling verkündet – und den Singvögeln Gefahr für ihr Gelege. Der Kuckuck legt etwa zehn Eier in zehn verschiedene Nester und sichert so die Erhaltung seiner Art. Er überläßt die Sorge der Aufzucht den Wirtsvögeln, die die Kuckuckseier auf Kosten des eigenen Nachwuchses ausbrüten und Mühe haben, den Heißhunger des kleinen Schmarotzers zu stillen.

Und der Dank? Je erfolgreicher die Wirte den Kuckuck aufziehen, desto eher werden sie in den nächsten Jahren wieder heimgesucht. Der Jungkuckuck merkt sich bereits im Nest das Aussehen seiner Zieheltern, so daß er diese Vogelart später wiedererkennt. Denn die Eier legen die Kuckucksweibchen bevorzugt bei »ihrer« Wirtsvogelart ab.

Doch – und das entdeckte man erst jetzt: Zumindest einige der heimgesuchten Wirtsvögel wissen sich zu wehren. Meister in der Abwehr ist ein kleiner, braun gefiederter Singvogel – der Sumpfrohrsänger, dem die Vogelforscher den klangvollen Namen *Acrocephalus palustris* gaben. Er hackt das ihm untergeschobene Kuckucksei zielsicher an, um es mit dem kleinen Schnabel fassen zu können und wirft es kurzerhand aus dem Nest.

Wir verdanken diese Erkenntnisse dem Hamburger Ornithologen Dr. Karsten Gärtner, der über ein Jahrzehnt lang geduldig dem Kuckuck nachspürte. An einer Flußaue inmitten verwilderter Feuchtwiesen wollte er ursprünglich lediglich herausfinden, warum der Kuckuck den Sumpfrohrsänger als Wirt seiner Eier weit weniger oft aufsucht als andere Rohrsängerarten. Das nämlich meinten Vogelforscher vorher beobachtet zu haben. Doch Dr. Gärtner fand dann genau das Gegenteil: Der Kuckuck legt, wie sich zeigte, seine Eier recht oft in Sumpfrohrsängernester. Allein dieser Rohrsänger wirft sie aber wieder über Bord und rettet so seinen Nachwuchs. Die Forscher hatten den kleinen Rohrsänger im Gegensatz zu den über 100 anderen bekannten Wirtsvogelarten nie so recht auf der Rechnung, allenfalls wurde er als Gelegenheitswirt vermerkt. Den nur etwa 20 Funden aus den vorangegangenen Jahren konnte Gärtner 156 weitere aus nur 13 Jahren hinzufügen. Nicht nur, daß Sumpfrohrsänger demnach regelmäßig parasitiert werden und damit im Osten Hamburgs zum lokalen Hauptwirt wurden; noch wichtiger ist die unerwartet ablehnende Haltung gegenüber Kuckuckseiern.

Nur wer früh aufsteht, kann dieses Verhalten der kleinen Rohrsänger beobachten. Dr. Gärtner machte sich dazu sommers regelmäßig sehr früh auf, um die vielen Nester zu kontrollieren – in 12 Jahren waren das 1800 Sumpfrohrsängernester. Dabei fiel ihm auf, wie die Kuckuckseier unvermutet verschwanden, in der Regel drei Tage nach der Ablage. Die Sumpfrohrsänger hatten sie fortgetragen und so die eigenen Jungen gerettet. Denn die hätte der bald geschlüpfte Kuckuck nun seinerseits aus dem Nest geworfen, da er soviel Nahrung benötigt wie eine ganze Sumpfrohrsänger-Brut zusammen.

Doch damit kein Irrtum aufkommt: Nicht alle Sumpfrohrsänger werfen die Eier über Bord; in 80 Prozent der Fälle hatten sich diese Singvögel der Kuckuckseier entledigt. Immerhin 13 Prozent aber nahmen den Schmarotzer auf. Und 7 Prozent der Vögel ließen ihr Nest ganz im Stich. Kuckucke haben es offensichtlich doch schwer, vom Sumpfrohrsänger akzeptiert zu werden.

Abwehrreaktionen hatte man zwar schon früher auch bei anderen Vogelarten beobachtet, meist aber die rigorose Aufgabe der Gelege. Der Sumpfrohrsänger reagiert da anders; und die Forscher vermuten deshalb nun, daß das Hinauswerfen auch bei anderen Wirten häufiger als bisher bekannt vorkommen könnte. Einem neu gefundenen Gelege ist es ja nicht anzusehen, ob es vielleicht ein – inzwischen vom Wirtsvogel entferntes – Kuckucksei enthalten hatte. Verlassene Nester verfälschen die Befunde; ein Grund vielleicht auch für das falsche Einschätzen des Sumpfrohrsängers als potentiellen Kuckuckswirt.

Ein Rätsel stellt sich den Forschern mit der Frage, *wie* es zu der Ablehnung kommt. Vermutlich ist die fehlende Anpassung der Eier in Färbung und Zeichnung schuld am baldigen Hinauswurf. Das Kuckucksei fällt nämlich im Gelege sofort als Fremdling auf. Doch während der nahe verwandte Teichrohrsänger die so auffälligen Kuckuckseier fast immer annimmt, hat der Sumpfrohrsänger im Laufe der Evolution wohl gelernt, eigene von fremden Eiern zu unterscheiden. Immer warf er andersartige Eier aus dem Nest, niemals aber seine eigenen, selbst dann nicht, wenn Dr. Gärtner Eier von Feldsperlingen ins Sumpfrohrsängernest legte und nur ein Rohrsängerei dort beließ. Damit wäre die These von der Ablehnung aufgrund des Erkennens durch Abweichung – Biologen nennen dies *recognition by discordancy* – vom Tisch. Vermutlich setzt es ein zu hohes Maß an Abstraktionsvermögen bei den Singvögeln voraus, ein vom Gelege abweichendes Ei zu erkennen.

Interessant ist nun, ob die Kenntnis des arteigenen Eityps tatsächlich *angeboren* oder *angelernt* ist. Im Experiment nahm die Hälfte der Versuchstiere ein fremdes Gelege an, wenn sie von Anfang an fremde statt eigene Eier im Nest hatten – Prägung auf einen fremden Eityp also. Dennoch wurde ein dazugelegtes eigenes Ei niemals hinausgeworfen. Ist das Schema des arteigenen Eityps doch in einem gewissen Rahmen angeboren? Oder wurden die Tiere bereits im Vorjahr geprägt? Letztendlich scheitert die exakte Beweisführung an der Unkenntnis über den Erfahrungszustand der Vögel.

Bleibt die Frage nach der Entstehung der Ei-Anpassung, die Wissenschaftler seit langem beschäftigt. Ist der Brutparasitismus des Kuckucks nun hoch evoluiert, da seine Eier zum Teil sehr gut an sehr verschiedene Wirtsvogeleier angepaßt sind, oder stellt die fehlende Festlegung auf eine ganz bestimmte Wirtsart und einen Eityp (wie beispielsweise beim Sumpfrohrsänger) ein primitives Merkmal und somit einen Beweis für das Anfangsstadium der Entwicklung dar? Stärkere Spezialisierung könnte eine evolutive Sackgasse bedeuten, ständiger Wirtswechsel dagegen sichert eine weite Verbreitung und bedeutet ein geringeres Risiko.

Voraussetzung für die Anpassung von Parasiteneiern an die Wirtseier ist die Selektion durch die Wirtsvögel. Für diese stellt jede erfolgreiche Abwehr eines Brutparasiten einen Selektionsvorteil dar, weil der Parasit dic Fortpflanzung der Art stört. Die meisten potentiellen Wirte reagieren sehr unterschiedlich stark auf fremde Eier. Verschiedene Entwicklungen – entweder stärkere Anpassung oder größere Variationsbreite – können biologisch vorteilhafter sein. Da aber wohl beide Geschlechter beim Kuckuck für die Vererbung des Eityps verantwortlich sind, ist jede gerichtete Anpassung nahezu unmöglich. Dazu müßten sich ausschließlich Vögel paaren, die bei derselben Wirtsvogelart aufgewachsen sind. Diese Wahrscheinlichkeit steigt nur dort, wo die Zahl der parasitierten Wirtsarten einer Gegend über lange Zeit sehr gering ist. Aus Ungarn, wo dieser Fall möglicherweise vorliegt, kennt man daher täuschend imitierte Sumpfrohrsängereier.

Ungeklärtes über die Evolution des Brutparasitismus gibt es noch genug. Und der Sumpfrohrsänger sollte Grund genug sein, unsere Erkenntnisse über den nur scheinbar so bekannten Kuckuck zu überdenken. Zoologen von der Universität in Hamburg haben das zum Anlaß genommen, einige Kuckucke bei ihrer Rückkehr aus den Überwinterungsquartieren im äquatorialen Afrika einzufangen und mit winzigen Radiosendern auszurüsten. Sie hoffen, so neue Einsichten in die Biologie dieser Vögel und vor allem in deren Territorialverhalten zu bekommen.

Der Kuckuck hat derweil ganz andere Probleme: Als Brutschmarotzer hat er es ja nicht leicht beim Sumpfrohrsänger. Und trotzdem sucht er dessen Nester immer wieder auf. Möglicherweise gezwungenermaßen; denn da manche Vogelart, die seine Eier akzeptieren würde, immer seltener wird oder gar schon ganz zu verschwinden beginnt, ist es für ihn heute aussichtsreicher, seine Eier beim noch häufigen, aber sich wehrenden Sumpfrohrsänger abzulegen. Er parasitiert also zunehmend eher eine dicht siedelnde, aber mit Hinauswerfen der Eier reagierende Art als eine weniger empfindliche Spezies, die aufgrund der Zerstörung des Lebensraumes und des damit verbundenen Rückgangs der Artenvielfalt selten geworden ist in deutschen Landen.

Zwar wurde in der untersuchten Sumpfrohrsänger-Population nur in jedem 50. Nest ein Kuckucksei bebrütet, doch kann der Kuckuck die Empfindlichkeit dieses Wirtes gegenüber seinen Eiern durch ein besonders großes Gelege kompensieren. Der Sumpfrohrsänger hat für das Kuckucksweibchen den Vorzug, daß er in relativ hoher Dichte nistet. Ein Überschuß an Nestern ist aber auch nötig, um alle Eier unterzubringen, was nur gesichert ist, wenn mehrere Nester der Wirtsvögel gleichzeitig »kuckucksfähig« sind, das Wirtsgelege also noch unvollständig und somit unbebrütet ist. Gärtner rechnet, daß ein Kuckucks-Weibchen etwa 60 Paare der speziellen Wirtsvogelart in seinem Aktionsbereich benötigt. Wo aber nisten heute noch mögliche Wirtsvögel des Kuckucks in so großer Dichte? Eine Änderung des Artenspektrums hat also auch für den Kuckuck Folgen.

Das eierfressende Weibchen

Ganz so wehrlos, wie lange Zeit geglaubt, sind die vom Kuckuck heimgesuchten Wirte also nicht. Aber es gibt noch etwas Neues vom Kuckuck. Letztlich sollen nämlich die Singvögel selbst schuld an ihrem Schicksal sein. Das jedenfalls glaubt Prof. Reichholf von der Zoologischen Staatssammlung in München herausgefunden zu haben. Er beschäftigte sich mit der Frage, wie denn nun dieser kuriose Brutparasitismus entstanden sein könnte. Und seiner Ansicht nach ist die Evolution des ungewöhnlichen Fortpflanzungsverhaltens in enger Verbindung mit der Nahrungsökologie des Kuckucks und der Differenzierung der Singvögel im Miozän, vor rund 10 bis 20 Millionen Jahren, zu sehen. Genau die Vögel, bei denen der Kuckuck jetzt schmarotzt, so Reichholf, ließen ihn überhaupt erst zum Brutparasiten werden. Die sich in erdgeschichtlich jüngster Zeit rapide entfaltenden Singvögel haben den Kuckuck ins ökologische Aus getrieben und ihn gleichsam zum Schmarotzertum gezwungen.

Kuckucke ernähren sich in der Hauptsache von dicht behaarten Raupen und von teilweise unbekömmlichen, ja sogar giftigen Schmetterlingen. Reichte man ihnen allerdings in Experimenten an der Vogelwarte Radolfzell wahlweise auch andere Insektenbeute, so bevorzugten sie keinesfalls wie erwartet jene behaarten Raupen. Die Untersuchungen von Prof. Hans Löhrl, Wissenschaftler an der dem Max-Planck-Institut für Verhaltensphysiologie angegliederten Vogelwarte am Bodensee, erbrachten dann vor Jahren fundierte Ergebnisse, wo sich Verhaltensforscher zuvor meist mit Vermutungen behelfen mußten. Denn da *Cuculus canorus* im Freiland schwer zu beobachten ist, vor allem dann, wenn man herausfinden will, welche Raupe gerade in seinem Rachen verschwindet, war man auf Beobachtungen in der Gefangenschaft angewiesen. Doch die Haltung in Volieren blieb lange Zeit problematisch. Erst die sorgfältigen Versuche von Hans Löhrl, der junge Kuckucke eigenhändig aufzog, brachten neue Erkenntnisse. So zeigte sich, daß der Kuckuck auch Insekten verzehrt, die von anderen Vögeln wegen des Geschmacks gemieden werden. Doch daß behaarte Raupen vielfach als Hauptnahrung dienen, liegt wohl eher an deren geringer Tarnung als an einer Vorliebe des Kuckucks für haarige Kost. Offenbar frißt der Kuckuck nach Angebot: Denn da die behaarten Raupen von den meisten Singvögeln verschmäht werden, stehen sie ihm zahlreicher zur Verfügung. Einzig der Kuckuck ist in Anpassung an diese oftmals bittere Speise auch in der Lage, seine Magenauskleidung mitsamt den darin feststeckenden giftigen Raupenhaaren abzuheben und von Zeit zu Zeit auszuwürgen, um sie wieder loszuwerden.

Reichholf vermutet nun, daß der unspezialisierte, im Vergleich zu den insektenfressenden Singvögeln viel größere Kuckuck einfach nicht genügend von den »gut schmeckenden« Insekten abbekommt, weil diese von den flinken Singvögeln erbeutet werden. Die nahrungsökologische Konkurrenz von Stelzen, Pipern, Laubsängern und Ammern könnte das für den Kuckuck verwertbare Speiseangebot so weit vermindern, daß er auf giftige Falter und behaarte Raupen angewiesen ist. Und möglicherweise reicht diese Nahrung zwar für das Überleben der Altvögel aus, nicht aber für die Aufzucht der Jungvögel. Um den Jungkuckucken die für sie ungenießbaren haarigen und giftigen Futterhäppchen zu ersparen, landen die Kuckuckseier in fremder Vögel Nestern.

Die Familie der Kuckucke ist alt, die »Erfindung« des Parasitismus dagegen jüngeren Datums und dabei keineswegs einmalig. Während der europäische Kuckuck *Cuculus canorus* als obligatorischer Brutschmarotzer berüchtigt ist, kümmern sich andere Mitglieder der Kuckucksfamilie durchaus auch selbst um ihren Nachwuchs.

Die auch morphologisch nur wenig spezialisierten *Cuculiformes* hatten in den feuchten Wäldern des Miozäns als primäre Insektenfresser und Baumvögel einst keine Konkurrenz, solange es noch keine Singvögel gab. Das änderte sich freilich, als sich dann vor rund 20 Millionen Jahren die Singvögel zu entfalten begannen, die aufgrund kleinerer Körpergröße, spezialisierteren Körperbaus und besserer Flugtechniken ungleich effektivere Insektenfresser sind. Für die Vorfahren unseres Kuckucks wurden die neuen Konkurrenten schließlich zum entscheidenden Selektionsdruck und trugen so zur weiteren Differenzierung auch der primären Baumvögel bei: Während einige Kuckucksverwandte, etwa die Turakos, zunehmend auf Früchte als Hauptnahrung umstiegen – und auf die Tropen beschränkt blieben –, wichen die echten Kuckucke auf die für Singvögel nicht zu bewältigenden Insekten mit harten Panzern oder Haaren aus. Gleichzeitig wurden sie aus den Wäldern in die offene Landschaft abgedrängt. Selbst die Kuckucksarten (immerhin etwa die Hälfte aller *Cuculiden*-Arten), die noch ihre Eier selbst ausbrüten, leben heute in den tropisch-subtropischen Savannen und ernähren sich und ihre Jungen von diesen »unbekömmlichen« Insekten; in derartige ökologische Randbereiche verdrängt, überlebten die tropischen Kuckucksverwandten oft nur dank ihrer Fähigkeit zum kommunalen Brüten in Familienverbänden, bei dem die älteren Schwarmmitglieder bei der Aufzucht der jüngsten helfen müssen.

Für den Kuckuck spitzte sich die Konkurrenz durch die Singvögel zu, als er die insektenreichen, sommergrünen Laubwälder der gemäßigten Breiten besiedelte, wo auch die Singvögel ihre größte Formenmannigfaltigkeit erreichen. Hier finden die Vogelforscher dann nur noch die parasitischen Kuckucks-Arten.

In Singvogelnester gelegte Eier hatten gegenüber dem aufwendigen Versuch, selbständig Junge großzuziehen, für den Kuckuck durchaus schon bald Vorteile. Besondere Bedeutung kommt dabei aber vor allem der Suche der Kuckucksweibchen nach den Nestern der Singvögel zu; viele Forscher nehmen an, daß sie dies primär taten, um die Eier zu fressen. Anfangs also war der Kuckuck eine diebische Elster!

Nur die Weibchen fressen Eier, das aber dann in erheblichen Mengen. In einer Brutzeit können sie bis zu 65 Eier verzehren. Mit dieser hochwertigen Kost deckt das Kukkucksweibchen im Frühjahr, wenn für sie wenig andere eiweißreiche Speise zur Verfügung steht, ihren Proteinbedarf. Der Kuckuck nimmt auch heute noch, wie Beobachtungen belegen, stets zuerst ein Ei aus dem Wirtsvogelnest und verschluckt es, bevor er sein eigenes Ei hinzulegt. Aber sie tun sich auch dann an Singvogeleiern gütlich, wenn sie selbst keine Eier legen. Als Hans Löhrl seinen Tieren in der Voliere solche Eier in Kunstnestern anbot, machten sich die Kukkucke sofort darüber her. Die Männchen freilich blieben bei ihrer üblichen Nahrung. Das Eierfressen der Weibchen scheint demnach eine zentrale Rolle in der Evolution des Brutparasitismus zu spielen. Damit hatten die Kuckucke eine wirkungsvolle Alternative zur eigenen Jungenaufzucht entdeckt, die zudem den entscheidenden Vorteil hat, daß die Jungkuckucke auf diese Weise doch in den Genuß einer qualitativ besseren Nahrung kommen. Gefüttert nämlich werden sie von den Wirtsvögeln mit genau der Kost, mit der sie die eigenen Eltern nicht hätten versorgen können.

Der Preis dieser Überlebensstrategie ist hoch: Die Zahl der Kuckucke muß gering bleiben, um sich mit einer Überbeanspruchung der Wirtsarten nicht selbst auszulöschen. Der Brutparasitismus ist daher zwar eine evolutionär stabile, aber keine optimale Strategie. Um genügend potentielle Wirtsvogelnester zu finden, müssen die Kuckucke ein festes Brutrevier und eine Partnerbindung aufgeben und im Frühjahr regelmäßig ein größeres Gebiet absuchen. Immerhin kann der Kuckuck, da er sich um den Nachwuchs nicht selber sorgen muß, auch mehr Eier als seine Wirte produzieren und damit die Zahl der Nachkommen und die eigene »Fitneß« (Fitneß wird von den Soziobiologen in Ermangelung eines objektiv meßbaren Fitneß-Wertes stellvertretend durch die Zahl der Jungen angegeben) erhöhen. Die noch selbst brütenden Kuckucke der Tropen würden es ihm neiden, denn auf diese Weise erreicht der Kuckuck ebenfalls das

Nachwuchspotential kleiner Singvögel; mit dem Unterschied allerdings, daß die Überlebenschance der Kuckucksjungen weit über jener der Singvogeljungen liegen dürfte.

Voraussetzung allerdings ist, daß die Eier von den Wirtsvögeln auch bebrütet werden und das geschlüpfte Junge gefüttert wird. Letzteres erreichte der Kuckuck im Laufe der Evolution durch das bekannte Herausrollen der Eier oder der Jungen seiner Wirtsarten. Nur so kann er sicher sein, daß schließlich alle Insektenbeute der Wirte in seinen Rachen gestopft wird.

Und in diesem Zusammenhang interpretiert Reichholf auch die im Verhältnis zur Körpergröße auffällig reduzierte Eigröße des Kuckucks neu. Bislang faßte man dies als sekundäre Anpassung an die geringere Wirtsvögel-Eigröße auf; doch angesichts der Konkurrenzsituation durch die Singvögel, bei der möglicherweise die nötige Eiweißversorgung des Kuckucksweibchens gar nicht gewährleistet war, lassen sich die vergleichsweise kleinen Kuckuckseier als eine »Präadaptation« auffassen: Die Tiere konnten möglicherweise gar keine größeren Eier produzieren, weil sie nicht genug proteinreiche Beute fanden. Von solch einer Präadaptation oder auch Prädisposition sprechen Biologen stets dann, wenn Merkmale oder Eigenschaften bereits angelegt sind, die beim Erschließen eines neuen Lebensraumes oder einer veränderten Lebensweise von Vorteil sind. Diese Präadaptationen erlauben oft sogar erst die Anpassung an neue Lebensbedingungen und sind daher wichtige Voraussetzungen für die Erschließung neuer ökologischer Zonen.

Auch bei der Evolution eines derart speziellen Verhaltens wie des Brutparasitismus unseres Kuckucks spielt das Summieren kleiner Schritte allein kaum erkennbarer Verhaltensänderungen eine große Rolle. Uns heute winzig erscheinende Nuancen können wie alle übrigen kleinen Mutationsschritte im Sinne einer »additiven Typogenese« angesammelt werden und zu evolutiven Neuheiten – in unserem Fall zu einem parasitierenden Kuckuck – führen. (Unter »additiver Typogenese« verstehen Biologen strenggenommen die Evolution neuer »Typen«, also größerer evolutiver Neuheiten, durch die Summierung kleiner Mutationsschritte.) Die Schritte auf dem Weg zum Brutschmarotzertum, also das Eierfressen, das Hineinschmuggeln der eigenen Eier in die aufgesuchten Nester, das Hinauswerfen der Wirtsvogeljungen und viele andere Verhaltensänderungen, könnten also nach und nach erfolgt sein und schließlich auch dem Kukkuck unter sich wandelnden ökologischen Bedingungen ein Überleben ermöglicht haben.

Maulbrüter als Wirt
Brutparasitismus auch bei Fischen

Was die Fachwelt kürzlich aufhorchen ließ, war die Nachricht, daß Brutparasitismus erstmals auch bei Fischen entdeckt wurde; zumindest bei einer Buntbarsch-Art, die im ostafrikanischen Tanganjikasee lebt, kommt dieses Parasitieren ebenfalls vor. Wie der japanische Zoologe Tetsu Sato entdeckte, parasitiert der Buntbarsch *(Synodontis multipunctatus)* mindestens bei sechs verwandten Cichliden-Arten.

Diese Buntbarsch-Familie kommt vor allem in den Seen warmer Gebiete Amerikas und Afrikas vor. Für Verhaltensforscher und Evolutionsbiologen sind sie seit langem schon beliebte Studienobjekte, nicht zuletzt, weil sie noch ein anderes interessantes Verhalten an den Tag legen. Viele Cichliden-Arten betreiben nämlich Brutfürsorge. Und für Evolutionsbiologen ist von Interesse, daß die in Ostafrika mit über einhundert Arten vertretene Fischfamilie sich in den Seen des Rift-Valleys in einen sogenannten Artenschwarm auffächerte. In einem eindrucksvollen Prozeß – der sogenannten »Speziation« – bildeten sich im Laufe der Evolution viele verschiedene Spezies, biologische Arten, heraus. Zu dieser großen Gruppe eng miteinander verwandter Cichliden-Arten gehören auch die Maulbrüter mit dem am weitesten entwickelten Fürsorgeverhalten unter Fischen. Bei ihnen werden die Eier von den Weibchen sofort nach der Befruchtung ins Maul aufgenommen, wo sie sich weiterentwickeln. Auch nach dem Schlüpfen kehren die nahrungsuchenden Jungen noch bis zu ihrer Selbständigkeit ins Maul der Mutter zurück.

Der Buntbarsch Synodontis nun nutzt dieses Verhalten aus. Während einer Studie über den Aufwand, den die Cichliden-Eltern bei diesem differenzierten Verhalten treiben müssen, fand Tetsu Sato die Eier von Synodontis stets nur im Maul von fremden Wirtsfisch-Arten, niemals aber frei im Wasser, in Felsspalten oder zwischen Steinen des Seebodens. Obwohl direkte Beobachtungen bisher fehlen, vermutet der Zoologe aus Kioto, daß Synodontis seine Eier während der Laichphase seiner Wirte kurzerhand dazulegt; fast so, wie das Kuckucksweibchen seine Eier einer Singvogelbrut unterschiebt. Das Wirtsfisch-Weibchen nimmt die fremden Synodontis-Eier dann zusammen mit den eigenen Eiern ins Maul auf. Im Durchschnitt fand sich bei den Fängen am Tanganjikasee im Maul jedes fünften Cichliden-Weibchens ein fremdes Fischei.

Und noch eine Parallele zum Verhalten beim Kuckuck gibt es: Die parasitierenden Fische schlüpfen wie der Jungkuckuck etwa drei Tage früher als die übrige Wirtsbrut. Und ähnlich wie der Kuckuck seine vermeintlichen Geschwister unter Anstrengungen aus deren Nest wirft, so machen auch die Fisch-Parasiten den Aufwand ihrer Wirte zunichte. Denn dem Buntbarsch Synodontis dienen die Maulbrüter-Verwandten gleichzeitig als Nahrungsquelle und als Schutz: Sie fressen den Laich der Wirtsfische in deren eigenem Maul auf, wie Magenuntersuchungen bei Synodontis-Jungen ergaben. Erst wenn diese erste Nahrungsquelle erschöpft ist, ernähren sie sich von anderen Organismen, kehren aber ebenfalls wieder zurück ins Maul des Wirtsfisches.

Selbst jetzt gelingt es den Cichliden-Weibchen, die offenbar die »untergeschobenen« fremden Eier nicht von den eigenen unterscheiden können, nicht, den Parasiten zu erkennen. Und das, obgleich die Synodontis-Jungen bis zu 26 mm groß werden können, während die Körperlänge des Wirt-Weibchens insgesamt nur knapp 58 mm beträgt. Das Bild eines ins Maul des Cichliden-Wirts schwimmenden Jungparasiten erinnert dann auch sehr an das ungleiche Körperverhältnis zwischen Singvogel und Jungkuckuck, der das Nest seiner Wirtsvogelart beinahe zu zerdrücken scheint und der dennoch vom viel kleineren Singvogel pausenlos gefüttert wird.

Für diese recht perfekt entwickelte Form des Brutparasitismus vermuten die Biologen eine längere evolutive Beziehung beider Arten. Paradoxerweise bietet gerade das ausgesprochen weit evoluierte Fürsorgeverhalten der Cichliden dem Brutparasiten eine ökologische Nische. Schließlich sind die maulbrütenden Buntbarsch-Weibchen normalerweise ausgesprochen verläßliche Elterntiere. Bei einigen der Wirtsfische von Synodontis ist die Jungensterblichkeit eben wegen dieser Brutfürsorge annähernd Null. Es sei denn, sie werden von Brutparasiten heimgesucht. Dann jedoch erweist sich die maulbrütende Fürsorge der Fische als geradezu lebensbedrohliches Verhalten.

2. Kapitel: Kooperation statt Konkurrenz

»Wie du mir, so ich dir«
Kooperation in einer Welt voller Egoisten

Daß nicht der berüchtigte »Kampf ums Dasein«, sondern gerade die Kooperation zwischen Lebewesen die Entwicklung der Arten vorantreibt, das versuchte der Amerikaner Robert Axelrod vor einiger Zeit mit Hilfe von Computerprogrammen zu beweisen. In seinen Simulationsexperimenten ging der Politologe aus Michigan der Frage nach, ob sich in einer Welt voller Egoisten nicht doch kooperatives Verhalten entwickeln kann. Sein überraschendes Ergebnis nach unzähligen Computerspielzügen zeigt: Die Kooperation ist sogar die logische Folge eines *vernünftigen Egoismus!*

Bisher taten sich die Biologen schwer mit der Erklärung des kooperativen Verhaltens, etwa im Fall der zahlreichen Symbiosen, der Lebensgemeinschaften zwischen den verschiedenartigsten Organismen: etwa die von Ameisen gehegten und gepflegten Blattläuse, die als Gegenleistung eine begehrte Zuckerlösung abgeben, oder der futterbeschaffende Einsiedlerkrebs mit der ihn tarnenden Seeanemone auf dem Gehäuse.

Aber, was treibt Tiere eigentlich dazu, sich in diesen Lebensgemeinschaften nicht nur um eigene Interessen zu kümmern?

Robert Axelrod ging bei seinem spieltheoretischen Modell von folgendem fiktiven Handel aus: Zwei Händler möchten eine bestimmte Ware gegen eine andere tauschen; der Handel muß aus irgendeinem Grund im geheimen stattfinden. Dazu wird vereinbart, daß jeder einen Sack mit der Ware an einem bestimmten Ort, sagen wir im Wald, vergräbt und dann den Sack des anderen aus dessen Versteck holt. Nimmt man nun an, daß sich beide nach dem Handel nie mehr begegnen, so muß jeder befürchten, daß der andere einen leeren Sack hinterläßt. Die Versuchung wäre also groß, ebenfalls einen leeren Sack zu hinterlassen. Zwar kommt dadurch der Handel eventuell nicht zustande; aber wenn der andere so dumm ist, ehrlich zu sein, erhält man die Ware umsonst! Folglich deponieren beide einen leeren Sack und – gehen beide leer aus. Die fatale Logik schließt demnach Kooperation aus.

Dies ändert sich jedoch, wenn beide nicht nur an einem einmaligen Geschäft interessiert sind, sondern an einem regelmäßigen Handel. Dann nämlich empfiehlt es sich zu kooperieren.

Robert Axelrod wollte nun wissen, was passiert, wenn dennoch nach einiger Zeit einer der beiden zu mogeln beginnt. Ist es dann besser, trotzdem weiterhin zu kooperieren; oder sollte man zur Sicherheit auch mogeln?

Für Spieltheoretiker zumindest ist dies eine faszinierende Frage. Deshalb lud Axelrod sie zu einem Turnier ein: Alle Spieler – jeder ein professioneller Theoretiker – sollten, von diesem fiktiven Handel ausgehend, ein Computerprogramm entwickeln, das entweder kooperiert oder betrügt. Axelrod ließ dann die verschiedenen Strategien, insgesamt waren es 14, gegeneinander antreten; ein Computerduell also, 200mal jeder gegen jeden und gegen sich selbst. Der kanadische Spieltheoretiker Anatol Rapoport aus Toronto schrieb das kürzeste Programm – und wurde Sieger.

Seine Strategie heißt TIT FOR TAT, zu deutsch soviel wie: »Wie du mir, so ich dir!« Dieses Programm brachte auch gegen die raffiniertesten Gegner die meisten Punkte ein und ist dabei ganz simpel: Im ersten Spielzug kooperiert es und macht danach stets das, was der andere im Spiel vorher getan hat. Axelrod nennt TIT FOR TAT eine »nette« Strategie, denn sie mogelt nie zuerst, allenfalls dann, wenn der Gegner damit anfängt. Und noch etwas fiel Robert Axelrod auf: Keineswegs war TIT FOR TAT immer Sieger, sondern verlor ob seiner Kooperationsbereitschaft auch oft. Dennoch aber hatte das Programm bei der Schlußabrechnung die meisten Punkte gesammelt. Der Politologe stellte folgende Grundregel für kooperatives Verhalten auf: Mogle nie als erster! Sei versöhnlich und vergiß allen Groll, nachdem du deinem Ärger Luft gemacht hast.

Nun sind TIT FOR TAT und die anderen Strategien tatsächlich mehr als nur ein Zeitvertreib für Computerfreaks. Denn gerade die Evolutionsbiologie zeigt zunehmend Interesse an solchen theoretischen Simulationsversuchen. So konnte Axelrod dann auch mit Hilfe des Evolutionsbiologen William D. Hamilton grundlegende Prinzipien und Lehrsätze für die Bedingungen ableiten, unter denen Kooperation in der Natur quasi aus dem Nichts entsteht. Auch bei absolut selbstsüchtigen Organismen, noch dazu solchen ohne Bewußtsein, können sich verläßliche Kooperationsstrategien entwickeln. Axelrods Arbeit, die in den USA starke Beachtung fand, zeigt nämlich nicht nur, daß der *wahre Egoist* kooperiert und siegt, ohne einen einzigen Gegner direkt zu schlagen. Die Experimente beweisen auch, daß nicht Intelligenz erforderlich ist, allenfalls ein minimales Erinnerungsvermögen an den Gegner. Zu derartigen Unterscheidungen in der Zusammensetzung ihrer Umwelt sind aber selbst primitive Organismen bereits fähig. Computersimulation und Beobachtungen in der Natur lassen erkennen, daß Kooperation demnach eine erfolgreiche Überlebensstrategie ist, die auch egoistische Lebewesen übernehmen. Dabei hängt die beste Strategie stets vom Verhalten der Gegenspieler ab.

Das Darwinsche Evolutionskonzept setzt voraus, daß sich Lebewesen mit einer erfolgreichen Strategie vermehren, die Erfolglosen dagegen schließlich aussterben. Eine solche »natürliche Auslese« versuchte Axelrod in einem zweiten Versuch zu simulieren. Die Zusammensetzung der Gegnerschaft, sprich der konkurrierenden Programme, sollte sich diesmal ändern; erfolgreiche Programme waren also in der nächsten Spielrunde zahlreicher vertreten als die, die im Spielzug davor schlecht abgeschnitten hatten. Diesmal wandte sich Axelrod auch an spielbegeisterte Laien, versorgte sie mit ausführlichen Informationen, worum es ging und wie die erste Runde verlaufen war, und sammelte schließlich 62 ausgeklügelte Programme aus den verschiedensten Ländern und von ganz unterschiedlichen Spielern ein. Wieder war Rapoports Programm das kürzeste – und wieder siegte TIT FOR TAT.

Der Grund dafür ist einfach: Rapoports »Wie du mir, so ich dir« ist an die verschiedensten gegnerischen Strategien angepaßt. Da der Erfolg im zweiten Versuch gerade vom Milieu, von der Umgebung durch die übrigen Programme, abhängig war, zeigte sich der durchschlagende Erfolg »netter« Strategien. Denn solche Programme, die andere zu oft bemogelten, fanden bald keine Gegner mehr – sie »starben« schließlich aus. Andererseits konnten Programme, die möglicherweise in der ersten Runde noch gewonnen hätten, sich ebenfalls nicht mehr behaupten, da sie sich zu versöhnlich zeigten; etwa TIT FOR TWO TATS, ein Programm, das erst nach *zwei* Betrugsmanövern sauer wird und sich dann aber doch nur einmal rächt.

Die Kooperationsbereitschaft der wenigen »überlebenden« Programme setzte sich so allmählich durch. Zwar waren die ausschließlich egoistischen Strategien anfangs erfolgreich und beuteten andere nach Strich und Faden aus, doch zerstörten sie auf Dauer ihre Umwelt, die für ihren Erfolg so wichtig war.

Die Biologen vermuten, daß sich *einzelne* kooperative Individuen auch in der Natur nicht werden halten können. Doch bereits eine kleine Population reicht aus. Sie bildet eine Art »Brückenkopf der Kooperation«, wie der Mathematiker Douglas Hofstadter das nennt; und dieser Brückenkopf kann sich auch in einer feindlichen Umwelt behaupten, ja sogar ausbreiten.

Die wichtigste Lektion der ersten Spielrunde, daß es nämlich auf die Bereitschaft ankommt, Kooperation anzubieten und zu erwidern, das hatten die meisten Teilnehmer des Duells auch beim zweiten Durchgang noch immer nicht begriffen. Einzig Anatol Rapoport reichte das gleiche Programm wieder ein; und der Erfolg gibt ihm recht: TIT FOR TAT lag nach 1000 Generationen – bei einem Computer geht das schnell – bereits mit der größten Zuwachsrate vorn. Es wird deutlich, wie wichtig der Erfolg des anderen für ein gutes Abschneiden ist. Und das eben ist das Erfolgsgeheimnis von TIT FOR TAT: das »Überreden« zu kooperativem Verhalten.

Kooperation setzte sich übrigens um so erfolgreicher durch, je länger gespielt wurde; ähnliches gilt aber auch für natürliche Verhältnisse. Denn gerade Symbiosen, die auffälligsten Beispiele gegenseitiger Kooperation, finden sich am häufigsten im tropischen Regenwald – einem Ökosystem, das, verglichen mit den Wäldern der gemäßigten Zone, viel älter ist und dessen Generationsfolgen, sprich »Spielrunden«, durch das Fehlen des Winters viel schneller aufeinanderfolgen.

Robert Axelrod, der Politologe, hat nach all seinen für Biologen so interessanten Simulationsexperimenten auch für die Politik einen Ratschlag: Seid nicht neidisch, begeht nicht als erster Wortbruch, vergeltet sowohl Kooperation wie auch Verrat und versucht nur nicht, *zu* clever zu sein.

Wohlverstanden, auch die Evolution der Kooperation auf rein biologischer Ebene hat wohl recht lange Zeit in Anspruch genommen ...

TIT FOR TAT beim Stichling
Das halbierte Risiko

Mit dem simplen Computerprogramm namens TIT FOR TAT lieferte Robert Axelrod erste Hinweise darauf, wie sich in der Evolution kooperatives Verhalten durchgesetzt haben könnte. Dieses Phänomen schien dem oft falsch verstandenen *Kampf ums Dasein* des englischen Naturforschers Charles Darwin so ganz und gar nicht zu entsprechen.

Die Frage, ob sich diese gegenseitige Hilfestellung *allein* durch natürliche Selektion erklären ließe, hatte den Wissenschaftlern zuvor lange Zeit nicht unerhebliche Schwierigkeiten bereitet. Mit den komplexen Sozialstrukturen etwa bei der Staatenbildung vieler Tiere, angefangen bei den Staatsquallen *Siphonophora* bis hin zu den Bienen- und Termitenstaaten, mußten sich Generationen von Biologen beschäftigen, bis der Harvard-Professor Edward O. Wilson in den 70er Jahren erstmals eine in sich geschlossene Theorie der Soziobiologie vorlegen konnte.

In einem ebenso simplen wie anschaulichen Experiment bewies 1987 der Bochumer Verhaltensforscher Dr. Manfred Milinski am Dreistachligen Stichling *(Gasterosteus aculeatus)*, daß sich Kooperation im Tierreich tatsächlich auch unter Arten entwickelt, die sich ursprünglich eher »egoistisch« verhalten und ausschließlich auf ihren eigenen Vorteil bedacht sind. Mit einem Freßfeind konfrontiert, kooperieren zwei Tiere entsprechend der TIT-FOR-TAT-Strategie im ersten Zug und verhalten sich dann so wie ihr »Gegenspieler« im vorangegangenen Zug; vorausgesetzt, es besteht eine gewisse Wahrscheinlichkeit, daß sich beide wieder begegnen.

Milinski untersuchte das Verhalten der Fische, wenn sie – allerdings durch eine Glasscheibe getrennt – auf einen räuberischen Buntbarsch trafen. Für jeweils zwei Stichlinge ähnelt diese Situation Milinskis Ansicht nach jenem Interessenkonflikt, von dem auch Axelrod bei seinen Computerspielen ausgegangen war.

Mit einer raffinierten Anordnung von Spiegeln täuschte der Ethologe einem vom Räuber bedrohten Stichling die Anwesenheit eines Schwarmmitglieds vor, das ihn beim

Auskundschaften des Freßfeindes begleitet. Die Stichlinge gaben sich dann auch tatsächlich der Illusion eines begleitenden Artgenossen hin. Bei den typischen »Räuber-Inspektionsbesuchen«, mit denen Fische versuchen, etwas über die Motivation des Räubers zu erfahren, verringert jeder Begleiter das Risiko des Stichlings, gefressen zu werden. Die Spiegel simulierten nun entweder einen kooperierenden Kumpanen oder aber einen »betrügerischen«, der immer weiter zurückbleibt, je näher der Räuber kommt, und der den anderen das Risiko allein tragen läßt.

Die Versuche ergaben, daß auch Stichlinge sich nach der TIT-FOR-TAT-Strategie richten: Die Fische nähern sich dem Räuber, wenn sie zu zweit sind, doppelt so häufig und kommen ihm zudem näher, als wenn sie die mögliche Gefahr allein auskundschaften müssen. Trotz individueller Unterschiede – auch bei Fischen gibt es demnach wagemutige und vorsichtige Tiere – handelten alle Stichlinge nach derselben Strategie. Der Vorteil ihres kooperativen Verhaltens war eindeutig: Zusammen kommen sie dem Räuber näher, können so ein Maximum an Information über ihn bekommen und tragen dennoch nur die Hälfte des Risikos.

Nach Axelrods und Hamiltons Vorstellungen über Kooperation in der Natur hatte es – neben zahlreichen Diskussionen und weiterentwickelten theoretischen Konzepten – zuvor nur einen Versuch gegeben, die Schlußfolgerungen der Computersimulationen durch konkrete Beobachtungen an Tieren zu überprüfen. Der Zoologe M. P. Lombardo war 1985 der erste, der an Baumschwalben *(Tachycineta bicolor)* entsprechende Befunde sammelte. Er konnte beispielsweise zeigen, daß Elterntiere und nichtbrütende Schwalben offenbar ihre widerstreitenden Interessen mit Hilfe einer »wie-du-mir-so-ich-dir«-ähnlichen Strategie zu verwirklichen suchen. Es geht dabei um die sogenannten Bruthelfer am Nest, auf die wir noch zu sprechen kommen. Unter ungestörten natürlichen Bedingungen jedoch ist die Einschätzung aller für ein bestimmtes Verhalten verantwortlichen Faktoren im Gegensatz zum kontrollierten Laborexperiment ein enormes Problem. Das Verdienst, den ersten empirischen Test der Axelrodschen Ideen ausgeführt zu haben, kommt also Dr. Milinski und seiner Arbeit am Dreistachligen Stichling zu.

Sollten derartige Laborstudien demnächst Schule machen

und quasi zu einem Lieblingsspiel der Ethologen werden, so warnt der Zoologe Robert M. May in einem Brief an das Fachblatt ›Nature‹, muß allerdings jedesmal sorgfältig geprüft werden, ob man nicht allzu künstliche Laborsituationen zugrunde legt, wenn es um die Beobachtung kooperativen Verhaltens geht. Ein bestechender Vorteil von Milinskis Experiment aber ist gerade, daß er sich ein in der Evolution der Stichlinge entstandenes, natürliches Verhalten zunutze machte.

Das Geschäft auf Gegenseitigkeit
Bruthelfer bei Vögeln

Daß Vögel immer nur ihren eigenen Nachwuchs ausbrüten und großziehen, ist durchaus kein Naturgesetz. Man denke nur an den Kuckuck, der das durch andere erledigen läßt; wenn auch mit Schwierigkeiten, wie wir gesehen haben.

Aus den Tropen aber sind inzwischen einige Vogelarten bekannt, bei denen Altvögel sogar »freiwillig« eine fremde Brut hochpäppeln. Ein Beispiel für eine Vogelart, bei der das so ist, sind die Rotschnabel-Baumhopfe. Diese Tiere mit Familiensinn leben in Ostafrika und verzichten oft darauf, sich selbst fortzupflanzen; und dies scheinbar nur, um anderen Baumhopfen dabei zu helfen, deren Junge aufzuziehen und vor Feinden zu schützen.

Daß diese auf den ersten Blick uneigennützige Hilfsbereitschaft aber durchaus nicht selbstlos, sondern vielmehr eine Masche ist, um unter harten Bedingungen selbst zu überleben, darauf kamen die amerikanischen Ornithologen David und Sandra Ligon erst, nachdem sie das altruistische Verhalten der Baumhopfe jahrelang in der afrikanischen Trockensavanne beobachtet hatten. Lange Zeit konnte niemand so recht erklären, warum Tiere das überhaupt tun, denn an sich sollte jedes auf seinen eigenen Vorteil bedacht sein, also alles tun, um sich selbst fortzupflanzen. Statt dessen aber opfern sich die Baumhopfe für andere auf.

Die Vögel mit dem klangvollen wissenschaftlichen Namen *Phoeniculus purpureus,* die den Wiedehopfen recht ähnlich sind, leben in Großfamilien mit bis zu 16 Mitgliedern, wobei – und das ist das Ungewöhnliche daran – es in solch einer Großfamilie stets nur ein einziges Brutpaar gibt. Die übrigen Hopfe sind sozusagen Kindermädchen und Leibwächter; sie helfen dem Männchen dabei, Insekten zu fangen, um das brütende Weibchen und später die Jungen mit Futter zu versorgen. Und sie verteidigen sogar das Territorium des Brutpaares gegen Nachbarn und Eindringlinge. Das ist lebenswichtig, denn in den offenen Akazienwäldern Ostafrikas ist nicht nur das Angebot an Insekten begrenzt; auch Schlaf- und Nistplätze sind für die Höhlenbrüter rar und zudem von vielen anderen Tierarten als Quartier begehrt.

Baumhopfe sind auf natürliche Baumhöhlen oder verlassene Spechtbauten angewiesen, da sie sich nicht wie unsere heimischen Spechte eigene Höhlen zimmern können.

Schwierigkeiten gibt es für die Baumhopfe auch mit dem Wetter. Denn ihre Lieblingsspeise sind Raupen vieler verschiedener Falterarten, die sich nur entwickeln können, wenn es während der Trockenzeit auch wirklich trocken bleibt. Bei Regen sterben die Schmetterlingspuppen in ihren Kokons ab, und entsprechend wenig Raupen gibt es dann zur Brutzeit der Baumhopfe. So beobachtete das Forscherpaar Ligon beispielsweise in einem Jahr mit ungewöhnlich starken Regenfällen während der eigentlichen Trockenzeit, daß von den insgesamt elf Baumhopf-Verbänden nur ganze zwei überhaupt ein Junges großzogen. Zwei Jahre später gab es Nahrung im Überfluß, und alle kontrollierten Verbände hatten Junge; darunter waren sogar vier Paare, die ganz ohne Helfer auskamen. Auch dies eine Folge des überaus reichlichen Angebotes an Raupen.

Das extrem stark schwankende Nahrungsangebot ist demnach der Grund für dieses Helferverhalten, das man bisher fast ausschließlich an Arten beobachtet hat, die Lebensräume mit extremen Umweltbedingungen bewohnen. Unsere gemäßigten Breiten bieten dafür weniger Gelegenheit.

Doch keine Regel ohne Ausnahme: Kürzlich entdeckten Amateur-Vogelkundler beim heimischen Eisvogel *Alcedo atthis* ebenfalls kooperatives Brüten. Ein diesjähriger Eisvogel (so nennen die Forscher die selbst erst gerade ausgeflogenen Jungen) fütterte an einem fremden Nest mit. Über den Eisvogel – der übrigens den Graufischern Afrikas, um die es gleich noch gehen wird, nahe verwandt ist – schrieb bereits Alfred Brehm 1861 unter der Überschrift »Barmherzigkeit gegen Hilfsbedürftige«, daß »ein kaum ausgeflogener Jungvogel die Erziehung zweier halberwachsener Jungen übernahm«. Inzwischen wissen die Ornithologen mit Sicherheit um das Helferverhalten von jungen Eisvögeln; über die ökologischen Bedingungen jedoch, unter denen die Eisvögel leben, die sich bei der Jungenaufzucht helfend »unter die Schwingen greifen lassen«, weiß man noch zu wenig.

Zu vermuten ist aber, daß wie bei den Baumhopfen auch diese Bruthelfer das Überleben der Jungen sichern. Denn viele Schnäbel fangen mehr Raupen, als es die Eltern allein könnten. Die Bruthelfer sind, wie sich nach dem Beringen der Baumhopfe herausstellte, meist mit dem einzigen Brutpaar, dem sie helfen, eng verwandt. Ein solcher Baumhopf-Verband ist demnach tatsächlich eine Art Großfamilie, in der die älteren Kinder ihre jüngeren Geschwister großziehen helfen.

Doch diese Hilfe ist keineswegs so selbstlos, wie es auf den ersten Blick scheint: Namentlich für einen gerade flügge gewordenen Baumhopf ist es sehr riskant, das elterliche Territorium zu verlassen und selbst eine Brut zu versuchen, allein schon wegen der begehrten und daher heftig verteidigten Baumhöhlen-Reviere in den Akazienwäldern Ostafrikas. Nur ganz selten bietet sich einmal die Möglichkeit, ein freies Territorium zu finden. Die Chancen für einen unerfahrenen Jungvogel aber sind dabei gleich Null. Weit weniger Gefahren drohen ihm dagegen, wenn er im schützenden Revier der Eltern bleibt und ihnen – quasi als Gegenleistung – bei der Aufzucht hilft. Immerhin zieht er dann nicht nur Geschwister auf, mit denen er ja genetisch verwandt ist, sondern – und das ist der Witz dabei – der junge Baumhopf kann so vielleicht auch einmal das Revier seiner Eltern übernehmen. Denn die Sterblichkeit unter Baumhopfen ist groß, vor allem bei den Brutvögeln, die in den Höhlen von Feinden leicht erbeutet werden können. Nur so aber gelingt es den einstigen Bruthelfern, auch selbst einmal zu brüten und eigene Junge aufzuziehen.

Zwar fanden die beiden Vogelkundler auch solche Bruthelfer, die nicht mit dem Brutpaar und dessen Nachkommen verwandt waren; das Prinzip der Gegenseitigkeit gilt aber dennoch. Wie die Jungvögel müssen auch die Fremden beim Füttern und Verteidigen helfen; nur dann nämlich werden sie im schützenden Revierverband geduldet. Und nicht selten finden solche Bruthelfer unter den betreuten Junghopfen wertvolle Verbündete, mit deren Hilfe sie schließlich »auswandern« können, um ein eigenes Territorium zu erobern. Denn Auswanderer gehen selten allein. Sie brauchen die Bundesgenossen, die ihnen gewissermaßen als Rückzahlung für die frühere Betreuung ihrerseits wieder helfen – und dies in der Hoffnung, ebenfalls bald selbst zu brüten.

Bei einer weiteren afrikanischen Vogelart, den Graufischern, fand Dr. Heinz-Ulrich Reyer vom Max-Planck-Institut in Seewiesen bereits vor Jahren ähnliches. Auch bei Graufischern helfen ein oder gar zwei Männchen einem Brutpaar. Wie bei den Baumhopfen sind es die Söhne des Paares, die so ihre Verwandten großziehen. Fremde, sogenannte »sekundäre« Bruthelfer dagegen werden unter Graufischern meist nicht akzeptiert. Dr. Reyer, der die Brutkolonien an zwei ostafrikanischen Seen untersuchte, entdeckte wichtige Unterschiede: Nur am Victoriasee fand er auch die fremden Helfer. Nicht ohne Grund, denn dort ist es für die Brutpaare besonders schwer, Nahrung zu fangen. Die Graufischer ernähren sich von kleinen Fischen, die sie nach einem Sturzflug ins Wasser erbeuten. Am Victoriasee benötigen die Graufischer wegen der rauheren, windbewegten Wasseroberfläche und wegen der größeren Entfernung zu ihrer Brutkolonie deutlich mehr Zeit und Energie zum Fang der Fische als ihre Artgenossen am ruhigeren Naivasha-See. Die Helfer sind daher am Victoriasee gern gesehen, denn ohne sie würden über 60 Prozent der Jungen verhungern. Während sie den Bruterfolg dort verbessern, ziehen die Brutvögel am Naivasha-See die Jungen allein groß; die Männchen vertreiben alle Helfer. Im Gegensatz zu den primären Helfern, die oft zu jung sind, um das Weibchen auszuspannen (das zudem die eigene Mutter ist), und die aufgrund der höheren Sterblichkeit bei Jungvögeln im nächsten Brutjahr oft gar nicht wiederkehren, bedeuten die erwachsenen fremden Helfer zusätzlich eine große Gefahr für die Männchen. Sie können in einem unbewachten Moment »Kopulationen stehlen«, wie die Ethologen sagen; oder aber sie werben die Weibchen gar ganz ab.

Der Begriff Altruismus, mit dem solches Helferverhalten von Ethologen oft bezeichnet wird, ist also nicht ganz präzise; denn Kosten/Nutzen-Überlegungen, wie sie etwa Heinz-Ulrich Reyer für die Graufischer angestellt hat, weisen vor allem die sekundären Helfer keineswegs als selbstlose Helfer in der Not aus. Reyers jüngste zweijährige Freilandstudie untersuchte die Beziehung zwischen der »Investition«, die jedes Tier für den Nachwuchs aufbringt, dessen Verwandtschaft und der Gesamtfitneß – wieder gerechnet in »genetischen Äquivalenten«. Und der Ethologe verglich das Engagement für die Graufischer-Brut dann bei den brütenden Männchen, den primären und den sekundären Helfern von *Ceryle rudis.*

Zwei Erkenntnisse sind es, die Reyer dabei bestätigt fand: Zum einen rackern sich die primären Helfer beim Füttern der Jungen genauso ab wie das Brutpaar selbst. Zudem riskieren die mit dem Brutpaar verwandten Vögel bei der Verteidigung des Nestes gegen Feinde ebenfalls nicht weniger, als wenn sie selbst brüteten. Zum anderen: Die sekundären Helfer dagegen – man ahnt es schon – tragen ungleich weniger zur erfolgreichen Jungenaufzucht bei.

Solche Unterschiede, die Reyer über den Energieaufwand, den einzelne Tiere aufzubringen hatten, ermittelte, bleiben natürlich nicht ohne Folgen. Die primären Helfer haben nur schlechte Aussichten, sich selbst noch mit einem Graufischer zu paaren und eine eigene Brut aufzuziehen, denn sie haben auch die geringste Lebenserwartung. Und dennoch investieren sie nicht umsonst: Ihre »Kosten« werden dadurch ausgeglichen, daß sie nahe verwandten Vögeln, meist ihren jüngeren Geschwistern und vor allem ihren Eltern, helfen und so deren Überlebenschancen erhöhen. In solch indirektem Fitneß-Gewinn also liegt ihr Lohn.

Und so sieht das Ergebnis aus, zu dem Reyer schließlich kommt: In jedem Fall ist es besser, selbst zu brüten, als nur dabei zu helfen; wenn das aber nichts wird, so hilft man besser, als überhaupt nichts zu tun.

Ohne Zweifel, so Reyer, gibt demnach die Verwandten-Selektion bei den primären Helfern unter den Graufischern den Ton an; nur so läßt sich erklären, warum die überzähligen Vögel sich für die aufwendige, anstrengende und überdies noch lebensgefährliche primäre Helfer-Strategie entscheiden, anstatt als sekundäre Helfer auf eine günstige Gelegenheit zu warten und derweil so wenig wie möglich zu investieren.

Am Victoriasee werden die sekundären Helfer dann auch nur deshalb akzeptiert, weil sie das kleinere Übel darstellen. Nur so überleben dort überhaupt junge Graufischer unter den widrigen Umständen. Und dies, obwohl die fremden Bruthelfer, denen es ja in erster Linie um Bruthöhlen und Weibchen geht, erwiesenermaßen meist nur wenige und viel kleinere Fische an den Nachwuchs – der nicht der ihre ist – verfüttern als die primären Bruthelfer.

Durchaus ein Geschäft mit Tücken also!

Eigennutz hat keine Chance
Krankenpflege bei Zwergmungos

Zwergmungos, *Helogale undulata rufula,* wie sie mit wissenschaftlichem Namen heißen, gehören zu den Schleichkatzen Afrikas und sind auch der Fachwelt erst so richtig bekannt geworden durch die langjährigen Freilandstudien der englischen Verhaltensforscherin Anne Rasa.

Mungos verfügen, wie Frau Rasa, damals am Max-Planck-Institut für Verhaltensphysiologie in Seewiesen, herausfand, über eine bei Säugetieren höchst seltene Verhaltensweise: die Krankenpflege. Bisher waren darüber nur Anekdoten berichtet worden; meist waren es Walfänger und Großwildjäger gewesen, die über ein solches uneigennütziges Verhalten von Walen, Schimpansen oder Elefanten berichtet hatten. Aber detailliert und zudem unter kontrollierten Bedingungen konnte erst Dr. Rasa die Pflege und Fürsorge in einer Mungogruppe studieren. 1976 gelang es ihr erstmals, sämtliche Verhaltensweisen zwischen einem erkrankten Mungo und seinen Helfern zu notieren. Das erstaunliche Ergebnis: Ein krankes Gruppenmitglied genießt besondere Privilegien, unabhängig von seiner Ranghöhe. Es wird gewärmt, geputzt, beschützt und sogar bevorzugt mit Futter versorgt; und das bei Mungos, die sonst ihre Beute nur höchst ungern teilen. Doch die hochsozialen Mungos betreiben die Krankenpflege ebensowenig selbstlos, wie die Bruthelfer unter den Vögeln die Jungen anderer uneigennützig aufpäppeln. Auch die Zwergmungos, schon allein deshalb eine »perfekte Familie«, gewinnen durch dieses ungewöhnliche Verhalten einen Überlebensvorteil.

Die ersten Beobachtungen dazu machte Dr. Rasa an ihrer in Gefangenschaft gehaltenen Gruppe. Eines Tages erkrankte ein rangniedriges Tier an einem Nierenleiden, an dem es nach 38 Tagen – trotz medikamentöser Behandlung – starb. Während der Erkrankung verbrachten die Mungos die meiste Zeit in engem Körperkontakt mit dem Tier, sie wechselten sogar ihren angestammten Schlafplatz, um bei dem Mungo zu bleiben, als der eine höher gelegene Schlafkiste aus eigener Kraft nicht mehr erreichen konnte. Vor allem das ranghöchste Mungo-Paar, die sogenannten »Alpha-Tiere«, kraulte und leckte den Kranken immer wieder. Selbst nach dessen Tod schliefen die Mungos noch bei dem Leichnam, bis die Forscherin ihn nach fünf Tagen schließlich entfernte.

Damals blieb allerdings die Frage offen, ob ein solches Verhalten auch bei einer freilebenden und nomadisierenden Gruppe auftreten würde, die gezwungen ist, große Entfernungen zurückzulegen, um ausreichend Nahrung zu finden. Dies ist ein Faktor, der ja in Gefangenschaft keine Rolle spielt, der dagegen aber im Freiland dazu führen könnte, daß das Tier verlassen wird, wenn es nicht mehr in der Lage ist mitzuhalten.

Doch die Krankenpflege bei Zwergmungos ist durchaus kein Labor-Verhalten, wie Frau Rasa, heute an der Universität Bayreuth tätig, nach jahrelangen Studien schließlich nachweisen konnte. Ihre Beobachtungen an einer freilebenden Mungo-Rotte in der Taru-Wüste in Kenia, über die sie in der angesehenen ›Zeitschrift für Tierpsychologie‹ berichtete, ergaben einen weiteren Fall von Krankenpflege. Ihre ausdauernden Forschungen in Afrika halfen Dr. Rasa endlich auch, die Frage zu beantworten, *warum* sich die Mitglieder dieser »perfekten Familie« gegenseitig helfen.

In Ostafrika leben Zwergmungos in einer vom ranghöchsten Weibchen geführten Gruppe, die aus 12 oder mehr Tieren besteht. Eines Tages wurde Anne Rasa Zeuge, wie einer der Mungos vermutlich durch den Biß einer Sandboa oder einer Felsenpython, gegen deren Gift diese Schleichkatzen ansonsten immun sind, am Bauch und Hinterbein verletzt wurde; der Zwergmungo hinkte kräftig und konnte der Gruppe auf den täglichen Beutezügen nicht mehr folgen. Nicht genug damit, daß die Gruppe daraufhin sofort ihre Streifzüge stark einschränkte, bis das verletzte Tier sich nach sechs Tagen wieder einigermaßen erholt hatte und mitwandern konnte; sie drängten sich ebenfalls dicht um ihren Artgenossen, schmiegten sich beim Rasten an ihn, wärmten und putzten ihn und fütterten ihn sogar mit den begehrtesten Insekten. Ohne diese Nahrungsversorgung hätte das verletzte Tier vermutlich nicht überlebt, da sich Mungos hauptsächlich von schnell beweglichen Tieren ernähren. Wieder war es ein Alpha-Tier, das sich die dicksten Heuschrecken von dem Verletzten aus dem Maul nehmen ließ.

Und das hat seinen Grund: Denn das Alpha-Paar, das als

einziges Junge großzieht, kann diese nur erfolgreich durchbringen, wenn die Gruppe groß genug ist. Mungos betreiben Krankenpflege, weil für das Überleben der ganzen Rotte wirklich *jedes* Tier zählt. Denn kleine Trupps mit nur drei oder vier erwachsenen Tieren sind extrem gefährdet durch Luft- und Bodenfeinde. Nur wenn der Gruppe auch genug erwachsene Mungos angehören, die sich den lebenswichtigen Wachdienst und die Jungenaufzucht teilen, können sie sich gegenüber ihren Feinden, wie dem Singhabicht, ausreichend schützen. So galten rund 84 Prozent aller Angriffe von Bodenfeinden, die Anne Rasa beobachten konnte, den kleinen Gruppen mit fünf oder weniger erwachsenen Mungos. Vermutlich ruft eine größere Gruppe erhebliche Verwirrung beim Angreifer hervor, der sich ja auf ein Opfer konzentrieren muß; zudem verfügt die Gruppe, je größer sie ist, über um so mehr »Wachposten im Dienst«.

Offenbar gelang es den Zwergmungos, anders als ihren nahen, oft einzelgängerischen Verwandten in weniger wüstenhaften Regionen der Tropen, nur durch die Ausbildung sozialer Verhaltensweisen unter den extremen Lebensbedingungen der afrikanischen Halbwüsten zu überleben. Die Evolution der Krankenpflege ist dabei nur eine von vielen für uns Menschen so staunenswerten Anpassungen. Dabei handelt es sich nach Ansicht der Soziobiologen um Verwandten-Selektion auf zwei Ebenen: Zum einen sind die verletzten Tiere meist nahe verwandt mit allen anderen Mungos der matriarchalischen Gruppe, zum anderen sichern die Helfer eines kranken oder verletzten Mungos das Überleben der weiteren Nachkommenschaft allein dadurch, daß sie die Gruppenstärke aufrechterhalten. Interessanterweise sind es ja immer die Alpha-Tiere, die allein für Nachwuchs innerhalb der Gruppe sorgen und die auch gleichzeitig die eifrigsten »Krankenpfleger« sind!

Derzeit streiten sich die Ethologen darüber, ob sich dieses Krankenpflegeverhalten aus der Jungenpflege entwickelt hat oder aber, wie Frau Dr. Rasa glaubt, anders erklärt werden muß. Denn die Tiere, die sich bei ihrer Freilandstudie durch die Krankenpflege besonders hervortaten, waren selten jene Mungos, die in der Gruppe sonst als »Babysitter« fungierten.

Bei den Mungos hat ausgerechnet das Alpha-Weibchen,

also die Mutter der Jungen, nur wenig Anteil an der Jungenaufzucht. Im matriarchalisch organisierten Verband kommt diesem Weibchen die Anführerrolle zu; da bleibt meist nur Zeit, die Jungen während relativ kurzer Besuche am Nest zu säugen. Die Sorge um die Jungen des Alpha-Weibchens obliegt daher meist den in der Rangfolge untergeordneten Mungos, eben den sogenannten »Babysittern«. Dagegen verhielt sich das Alpha-Weibchen gegenüber den Kranken besonders aufmerksam. Es ist also weniger für die Jungenaufzucht als vielmehr für das Überleben der Gruppe allgemein verantwortlich. Und diese Weibchen sind es in der Regel auch, so stellte Frau Rasa bei den täglichen Beobachtungen der Mungorotten fest, die das Zeichen zum Aufbruch zu den Streifzügen geben.

Die Krankenpflege ist mithin ein weiteres Beispiel dafür, daß sich Kooperation in der Natur zum Vorteil aller durchaus durchzusetzen vermag. Doch brennend interessant wäre für die Forscher nun zu wissen, ob die Zwergmungos diese Krankenpflege auch über Wochen hinweg fortsetzen würden, oder gar bei einem hoffnungslosen Fall bis über den Tod hinaus, so wie die Zwergmungos in Gefangenschaft dies taten.

Teile und herrsche!
Von der Politik bei Schimpansen

Machtgerangel und Koalitionen, Teile-und-herrsche-Strategie, raffinierte Intrigen und geschickt inszenierte Verschwörungen beherrschen auch das Leben der Schimpansen. So jedenfalls will es dem holländischen Ethologen Frans de Waal scheinen, der diese Menschenaffen vier Jahre lang aus nächster Nähe beobachtet hat. Den sozialen Aufbau von Schimpansengruppen hält de Waal für »fast zu menschlich, um wahr zu sein. Die Clowns aus der Tierwelt«, so seine Ansicht, »würden sich in der politischen Arena der Menschenwelt durchaus zu Hause fühlen.« Ganze Passagen von Machiavelli, der vor rund 500 Jahren die politischen Schachzüge italienischer Fürsten und einflußreicher Patrizierfamilien beschrieb, ließen sich auf das Verhalten unserer Vettern im Tierreich übertragen.

Wie nahe verwandt wir mit Schimpansen sind, das zeigen eben nicht nur molekulargenetische Vergleiche, sondern gerade die Beispiele politischen Ränkespiels bei ihnen. Beobachtet wurden sie im Tiergarten der holländischen Stadt Arnheim. Dort wird seit 15 Jahren eine 25köpfige Schimpansengruppe in einem geräumigen Freilandgehege gehalten, durch einen breiten Wassergraben abgetrennt wie auf einer Insel. Ein Beobachtungsstand am Rand der etwa einen Hektar großen bewaldeten Anlage erlaubt Verhaltensforschern, das soziale Leben der weitgehend ungestörten und halb wilden Affenhorde zu studieren. Die bisher einzigartige Studie über das Arnheimer Gruppenleben beweist dann auch, was viele Biologen aufgrund der engen Verwandtschaft zwischen Schimpanse und Mensch eigentlich schon lange vermutet hatten. Daß sich die Sozialstrategien dieser Menschenaffen allerdings als derart komplex erweisen würden, hatten selbst Fachleute nicht geahnt. Das Zusammenleben der Schimpansen gleicht einem Markt für Macht, Sex, Zuneigung, Toleranz, Kooperation und Feindschaft, wie er auch zum Alltag einer jeden menschlichen Gesellschaft gehört. Neben den unübersehbar dominanten Tieren in der eindeutigen Rangordnung der Schimpansen gibt es ein ganzes Netz weniger ins Auge springender, nichtsdestotrotz einflußreicher Positionen.

Der Anführer der Schimpansenhorde, die der Direktor des Tierparks Anton van Hooff 1970 in Arnheim mit Tieren aus anderen Zoos gegründet hatte, war lange Zeit ein in die Jahre gekommener graubärtiger Affe namens Yeroen. Er wuchs mit seiner Stellung zu einer wahrhaft imposanten Figur heran; hoch aufgerichtet und mit vorgestreckter Brust thronte er gern inmitten der Gruppe, die sich stets bemühte, ihm mit devoten Verbeugungen Respekt zu erweisen – eine Huldigung, die er wie ein König entgegennahm. Man kennt das: Von Zeit zu Zeit demonstrieren die Oberhäupter so ihre Macht und alle anderen Gruppenmitglieder ihre Unterwürfigkeit. Doch wer die Macht hat, hat auch Neider. In diesem Fall war es Luit, ein jüngeres Mitglied der Gruppe. Um es gleich zu sagen: Nach zwei Jahren der Macht verlor Yeroen an Ansehen und mußte die »politische Führung« abgeben; nicht freiwillig, versteht sich – wer trennt sich schon gern von der Macht!

Yeroen wurde auch nicht von heute auf morgen abgesetzt; der Machtwechsel zog sich vielmehr über Wochen und Monate hin. In dieser Zeit schmiedete Luit, der Herausforderer, eine Reihe schlauer Intrigen. Yeroens Macht stand und fiel nämlich mit der Unterstützung der Schimpansenweibchen in der Gruppe. Solange Yeroen die Weibchen Mama, Krom und Tebel hinter sich wußte, war er unangefochten der Herrscher. Doch Luit verstand es ausgezeichnet, bald alle geselligen Kontakte der Frauen mit dem Oberhaupt zu unterbinden. Er bestrafte kurzerhand jede traute Zweisamkeit und Unterstützung bei Streitigkeiten, indem er hinterher die Weibchen ordentlich verprügelte. War er mit ihnen allein, zeigte er sich dagegen von seiner »nettesten« Seite. Yeroen, der die Gefahr, gesellschaftlich isoliert zu werden, nicht erkannte, griff folglich in derartige Prügeleien auch nicht ein. Das Zünglein an der Waage aber war schließlich Nikkie. Man könnte ihn als den »Aufsteiger« in der Arnheimer Schimpansen-Hierarchie charakterisieren. Mit ihm verbündete sich Luit; und während der sich mit Yeroen herumschlug, hielt Nikkie die Weibchen in Schach. Das ging gelegentlich so weit, daß Nikkie noch mit den Schimpansen-Damen stritt, wenn sich Luit und Yeroen vorübergehend bereits wieder versöhnt hatten. Um es kurz zu machen: Durch diese clevere Koalition verlor Yeroen sein Ansehen und damit seine Führungsposition. Fortan war Luit der Boß.

Mit derart detaillierten Kenntnissen über das Verhalten »unserer haarigen Vettern« hoffen die holländischen Biologen vor allem, etwas mehr über die Wurzeln menschlichen Verhaltens in Erfahrung zu bringen. Zwar wußte man durch Freilandbeobachtungen in Afrika, besonders dank der mittlerweile über zwei Jahrzehnte laufenden Studien der Engländerin Dr. Jane Goodall im Gombe-Nationalpark Tansanias, nicht gerade wenig über das Verhalten der Schimpansen, doch der dichte Urwald macht es oft unmöglich, das komplizierte Sozialverhalten der Menschenaffen in allen Einzelheiten zu beobachten. Das gelang dann erstmals in Arnheim. Bis dahin nämlich war die Zoohaltung eines größeren und annähernd natürlichen Schimpansenverbandes mit mehreren Männchen, Weibchen und Jungtieren immer wieder daran gescheitert, daß es früher oder später zu unkontrollierten Aggressionen zwischen den Mitgliedern kam. Auch die Arnheimer Gemeinschaft mit ihren 25 Schimpansen stellt nur die untere Gruppenstärke der aus dem Freiland bekannten »communities« dar; die in Afrika lebenden umherstreifenden Verbände zählen meist bis zu 60 Tiere. In Arnheim behalfen sich der Ethologe Frans de Waal und Prof. Jan van Hoof von der Universität in Utrecht jedoch mit einem Trick: Sie führten die aggressive Atmosphäre innerhalb einer Schimpansenkolonie auf die fehlende Möglichkeit zurück, die Affen während der Fütterungen zu trennen; dabei brechen jedesmal Kämpfe aus, wenn einige Tiere das Futter für sich behalten wollen. Also wurden die Arnheimer Affen allabendlich in kleine Grüppchen aufgeteilt und in ihren Schlafkäfigen getrennt gefüttert. Die dennoch gelegentlich aufflackernden aggressiven Zusammenstöße endeten dann meist recht gefahrlos in den Wipfeln der auf dem Gelände wachsenden hohen Eichen, wohin sich die Verfolgten ihren Widersachern entziehen konnten.

Für die Ethologen hat die getrennte Fütterung noch einen Vorteil: Denn während die freilebenden Artgenossen von Yeroen und Nikkie etwa 60 Prozent des Tages zur Futtersuche aufwenden müssen, haben die Arnheimer Affen den lieben langen Tag Zeit für ihr vielschichtiges Gesellschaftsleben. Und das mutet ebenso menschlich an wie die Gestik und Mimik der Schimpansen.

So leicht man auch versucht ist, dies zu glauben: Das Außergewöhnliche an Yeroen, Luit, Nikkie und ihren Kumpanen ist, daß es sich bei aller Ähnlichkeit der sozialen Verhaltensweisen eben *nicht* um Mitglieder einer Naturvolk-Horde handelt, sondern um Schimpansen. In ihren möglicherweise auf lange Sicht geplanten Dominanzstrategien, so glaubt Frans de Waal, geht es wie beim Menschen um *persönliches Machtstreben.* Schimpansen achten nur weniger sorgfältig darauf, dies zu verbergen. Wir aber spielen dasselbe Spiel; »Schimpansen sind«, so de Waal, »lediglich ehrlicher, was ihre Motive angeht. Ihr Interesse an der Macht ist nicht größer als das des Menschen; es tritt nur offener zutage.« De Waal geht sogar noch weiter und behauptet, daß wir selbst gar nicht recht wissen, welches Spiel wir spielen, da wir unsere Motive nicht nur vor den anderen verbergen, sondern erfolgreicher noch vor uns selbst; folglich unterschätzen wir oft die unerhörte Wirkung, die sie auf unser Verhalten ausüben.

Mit diesen Vergleichen von Mensch und Tier, die freilich nicht ganz frei von Spekulation sind, versucht de Waal erstmals zu belegen, daß unsere politische Aktivität Teil eines Erbes der Evolution ist, das wir mit unseren nächsten Verwandten teilen. De Waal hat dann auch wenig Bedenken, daß er das Verhalten der Schimpansen zu stark anthropomorphisieren könnte; vielmehr befürchtet er, daß sein Vergleich zwischen Menschen und Schimpansen als beleidigend empfunden wird, da er menschliche Motive reichlich tierisch erscheinen läßt. Prompte Frage eines Besuchers an de Waal soll dann auch gewesen sein: »Wen halten Sie für den größten Schimpansen in unserer gegenwärtigen Regierung?«

Für viele Primatologen verschwimmt eine scharfe Trennungslinie zwischen Menschen und Menschenaffen tatsächlich immer mehr. Zwar wußte man schon früher, daß Schimpansen überaus intelligent sind und selbst gefertigte Werkzeuge gebrauchen; daß sie eine Zeichensprache erlernen können, daß sie im Gegensatz zu den meisten anderen Tieren über ein Bewußtsein verfügen und sich selbst erkennen können. Doch erst die Untersuchungen aus Arnheim brachten zutage, daß Schimpansen ein Sozialverhalten zeigen, das in verblüffender Weise dem des Menschen ähnelt. Weniger offene Kämpfe bestimmen ihr Verhalten, dafür vielmehr schlaue politische Manöver, wohldurchdachte und vorausgeplante Handlungen, mit denen die Schimpansen ihre Ziele zu erreichen suchen: Politik also auch bei Affen!

Endgültig aus ist damit für den britischen Primatenforscher Desmond Morris auch der Traum des Menschen vom »gefallenen Engel«. In Wahrheit seien wir wohl eher arrivierte Affen, meint der britische Forscher im Vorwort zu de Waals Buch über die Arnheimer Studie. Wer den Menschen aus der tierischen Evolution und dem Hauptstrom naturhaften Lebens ausklammern wolle, der betreibe ein Rückzugsgefecht. Denn mit den Untersuchungen an Affen als politischen Wesen fällt wieder eine der Bastionen eines übertriebenen Selbstwertgefühls des Menschen. »Die Wurzeln der Politik reichen über die Anfänge der Menschheit zurück«, so die Primatologen. Politik ist offensichtlich altes Primaten-Erbe; und der Mensch also doch das *Zoon politikon* des griechischen Philosophen Aristoteles – ein politisches Tier?

Auch wenn es sich bei den Arnheimer Akteuren um Schimpansen handelt, mit denen der Mensch – der sicherlich mehr ist als nur ein »nackter Affe« – längstens vor rund sechs bis acht Millionen Jahren noch gemeinsame Vorfahren hatte, so verfügen sie aber ebenfalls über ein vielschichtiges Sozialsystem, das sich von dem des Menschen nur graduell unterscheidet. De Waal: »So gut wie alles, was sich in den Korridoren der Macht unserer Menschenwelt abspielt, findet sich im Keim auch im sozialen Leben einer Schimpansenkolonie.«

Wie menschenähnlich ein solches System funktioniert, zeigt besonders der erneute Machtwechsel in Arnheim. Denn Yeroen hatte ein »Comeback«. Er verbündete sich mit Nikkie und verhalf ihm zum Sieg über Luit; unterstützte später aber in einer »Schaukel-Koalition« abwechselnd mal Luit und mal Nikkie und machte so beide von sich abhängig, da weder der eine noch der andere allein herrschen konnte. Durch diese opportunistische Politik stand Yeroen bald wieder selbst im Mittelpunkt der Schimpansenkolonie.

Wie »menschlich« sind doch Affen. Oder sollte man es vielleicht umgekehrt formulieren ...?

Die Tafelrunde der Tüpfelhyänen
Alpha-Weibchen dominieren den Clan

»Nachts sind sie am lebhaftesten und tatendurstigsten. Das ist die Zeit, da die Hyäne am ehesten große Tiere jagt, ihre Territorialgrenzen mit Duft markiert und sich paart. Zum Glück gibt es den Mond, und im Krater erscheint er immer besonders hell, denn sein Licht wird noch reflektiert vom See und dem durch die Sonne ausgebleichten Gras, und es fängt sich zwischen den grauen und dunkellila und schwarzen Schatten des Kraterrandes ... – die Hyänen, davon bin ich überzeugt, finden nichts Geheimnisvolles am Mondschein.«

Geheimnisvoll indes erschien nicht nur Verhaltensforschern wie Jane Goodall, die diese nächtlichen Beobachtungen der Hyänen in Afrika beschreibt, lange Zeit das Leben dieser »kichernden Jäger«. Deren unheimliche, wahrlich fast kichernden Rufe hinterlassen einen schaurigen Eindruck in der nächtlichen Steppe. Jane Goodall, die vor allem durch ihre Langzeit-Studie an den Schimpansen des Gombe-Stream-Nationalparks in Tansania international bekannt geworden ist, hatte zusammen mit ihrem Mann, dem holländischen Fotografen Hugo van Lawick, auch rund zwei Jahre die Wildhunde, Goldschakale und Tüpfelhyänen im tansanischen Ngorongoro-Krater gefilmt und beobachtet. Noch Anfang der 70er Jahre, als Goodall und van Lawick ihre Erlebnisse in dem Band ›Unschuldige Mörder‹ schilderten, war in der Tat sehr wenig über die Lebensweise der Hyänen bekannt.

Berichte von Großwildjägern und Reisenden in den ostafrikanischen Savannen hatten zuvor auch kaum ein gutes Haar an den Hyänen gelassen. Ernest Hemingway, sicherlich nicht die erste Adresse für authentische Afrika-Schilderungen, geschweige denn für das Verhalten von Tieren, beschreibt die Hyäne als »Fisi«, als »die wehklagende Jaulerin, die stinkende, garstige Leichenfledderin mit Kinnbacken, die die Knochen zermalmen, die der Löwe liegenläßt, die mit schleppendem Bauch über die braune Ebene dahinhopst, die mit verschlagener Hundebastardfratze zurückblickt«. Den Großwildjägern vergangener Zeiten, in Hemingways ›Die

Grünen Hügel Afrikas‹ glorreich verklärt, denen die Jagd auf Löwen, Elefanten, Kudus und Kafferbüffel als das Höchste im Leben erschien, kamen die Hyänen, die sie nur so zum Spaß schossen, »wie ein dreckiger Witz« der Natur vor.

Lange Zeit änderte sich nicht viel an diesem negativen Image der Hyänen. Die meisten Menschen stellten sich weiterhin einen feigen Aasfresser vor, der von den Überbleibseln der von Löwen erlegten Tiere und von anderem Aas lebt. »Als ich zuerst Hyänen zu beobachten begann, mochte ich sie nicht besonders gern«, das gesteht auch Jane Goodall, »obwohl ich von Anfang an von ihrem sozialen Verhalten fasziniert war.«

Der erste, der sich intensiv für das lange Zeit unbeachtet gebliebene Verhalten von Hyänen zu interessieren begann, war dann der junge holländische Wissenschaftler Hans Kruuk, der für mehrere Jahre in der Serengeti über Tüpfelhyänen arbeitete. Er studierte vor allem das unerwartete Verhalten der Hyänen, auf Jagd zu gehen. Er erkannte, daß die Hyänen keineswegs nur reine Aasfresser sind, wie lange Zeit geglaubt wurde, sondern meist selbst – und das vor allem nachts – Gazellen, Gnus und andere Huftiere der Savanne erbeuten. Allein, daß sie anschließend häufig von stärkeren Räubern wieder vom Riß, der geschlagenen Beute, vertrieben werden, trug ihnen den Ruf als Aasfresser und »Müllschlucker der Steppe« ein. Trotz dieser neuerlichen Entdeckung von Hans Kruuk, auf die zuvor lediglich einige Naturforscher hingewiesen hatten, ist es für viele aber auch heute noch eine Überraschung, daß eher umgekehrt der Löwe häufig die Reste von der Tafel der Hyänen vertilgt.

Durch die sorgfältigen Studien von Hans Kruuk »zur Ehrenrettung« dieser *Karnivoren* (Fleischfresser) wurde auch erstmals deutlich, daß Hyänen in sozialen Verbänden, sogenannten »Clans«, leben. Jeder dieser Clans, der aus bis zu einhundert Tieren bestehen kann, patrouilliert regelmäßig seine territorialen Grenzen und markiert sie mit einer spezifischen Duftnote aus Drüsen unter dem Schwanz der Tiere. Die immer wieder aufflackernden Territorialstreitigkeiten unter Hyänenclans hat Jane Goodall eindrücklich geschildert; dennoch blieben viele Fragen des Sozial- und Territorialverhaltens der Tüpfelhyänen bisher unklar.

Daher sind die Tüpfel- oder Fleckenhyänen noch immer für Überraschungen gut. Eine außergewöhnliche Methode, dem eigenen Nachwuchs auch in Notzeiten einen Platz an der Tafelrunde zu sichern, hat erst kürzlich der amerikanische Zoologe Laurence G. Frank in der kenianischen Savanne erkundet. Frank, der vier Jahre lang die Clans von *Crocuta crocuta* im kenianischen Masai-Mara-Nationalpark beobachtete, entdeckte dabei, daß die ranghöchste Hyänenmutter ihren Jungen den Zugang zur erlegten Beute auch gegen die Konkurrenz der übrigen Clanmitglieder sichert – ein für Raubtiere eher unübliches Verhalten.

Zwar hatte man bereits 1972, als Kruuk und Goodall ihre Arbeiten veröffentlichten, vermutet, daß der Rang der Mutter möglicherweise die soziale Stellung auch ihres Sprößlings innerhalb eines solchen Clans bestimmt; verläßliche Beobachtungen jedoch fehlten. Laurence Frank von der renommierten University of California in Berkeley wählte daher eine Freilandstudie über die Ethologie dieser Karnivoren zum Thema seiner Dissertation. Die sorgfältigen Beobachtungen an 60 bis 80 Tüpfelhyänen im Masai-Mara-Park, der im Süden direkt an das Serengeti-Gebiet anschließt, ergaben nicht nur, daß es für beide Geschlechter eine separate, aber straffe Hierarchie gibt. Es zeigte sich auch, wie vorteilhaft es ist, als Junges des ranghöchsten Hyänenweibchens zur Welt zu kommen. Denn die derart »erblich vorbelasteten« Jungen konnten sich beim Ausnehmen eines toten Huftieres sogar erfolgreich gegen erwachsene Sippenmitglieder behaupten – und das bereits im Alter von fünf Monaten. Dies erweist sich auch als wichtig; denn Kadaver, die kleiner sind als die eines Kafferbüffels, werden von einem mittelgroßen Hyänenrudel gewöhnlich binnen 30 Minuten bis auf die Wirbelsäule zerlegt und verschlungen. Wenn die Jungen da nicht bald Zugang zum Aas erhalten, gehen sie leer aus.

Mit Franks Studie erweist sich die soziale Organisation der Fleckenhyänen als weitaus differenzierter als die anderer Karnivoren: Während nämlich bei den Hyänen das Alpha-Weibchen darüber wacht, daß die Clanmitglieder nicht die Jungen vom Riß vertreiben, kümmern sich andere Raubtiere herzlich wenig um die knurrenden Bäuche ihres Nachwuchses, wenigstens solange sie nicht selbst satt sind. Folglich sterben beispielsweise 75 Prozent aller Löwenjungen, weil sie von stärkeren Artgenossen vom Riß verjagt werden, wie die Zoologen Bygott und Bertram bereits vor Jahren erkannt haben. Möglich wird das ungewöhnliche Sozialverhalten der Tüpfelhyänen, weil innerhalb eines Hyänenrudels die Weibchen dominieren. Dieses *Matriarchat* der Fleckenhyänen ist einmalig unter sozialen Raubtieren, und selten auch unter den übrigen Säugern. Anders als etwa bei Wölfen oder Löwen verjagen die dominierenden Weibchen fast immer die Rüden von einer Beute, selbst wenn die Männchen sie erlegt haben. Selbst vor einem nicht ausgewachsenen Hyänenweibchen wichen die ausgewachsenen Männchen am Riß zurück; mit einer Ausnahme allerdings: Den Sprößlingen des ranghöchsten Weibchens machte auch diese jugendliche Matrone nicht das Vorrecht streitig.

Den Grund für das Matriarchat der Hyänen sieht der Wissenschaftler aus Kalifornien nicht allein im dadurch möglichen Schutz des Nachwuchses gegenüber den erwachsenen Clangenossen, sondern vor allem in der Nahrungsökologie der Tiere. Angesichts der starken Nahrungskonkurrenz innerhalb eines Rudels sind selbst kleine Junge unter der Protektion der Mutter in der Lage, am Riß zu fressen. Auch säugende Weibchen können den Männchen und rangniedrigen Weibchen erfolgreich den Zugang zum Riß verwehren, so daß vor allem eine ausreichende Ernährung des Nachwuchses gewährleistet ist.

Tüpfelhyänen sind für diese außergewöhnliche Sozialstruktur geradezu prädestiniert. Schon seit langem ist die sogenannte »Vermännlichung« der Crocuta-Weibchen bekannt; Biologen sprechen umständlich vom *virilization syndrome.* Äußerlich lassen sich männliche und weibliche Hyänenjunge nicht voneinander unterscheiden, denn das Weibchen ist mit Fortpflanzungsorganen ausgestattet, die denen des Rüden verblüffend ähnlich sind.

Diese kuriose Erscheinung hatte früher auch zu der falschen Annahme geführt, die Hyäne sei ein Hermaphrodit, ein zweigeschlechtliches Wesen. Doch bei Hyänen kommen keinesfalls wie bei Zwittern beide Geschlechter zur Ausbildung. Die Weibchen besitzen lediglich den Rüden ähnliche Merkmale. Sie sind nicht nur etwa gleich groß und stark und haben maskulinisierte Genitalien, sondern sie weisen zudem einen hohen Gehalt an Androgenen, den männlichen Hormonen, auf. Mit steigendem Androgenspiegel aber sind die Weibchen auch aggressiver; das ranghöchste Alpha-Weibchen hat dabei stets den höchsten Hormongehalt. Den Androgenanteil eines solchen Weibchens im gut untersuchten Talek-Clan bestimmte Laurence Frank mit sechseinhalbmal höher als bei den übrigen Weibchen und damit innerhalb der Marge der Rüden.

Während der Evolution der Hyänen von einstmals vielleicht reinen Aasfressern zu aktiv jagenden Raubtieren in den Steppenlandschaften Ostafrikas dürften aggressive Weibchen eine größere Chance gehabt haben, ihre Jungen trotz der Konkurrenz der Rudelmitglieder hochzubringen. Der zunehmende Erfolg bei der Aufzucht des Nachwuchses führte dann möglicherweise zu einer Selektion besonders aggressiver Weibchen und schließlich sogar zu der Dominanz über die Männchen eines Clans.

In diesem Selektionsdruck, der wirksamen Behauptung der Jungen gegen Artgenossen, und in der zunehmenden genetischen Fitneß aggressiver Weibchen sieht Laurence Frank die Ursache für die Sonderstellung der Tüpfelhyänen. Eine artspezifische Prädisposition, etwa aufgrund einer besonderen Hormonzusammensetzung dieser Hyänen, so vermutet er, ermöglichte ausschließlich bei diesen sozialen Karnivoren eine ungewöhnliche Antwort auf die übliche hohe Jungensterblichkeit in den Savannen. Das Alpha-Weibchen kann dank seines Ranges zwar nicht *mehr* Junge zur Welt bringen, aber dafür den Nachwuchs zumindest effektiver aufziehen.

Für die Jungen ist das mehr als nur eine Lebensversicherung und ein Platz an der gedeckten Tafel der Tüpfelhyänen; denn bei Franks Studie zeigte sich, daß die Söhne und Töchter der ranghohen Tüpfelhyänen ihre soziale Stellung in der Hierarchie regelrecht erben. Die individuelle Position innerhalb der Rangordnung wird mithin durch den Rang der Mutter vorbestimmt. So legt das Alpha-Weibchen seiner Tochter die Führungsrolle quasi mit in die Wiege. Und die Söhne haben gute Aussichten, nicht wie ihre rangniedrigen Genossen den Clan bald verlassen zu müssen, um in recht unergiebigen Randterritorien zwischen den Sippenverbänden ihr Dasein zu fristen, sondern bleiben deutlich länger im Rudel, bis sich die Gelegenheit bietet, die Alpha-Position in einem benachbarten Verband zu übernehmen.

Der soziale Rang eines Tieres ist dabei weniger von körperlicher Überlegenheit bestimmt, sondern vermutlich eher durch erlernte Verhaltensweisen geprägt. Der »Erbadel« ranghoher Tüpfelhyänen erhöht dabei nicht nur deren Überlebenschance, sondern mehrt zudem noch die Aussichten, sich später mit dem ranghöchsten Weibchen zu paaren. Die Jungen der Alpha-Tiere kommen dabei erneut in den Genuß der sozialen Vorrangstellung. Denn das Paarungsvorrecht machen die Tüpfelhyänen-Männchen untereinander aus. Nur dem dominierenden Rüden gelingt es, sich mit einem Weibchen des Clans zu paaren, das die Männchen ansonsten meist völlig ignoriert oder gar vertreibt, sollten sie zu nahe kommen.

Eine der Schwierigkeiten, die Frank bei seiner Studie zu schaffen machte, war allerdings, diese entscheidende Phase des Verhaltens zu beobachten. Denn die Brunstzeit der Hyänen, wenn das Weibchen also begattungsbereit wird, ist im Unterschied zu vielen anderen Säugerweibchen für den menschlichen Beobachter kaum zu entdecken. Allein wenn sich nach und nach alle Männchen aufmachten, einem offenbar empfängnisbereiten Tier wie ein Troß hinterherzutrotten, bekam auch der Zoologe die Chance, Näheres über das Sexualverhalten der Fleckenhyänen zu erfahren. Den Hyänen-Rüden geht es freilich nicht viel besser: Auch sie müssen ständig auf der Hut sein und die Weibchen beschnüffeln, um nicht den kurzen, aber entscheidenden Moment zu verpassen.

Frank erkannte schließlich, daß sich diese Anstrengung zumindest für das dominierende Männchen jedoch lohnt. Ist ein Rüde etwa drei Jahre in der Alpha-Position eines Clans, kann er bis zu 50 Junge zeugen. Hier zeigen sich besonders drastisch die Vorteile des »Hyänen-Erbadels«. Und für ein hochrangiges Weibchen kommt es nicht allein darauf an, möglichst viele Junge durchzubringen, sondern dabei auch noch tunlichst *erfolgreiche* Söhne heranzuziehen. Denn auf diese Weise geben sie am ehesten ihre eigenen Gene weiter.

In dieser jetzt von ihm aufgedeckten ungewöhnlichen Sozialstruktur der Tüpfelhyänen sieht Laurence Frank Parallelen zum Verhalten hochsozialer Primaten, etwa Makaken und Rhesusaffen. Derartige Gruppen bestehen ebenfalls aus stabilen, vererbbaren und nach Geschlechtern getrennten Rangordnungen.

Daß ausgerechnet die als »Fisi« verachteten Tüpfelhyänen dadurch – allerdings nur aus ethologischer Sicht – in die Nähe der mit den Menschen verwandten Primaten zu stellen sind, das hätte zumindest Hemingway wohl nie gedacht, als er durch die Territorien der Tüpfelhyänen und über die grünen Hügel Afrikas streifte.

Altruismus – Verhalten nicht nur zum Vorteil der Gemeinschaft

Kooperatives Verhalten unter Tieren hat, wie wir bereits an diesen wenigen Beispielen gesehen haben, viele Facetten. Soziobiologen, die sich mit der biologischen Erforschung sozialen Verhaltens beschäftigen, unterscheiden dabei durchaus mehrere Arten von Beziehungen zwischen den Tieren. So gilt ihnen beispielsweise die Symbiose zwischen verschiedenen Tierarten, etwa einer im Mittelmeer lebenden Seeanemone *(Adamsia palliata)* und dem Einsiedlerkrebs *(Pagurus pridauxi)*, als das überzeugendste Beispiel für reziproken Altruismus. Jedes dieser Tiere profitiert dabei vom Verhalten des anderen, obwohl Anemone und Krebs auch in stammesgeschichtlicher Hinsicht noch nicht einmal weitläufig miteinander verwandt sind.

Besonderes Gewicht bei der Beurteilung sozialen Verhaltens legen die Soziobiologen nämlich auf die Frage, ob es sich um untereinander verwandte oder nicht verwandte Tiere handelt. Kooperation in der einen oder anderen Form kommt bei beiden vor. Von reziprokem Altruismus kann man nicht nur bei den sekundären Bruthelfern der Graufischer sprechen, sondern auch bei unserem Schimpansen-Beispiel. Da arbeiten zwei erwiesenermaßen nicht verwandte Männchen zusammen, um einen dritten auszumanövrieren. Ein solcher reziproker Altruismus wird unter den Primaten ebenfalls vom Anubis-Pavian *(Papio anubis)* praktiziert.

Einige recht extreme, aber auch interessante Formen kooperativen Verhaltens sollen im folgenden vorgestellt werden, auch wenn wir altruistischem Verhalten noch in späteren Kapiteln häufiger begegnen werden. Fast hat man den Eindruck, es handle sich um eine generelle Eigenschaft tierischen Verhaltens. Zuerst wird es in diesem Kapitel um die gemeinsame, für einige Tiere jedoch tödliche Abwehrstrategie von miteinander eng verwandten Arbeiterinnen der Honigbiene gehen; dann um das Beispiel der in Kolonien brütenden Schwalben, die über eine Art »Informationsbörse« verfügen, und schließlich um den Vorteil des Gruppenlebens überhaupt.

Wenn Bienen einen Ball bilden

Eine ebenso raffinierte wie wirkungsvolle Verteidigungsstrategie entdeckten japanische Insektenkundler bei Honigbienen, die sich ihrer Feinde auf ungewöhnliche Weise zu erwehren wissen. Räuberische Hornissen etwa lauern den Arbeiterinnen in der Umgebung des Bienenstocks auf, um sie an die eigenen Larven zu verfüttern. Nicht selten jedoch werden die Hornissen dabei von einer Wächter-Biene noch rechtzeitig erkannt. Innerhalb von nur 15 Sekunden haben die aus dem Stock stürzenden Honigbienen den Räuber regelrecht umzingelt, um ihn zu töten.

Und dies auf ungewöhnliche Art: Denn die sich verteidigenden Bienen – meist sind es etwa 250 Insekten – umschließen die Hornisse im Inneren einer Kugel, die sie mit ihren Körpern bilden.

Mit feinsten Mikrothermometern kamen die japanischen Forscher hinter das Geheimnis dieser kuriosen, aber tödlichen Bienenkugel. Die Messungen in einem solchen Bienenball ergaben, daß die Temperatur im Inneren innerhalb von nur vier Minuten auf knapp 46 Grad Celsius anstieg; das war oft mehr als 20 Grad über der Außentemperatur. Für rund 20 Minuten heizten die Bienen der Hornisse derart kräftig ein. Wie sie das machen, blieb bislang noch ungeklärt. Temperaturregulation allerdings ist für Bienen nichts prinzipiell Neues: Durch Flügelschwirren sorgen sie für Ventilation und sommers wie winters für gleichbleibende Temperaturen im Stock.

Wenn sich die Bienenkugel dann nach etwa einer Stunde endlich wieder auflöst, bleiben stets die getötete Hornisse und einige erstochene Bienen auf dem Kampfplatz zurück. Diese Bienen haben ihr Leben für den Stock geopfert, mit dessen Bewohnern sie eng verwandt sind.

Im Chitinpanzer derart umzingelter Hornissen fand sich nicht ein einziger Bienenstachel. Der Räuber wurde demnach nicht erstochen, sondern starb tatsächlich an der Überhitzung im Inneren der Bienenkugel. Laborexperimente bestätigten die Hitzestreß-Theorie der japanischen Entomologen: Temperaturen über 45 Grad sind für Hornissen tödlich, nicht aber für die Honigbienen, die erst bei über 48 Grad sterben. Erstmals, so glauben die japanischen Forscher Ono,

Okada und Sasaki, weist dies den Hitzetod als Abwehrverhalten bei Insekten nach.

Im Unterschied zu den japanischen Honigbienen erreichen die europäischen Bienen, bei denen die Kugelbildung zur Verteidigung gegen Wespen und Hornissen ebenfalls beobachtet werden konnte, »nur« Temperaturen von rund 43 Grad; zuwenig, um ihre Feinde dadurch zu töten. Zum Ausgleich setzt unsere *Apis mellifera* deshalb auch noch ihren Stachel ein, um die räuberischen Wespen zu töten.

Für die Evolutionsbiologen stellt sich jetzt die Frage, wie sich dieses Verhalten bei der Honigbiene entwickelt hat. Immerhin bleiben bei der Abwehr einer räuberischen Hornisse stets gleich mehrere Bienen auf der Strecke; die Hornisse jedoch hätte bei ihrem Angriff vorerst nur eine Biene erbeutet.

Daß sich dennoch ein kooperatives Abwehrverhalten gerade bei diesen *Hymenopteren,* den Hautflüglern, entwickelt hat, das wird Soziobiologen nur noch wenig verwundern, wissen sie doch spätestens seit den Arbeiten des Entomologen Edward O. Wilson um die besondere Bedeutung sozialer Strategien und ihrer Evolution bei Insekten. Wilson hatte die staatenbildenden Hautflügler geradezu als Paradebeispiel für die biologische Erforschung sozialen Verhaltens hervorgehoben. Von den Erkenntnissen an eusozialen Insekten ausgehend, erweiterte er dann diesen soziobiologischen Ansatz und versuchte, allgemeingültige Gesetzmäßigkeiten auch bei anderen Lebensgemeinschaften zu erkennen. Für viele Wissenschaftler stellt die Soziobiologie zwar wenig generell Neues dar, allein die Verknüpfung der Verhaltensforschung mit der Evolutionsbiologie sorgt für einen um wesentliche Aspekte verbesserten Erklärungsansatz des vielfältigen tierischen Verhaltens.

Der Altruismus vieler Tiere, die selbstlose Aufopferung zum Wohl und Schutz der Gemeinschaft, die doch so offenkundig der Sicherung des eigenen Lebens zuwiderläuft, vermochte etwa Charles Darwin noch nicht einwandfrei zu erklären. Er war auf die Erhaltung der biologischen Art fixiert, mit deren Wandel im Laufe der Evolution er sich beschäftigte. Mit seiner Selektionstheorie vermochte er nur schwerlich die Frage zu beantworten, wie die Selektion etwa bei den Bienenstaaten die scheinbar freiwillige Kinderlosigkeit der gesamten Arbeiterkaste begünstigen kann, wenn sie – wie Darwin erstmals richtig erkannte – doch die Zahl und Eigenschaft von Nachkommen bewertet.

Heute sprechen die Evolutionsbiologen lieber von der *Erhaltung der Gene* als von der Erhaltung der Individuen oder der Art; und dementsprechend auch von Gen-Selektion. Etwas überspitzt versuchte der britische Zoologe Richard Dawkins vor einigen Jahren diesen Sachverhalt als »Gen-Egoismus« darzustellen. Demnach wären wir alle nur »Überlebensmaschinen« oder »Marionetten der Evolution«, blind programmiert zur Erhaltung der selbstsüchtigen Moleküle, der Gen genannten Erbeinheiten. Dies ist sicherlich eine sehr einseitige und provokative Sicht, die zudem den Nachteil einer monokausalen Erklärung mit sich bringt. Der grundlegende Gedanke von der Weitergabe bestimmter, in der Evolution erfolgreicher Gene wird dagegen von den meisten Fachleuten heute anerkannt.

Das gemeinsame Abwehrverhalten der Bienen, die Aufopferung für den übrigen Bienenstock, oder allgemeiner, das altruistische Verhalten überhaupt erklärt sich nach Auffassung der Soziobiologie durch die Strategie der *inclusive fitness*, der Gesamtfitneß eines Tieres. Unter diesem abstrakten Begriff verstehen die Soziobiologen den Beitrag, den jedes Individuum an Erbanlagen in die nächste Generation einbringt. Unter Umständen ist das Ziel, das eigene Erbgut in die nächste Generation weiterzugeben, nun am besten dadurch zu erreichen, nahe Verwandte nach Kräften zu fördern, eventuell sogar die eigene Fortpflanzung zugunsten naher Verwandter mit vielen gemeinsamen Genen zurückzustellen. Das radikalste Beispiel dafür sind sicherlich die staatenbildenden Insekten, zu denen neben den Bienen die Hummeln, Wespen und Ameisen sowie die Termiten gezählt werden.

Bei diesen innerhalb der Klasse der Insekten mehrfach unabhängig voneinander entwickelten Staatenbildungen hängt die Fortpflanzung meist allein von der Königin und ein oder mehreren fruchtbaren Männchen ab. Die übrigen Tiere solcher Gemeinschaften, die sterilen Arbeiterinnen, versorgen und verteidigen gemeinsam die Brut. Dabei unternehmen sie sogar, wie das Beispiel des tödlichen Bienenballs einmal mehr zeigt, scheinbar uneigennützige Selbstmordmanöver, um letztlich die Königin zu verteidigen und um die gemeinsamen Gene weiterzugeben.

Tatsächlich ist auch dieser Edelmut vom »Egoismus der Gene« diktiert. Denn jede Biene der Arbeiterkaste ist mit ihren Schwestern näher verwandt, als sie es mit den eigenen Kindern wäre. Die unfruchtbaren Arbeiterinnen haben drei Viertel ihres Erbmaterials mit ihren Schwestern gemeinsam und nur ein Viertel mit den Brüdern. Das ist ungewöhnlich; denn in der Regel sind die Weibchen mit ihren eigenen Töchtern und Söhnen zur Hälfte verwandt, da eine Hälfte des Chromosomensatzes vom Vater, die andere Hälfte von der Mutter stammt. Bei sozialen Hymenopteren jedoch ist das eben anders. Hier entstehen die Männchen aus unbefruchteten Eiern, haben also nur *einen* Chromosomensatz statt der üblichen zwei; die Drohnen sind also *haploid.* Die Weibchen dagegen gehen aus befruchteten Eiern hervor; sie haben *zwei* vollständige Chromosomengarnituren, sind demnach *diploid.*

Aus nicht ganz einfachen Berechnungen der Verwandtschaft zwischen den Individuen, die zuerst William D. Hamilton für die staatenbildenden Insekten durchführte, ergibt sich nun, daß die Arbeiterinnen mit ihren Schwestern drei Viertel ihrer Gene teilen, während sie mit eigenen Nachkommen dagegen lediglich die Hälfte des Erbgutes gemeinsam hätten. Solche ungewöhnlichen Geschlechtsverhältnisse prädestinieren die Bienen-, Wespen- und Termitenweibchen dazu, lieber in fortpflanzungsfähige Schwestern statt in eigene Kinder zu investieren. Und genau das tun die Arbeiterinnen der Hymenopteren ja dann auch. »Die Staaten der Bienen, Ameisen und anderen Hautflügler«, so Wolfgang Wickler und Uta Seibt vom Max-Planck-Institut für Verhaltensforschung in Seewiesen, »bilden sich ja gerade dadurch, daß die weiblichen Nachkommen einer Königin auf eigene Nachkommen verzichten und als sterile Arbeiterinnen die weiteren Eier und Larven ihrer Mutter pflegen, aus denen wieder Schwestern schlüpfen. Die bislang nie richtig beantwortete Frage, wie eine Selektion, die Nachkommen zählt, zur Sterilität von Individuen führen kann, ist damit erstmals befriedigend gelöst.«

Die Kolonie als Nachrichtenbörse

Keineswegs jedes Tier ist darauf angewiesen, sich selbst Nahrung zu suchen; es gibt regelrechte Informationszentren, an denen Nachrichten über günstige Nahrungsquellen ausgetauscht werden. Die bekanntesten Beispiele finden sich wieder unter den eusozialen Insekten, vor allem bei Bienen. Durch den Schwänzeltanz tun diese ihren Stockgenossinnen Richtung und Entfernung einer Futterquelle kund.

Bei Wirbeltieren vermißten Biologen bislang ähnliche Beispiele einer nicht-akustischen Weitergabe von Nachrichten. Charles R. Brown, der jetzt an der Universität in Yale tätig ist, fand nun bei den koloniebrütenden Kliff- oder Felsenschwalben *(Hirundo pyrrhonota)* ein Informationszentrum par excellence. Die Felsenschwalben sind kleine Zugvögel, die im Westen Nordamerikas in Kolonien mit untereinander nicht verwandten Tieren brüten. Sie ernähren sich ausschließlich von Insekten, die sie im Flug erbeuten.

Derartige Insektenschwärme, so Brown, verteilen sich unvorhersehbar in Raum und Zeit, können aber durch das massenweise Auftreten im Extremfall bis zu 500 nahrungsuchende Vögel gleichzeitig anziehen, bevor sie sich nach rund 30 Minuten wieder auflösen. Für die Schwalben kommt es mithin darauf an, solche kurzzeitigen Nahrungsansammlungen schnell zu entdecken und zu nutzen. Wie für ein biologisches Informationszentrum zu erwarten ist, müssen die Tiere in diesem Fall also zum einen in der Lage sein, von erfolgreichen Artgenossen über eine ergiebige Nahrungsquelle informiert zu werden, und zum anderen solche erfolgreichen Artgenossen erkennen können.

Brown beobachtete an insgesamt 167 Kolonien in Nebraska, daß die Felsenschwalben diese Bedingungen tatsächlich erfüllen, und zwar auf recht einfache Weise: Jeder Vogel, der erfolglos von einem Beuteflug zurückkehrt, folgt beim nächsten Ausflug einem erfolgreich gewesenen Nachbarn, der ihn zu einer Insektenansammlung führt. Die Schwalben erkennen erfolgreiche Artgenossen entweder an deren Verhalten bei der Rückkehr zum Nest oder direkt an den gefangenen Insekten, die sie mit sich tragen. Die Tiere, die gemeinsam von der Kolonie abfliegen, jagen auch gemeinsam, wie Brown anhand von Farbberingung feststellte. Den erfolgreichen Schwalben wurde wesentlich häufiger gefolgt als den erfolglosen. Dabei wirkt offenbar das Tragen von erbeuteten Insekten als das auslösende Signal für das Nachfolgeverhalten. Ein Insekt im Schnabel zeigt ja auch unmißverständlich an, daß der Vogel eine ergiebige Ansammlung von Futtertieren kennt.

Damit sich aber ein funktionierender Nachrichtenaustausch entwickeln kann, muß der Jagderfolg unter den einzelnen Koloniemitgliedern stets wechseln. Anderenfalls würden die erfolgreichen Vögel bald keinerlei Vorteile mehr erzielen, sondern ausgenutzt werden. Tatsächlich besteht für alle Koloniemitglieder auch die gleiche Wahrscheinlichkeit, daß ihnen Artgenossen folgen, demnach sind alle Mitglieder bei diesem Nachrichtensystem gleichermaßen begünstigt. Es konnte auch nicht beobachtet werden, daß die erfolgreichen Schwalben versuchen, ihren Jagderfolg geheimzuhalten, nachfolgende Tiere zu vertreiben oder irrezuführen. Angesichts der nur kurzfristig auftretenden Insektenschwärme würde dies dazu führen, daß die Nahrung nicht mehr optimal genutzt werden könnte.

Eine solche Zusammenarbeit wie bei den Felsenschwalben kann nur entstehen und erhalten bleiben, so glauben Ethologen wie Dr. Heinz-Ulrich Reyer aus Seewiesen, »wenn sie gegen Unterwanderung von Betrügern gesichert ist, das heißt gegen Individuen, die zwar profitieren, aber später nicht zurückzahlen. Eine Möglichkeit, Betrug auszuschalten, besteht darin, altruistische Handlungen nur auf solche Individuen zu richten, von denen man weiß, daß sie zurückzahlen werden. Das setzt individuelles Kennen voraus und das wiederum kleine, über einen längeren Zeitraum stabile Gruppen.« Diese Voraussetzungen erfüllen nicht nur Bienenstaaten, viele Affenarten, sondern auch soziale Karnivoren wie Wölfe, Wildhunde und Hyänen.

Dr. Reyer weist darauf hin, daß der regelmäßige Austausch von Futter bei diesen Arten auf den ersten Blick reziproken Altruismus darstellt; jedoch sind die Mitglieder solch einer Gruppe meist auch eng miteinander verwandt, weshalb die Entstehung dieses Verhaltens auch auf der Verwandten-Selektion beruhen könnte. Dies meint wieder die Strategie, anstatt in eigene Nachkommen in nahe Verwandte zu investieren.

Bei den Felsenschwalben ist das jedoch nicht der Fall; sie sind, wie Browns Studien nahelegen, nicht miteinander verwandt und helfen sich dennoch bei der Nahrungssuche – zum wechselseitigen Nutzen.

Gemeinsam sind sie stark

In einer Gruppe zu leben ist demnach häufig von Vorteil für Tiere: Gemeinsam werden Feinde früher gesichtet und können dann mit vereinten Kräften vertrieben werden. Das Verteidigungs-»Hassen« bei Vögeln beispielsweise ist freilich nicht ohne das Risiko, dabei selbst gefaßt zu werden. Die Tiere müssen daher gleichzeitig versuchen, den eigenen Einsatz niedrig zu halten und den Räuber dennoch effektiv zu vertreiben. In einer Gruppe kann ein Tier das eigene Risiko mindern, indem es sich beim »Hassen« einfach weiter im Hintergrund hält und sich auf die anderen Gruppenmitglieder verläßt. Aber denkbar wäre ebenfalls, nahe an den Feind heranzukommen und ihn zu attackieren, da eine größere Gruppe den Räuber irritiert und dadurch Schutz bietet. Wir sahen bereits, daß der Stichling vor ähnlichen Problemen steht.

Daß die allein operierenden Tierarten tatsächlich ein größeres Wagnis eingehen, belegen Charles Brown und John Hoogland durch eine vergleichende Studie an vier nahe verwandten Schwalbenarten, darunter auch die bei uns heimische Rauchschwalbe *(Hirundo rustica)* und die Uferschwalbe *(Riparia riparia).* Den Vögeln wurden in Attrappenversuchen ausgestopfte Feinde, unter anderem Wiesel und Eulen, präsentiert. Dabei zeigte sich, daß die solitär lebenden Schwalbenarten wie etwa die Rauchschwalbe ein größeres Risiko eingingen; sie griffen im Sturzflug an und landeten dicht vor den Attrappen, während die in Kolonien lebenden Arten wie die Felsenschwalbe lediglich unter lautem Rufen umherflogen, ohne aber den vermeintlichen Feinden allzu nahe zu kommen. Der größere Einsatz der solitären Schwalben sei wichtig, so meinen Brown und Hoogland, da sie sich nicht auf eine Vielzahl »mithassender« Artgenossen verlassen können, sondern *allein* den Feind in die Flucht schlagen müssen. Auch steht für die einzeln brütenden Arten mehr auf dem Spiel, wenn sich ein Feind nähert, da sie ihr Nest samt Nachkommen nicht in einer Kolonie »verstecken« können und allein dadurch schon ein Handikap haben. Obwohl bisher nicht untersucht wurde, ob ein Vogelschwarm Feinde wirkungsvoller vertreibt, ist das Leben in der Gemeinschaft für die Tiere offensichtlich weniger gefahrvoll als das Einzelgängerdasein.

Neben diesem »Hassen« der Singvögel als Feindabwehrverhalten werden im Zusammenhang mit reziprokem Altruismus oft auch die Alarmrufe genannt, mit denen Vögel nicht nur verwandte und nicht verwandte Artgenossen, sondern auch andere Arten vor Raubfeinden warnen. Dieses Beispiel, so betont Dr. Reyer, sei allerdings keines für reziproken Altruismus. »Die Alarmrufe sind nämlich ungerichtet und werden von einer in der Zusammensetzung wechselnden Population empfangen. Dadurch besteht keine Möglichkeit, Betrüger zu erkennen und zu benachteiligen.«

Wenden wir uns nun aber einem weiteren, unter Fachleuten vieldiskutierten und vielbearbeiteten Gebiet der Soziobiologie zu – den überaus vielseitigen Paarungsstrategien von Vögeln.

Vielweiberei bei Beutelmeisen
Porträt eines Polygamisten

Während die weitaus größte Anzahl der europäischen Sperlingsvögel hauptsächlich monogam ist, pflegen die Beutelmeisen die Vielweiberei – wie sie auch bei vielen Huftieren und von jedem Hühnerhof bekannt ist.

Wenn im Frühling andere Vögel ihre Nester bauen, wird er zum Casanova. Denn kaum hat er ein Weibchen für sich erobert, läßt er es auch schon im Stich, um ein anderes zu locken. Ende April, Anfang Mai beginnt er sein Treiben, und er beteiligt sich auch noch am Bau des Nestes, wenn es ihm gelungen ist, ein Weibchen auf sich aufmerksam zu machen. Doch dann – das Weibchen hat gerade seine Eier gelegt – verschwindet das Männchen; meist auf Nimmerwiedersehen. Während das Weibchen sich fortan allein um den Nachwuchs kümmern muß, beginnt er ein zweites Nest und versucht ein weiteres Weibchen anzulocken, dem es dann möglicherweise nicht viel besser als dem ersten ergeht. Doch damit nicht genug: Einige Männchen bauen auf diese Weise bis zu sechs verschiedene Nester nacheinander.

Die Vögel mit diesem nicht alltäglichen Brutverhalten sind die graubraunen Beutelmeisen *Remiz pendulinus.* Mit den Meisen, die, stadtbekannt, Nistkästen und Futterhäuser zuhauf bevölkern, haben die 11 cm großen Vögel mit dem auffallend schwarzen Augenfleck allerdings nicht mehr als den deutschen Namen gemeinsam; schon gar nicht die Neigung zur Vielehe, von den Fachleuten *Polygamie* genannt. Auch sind Beutelmeisen nicht so zahlreich und verbreitet wie Blau- und Kohlmeise. Im westlichen Mitteleuropa erschienen sie bisher meist nur in einigen lokalen Vorkommen. Dabei sind sie sehr an die Nähe von Wasser gebunden. Auwaldartige Landschaften mit Weiden- und Erlenbeständen, so selten sie bei uns geworden sind, kommen ihren Habitatvorstellungen sehr entgegen. Die ›Rote Liste der bedrohten

Vogelarten‹ führt die Beutelmeise unter der Rubrik »potentiell gefährdet«, was in diesem Fall auf die nur wenigen kleinen Ansiedlungen der Beutelmeise zurückzuführen ist. Denn auch bei nur kleineren Eingriffen in deren Brutbiotope können ihre Bestände leicht erlöschen. In der Bundesrepublik existiert vor allem im Maintal ein kleines Vorkommen. Schilf- und Rohrkolbenbestände, verbunden mit hohen Weiden, scheinen auch hier die bevorzugten Brutbiotope zu werden.

Die Ansiedlung dieser Beutelmeisen am Main erfolgte 1978 nach einer regelrechten Invasion, die die Aufmerksamkeit von Ornithologen erregte. Solche invasionsartigen Vorstöße in bislang unbesiedelte Regionen kennen Biologen von verschiedenen Tierarten; als Paradebeispiel wird immer wieder die Türkentaube *(Streptopelia decaocto)* angeführt, die sich vor rund 50 Jahren, aus Kleinasien kommend, in Richtung Nordwesten aufmachte und mittlerweile weite Teile Mitteleuropas besiedelt. Die Ursachen solcher Arealausweitungen blieben den Wissenschaftlern bislang verborgen, wie sehr sie gerade dies auch interessieren mag. Spätestens seit Anfang der 60er Jahre werden Ausbreitungstendenzen auch bei der Beutelmeise beobachtet. Und diesmal wollen die Vogelkundler nicht versäumen, das Verhalten dieser kleinen Singvögel genau zu verfolgen.

Bei der Ansiedlung im oberen Maintal vermuteten Vogelkundler anfangs, daß die Beutelmeisen aus Populationen an der Donau oder vom Neusiedler See kamen. Doch inzwischen ergaben erste Ringfundanalysen, daß die Tiere wohl entlang ihres Zuges von Südwesten nach Nordosten und zurück das Maintal berühren und dort aufgrund geeigneter Biotope, die durch Kiesabbau erst vor Jahren entstanden sind, »hängenbleiben« und brüten.

Bei den Beobachtungen der Tiere dort entdeckten zwei bayerische Amateur-Vogelforscher dann das ungewöhnliche Brutverhalten. Überhaupt werden viele wichtige biologische Beobachtungen gerade bei Vögeln von den sogenannten »Nicht-Fachleuten« gemacht. Auf ihre Unterstützung kann die Ornithologie auch heute nicht verzichten. Dieter Franz und Norbert Theiß waren auf die sehr wirkungsvolle Idee gekommen, die einzelnen Beutelmeisen ihres Gebietes nach dem Fang in Japannetzen mit kleinen, verschieden bunten

Farbringen zu markieren. Dank dieser Plastikringe, die den Vögeln zusammen mit den üblichen Aluminiumringen der Vogelwarte Radolfzell in verschiedener Kombination um die Beine gelegt wurden, konnten sie die Beutelmeisen später individuell wiedererkennen; Franz und Theiß beringten so zwischen 1978 und 1982 etwa einhundert Beutelmeisen des Maintals, die dann entsprechend ihrer Farbringkombination Namen wie »Rot/weiß«, »Orange/rot-weiß« oder »Blau/grün« bekamen.

Zwischen dem Mündungsgebiet von Itz und Baunach am Main suchten Franz und Theiß in jedem Jahr nach den Nestern und kartierten sie. Denn aus den Veröffentlichungen über ihr Studienobjekt wußten sie bereits, daß das Brutverhalten der Beutelmeisen, deren ursprüngliches Siedlungsgebiet in Südosteuropa liegt, sehr kompliziert und verworren zu sein schien. Ältere Bearbeiter waren zu auffälligen Widersprüchen und gegensätzlichen Befunden gekommen, so daß Franz und Theiß wußten, korrekte Aussagen über den Bestand – und um den ging es ihnen in erster Linie – nur dann machen zu können, wenn sie sich an den Brutnestern der Beutelmeise orientierten. Daß sie dabei fast nebenbei die komplizierten Eheverhältnisse bei der Beutelmeise klären helfen sollten, das ahnten sie anfangs noch gar nicht.

Von den überaus kunstvoll und solide aus Pappel- und Weidenwolle gewebten, beutelförmigen Nestern haben die Beutelmeisen ihren Namen. Die unter europäischen Singvögeln recht einmaligen Brutnester weisen an der Seite ein röhrenförmiges Flugloch auf und erinnern an die kunstvollen Bauten afrikanischer Webervögel. Frühere Vogelkundler haben diese leeren Nester aus dicht verwobenem Filz von Halmen, Tier- und Pflanzenwolle gern gesammelt und als Rarität mit nach Hause genommen. Die Beutelmeisen-Männchen hängen ihr Beutelnest geschickt zwischen den sich gabelnden Zweigen einer Weide oder Pappel auf. Das allein ist ein Kunststück, denn im Frühjahr sind die Zweige ohne die Blattansätze glatt und rutschig. Doch die Beutelmeise mit dem Hang zur Vielweiberei schafft es mit einer sogenannten Grundwicklung, das Pflanzenmaterial des Nestes sicher mit den Zweigen zu verbinden. Kein Wunder, wenn der zeitliche Aufwand für das Beutelnest dadurch viel größer ist als bei anderen Vogelnestern. Während den Blaumeisen beispielsweise fünf Tage genügen, brauchen die Beutelmeisen für den Bau deren 20. Das sind, so rechneten die Vogelkundler nach, immerhin 40 Prozent der gesamten Brutzeit. Aber die vielseitige Funktion rechtfertigt die Mühe: Denn die Beutelform des Nestes kommt dem polygamen Verhalten der Männchen sehr entgegen.

Da das Weibchen – einmal vom Männchen im Stich gelassen – nur schwerlich die Jungen gleichzeitig hudern (unter die Flügel nehmen) und mit Futter versorgen kann, muß das Nest eine konstante Wärme und ausreichenden Schutz vor Feinden bieten. Das sorgfältig gebaute Nest dient quasi als Ersatz für das treulose Männchen. Und dadurch erst wird das Überleben der Jungen gesichert, wenn nur noch ein Altvogel zurückbleibt.

So ungewöhnlich wie das aufwendige Nest ist das Verhalten der Beutelmeise, wenn es um die Fortpflanzung geht. Zu Beginn der Brutsaison, wenn die Männchen ein Territorium besetzt haben und zum Nestbau bereit sind, benötigen sie zumindest den flüchtigen Kontakt zu einem Weibchen oder müssen den Stimmfühlungslaut eines potentiellen Partners in der näheren Umgebung hören, um sich auf Nistmaterialsuche zu begeben. Ohne diesen Schlüsselreiz, der die weitgehend spezialisierten Handlungen des Nestbaus der Männchen auslöst, kann das Brutnest der Beutelmeisen nicht begonnen werden. Ohne Reizauslöser bringen es die Remiz-Männchen lediglich zur sogenannten »Spielwicklung«, bei der einige Halme zusammen um einen Zweig gewickelt werden, das für sich noch keinen richtigen Nestanfang darstellt.

Auffällig am Verhalten des Männchens ist auch, daß es nicht wie erwartet das Nest fertigstellt, sobald der Nestbautrieb einmal ausgelöst wurde. Die Beutelmeise weiß sich sehr wohl zu beherrschen: Nur bis zu einem bestimmten Stadium, das die Ornithologen wohl wegen der Ähnlichkeit als »Henkelkorb« bezeichnen, baut das Männchen am Nest. Dieser Henkelkorb dient ihm als Lockmittel für die begehrten Weibchen. Wo immer eine noch ledige Beutelmeise auf diesen Nestanfang stößt, wird ihr ein ganz unmißverständliches Angebot offeriert. Rund zwei bis drei Wochen lang lockt das Männchen unermüdlich, hängt sich laut rufend an die Nestwand des frei schwingenden Nestes, zeigt dabei sein Rückengefieder und »winkt« sogar durch Kopfdrehen mit seiner auffälligen schwarzen Augenmaske. Stellt sich dennoch kein Weibchen ein, beginnt es an anderer Stelle erneut mit einem Henkelkorb, so lange, bis im Hochsommer der Nestbautrieb schließlich erlischt.

Neben dem sicheren Nest ist dieser lange aktive Bautrieb eine weitere Voraussetzung für die Vielweiberei der Beutelmeisen. Schon seit längerem sind zwei Nestbauwellen bei dieser Vogelart bekannt. Etwa einen Monat nach dem ersten Versuch täuschen die treulosen Männchen ab Ende Mai erneut mit einem Henkelkorb ernsthafte Absichten vor.

Hat sich ein Weibchen am Nestbauplatz eingefunden und Interesse für Heim und Herr bekundet, hilft das Männchen dann auch noch mit beim Ausbau zum fertigen Brutnest. Die meiste Zeit jedoch müht sich die junge Mutter allein mit der Innenauspolsterung und dem tütenförmigen Einschlupf ab. Sind aber die etwa sechs weißen Eier erst gelegt, macht der Don Juan sich ganz aus dem Staub und überläßt die Brutpflege dem Weibchen.

Für sie ist es danach vermutlich noch immer aussichtsreicher, fortan die Jungen allein aufzuziehen, anstatt wieder von vorn zu beginnen; möglicherweise mit einem Männchen, das sie dann ebenfalls sitzenläßt.

Auch wenn dieses Verhalten auf den ersten Blick absonderlich erscheinen mag, gibt es dafür eine einleuchtende Erklärung: Solch ein Partnerwechsel ist im Hinblick auf den Fortpflanzungserfolg durchaus von großem Vorteil – zumindest für die Männchen. Deren polygames Verhalten führt möglicherweise zu einer Steigerung der Jungenzahlen. Jedes Männchen könnte durch seine Untreue sogar für doppelten Nachwuchs sorgen; vorausgesetzt freilich, wenigstens die Weibchen bleiben bei den Jungen der ersten Brut. Doch genau das tun die Weibchen nicht immer.

Im allgemeinen müssen die Männchen bei den monogam lebenden Vögeln eine Art »Vorleistung« erbringen, ehe sie ein Weibchen für sich begeistern können. Da muß ein Revier erobert und verteidigt werden, ein Nest gebaut und das Weibchen meist lange umworben werden. Sind sich die Vögel gar ein Leben lang treu, wie dies etwa Konrad Lorenz von seinen berühmt gewordenen Graugänsen berichtet, so geht dem in der Regel sogar eine Art »Verlobungszeit« voraus. Bei afrikanischen Bartvögeln erbringen beide Partner solche Vorleistungen; bei diesen tropischen Vögeln stiftet ein regelrechtes Duettsingen von Männchen und Weibchen den Bund fürs Leben. Diese Duette, so erkannte Prof. Wolfgang Wickler, Direktor am Max-Planck-Institut für Verhaltensphysiologie in Seewiesen, dienen nicht allein der Revierabgrenzung, sondern sichern auch die Bindung zwischen den Brutpartnern. Der oft hohe Aufwand, den das Einstudieren der Wechselgesänge erfordert, macht einen Partnerwechsel im Hinblick auf den Fortpflanzungserfolg unrentabel. Denn gebrütet wird jeweils erst dann, wenn die Duette richtig klappen. Die südafrikanischen Waldweber tragen ihre Duette sogar unisono vor, das heißt gemeinsam-einstimmig, und zwar so präzise synchron in Motiv und Rhythmus, daß beide fast wie ein einziger Vogel klingen. Auch hier verhindern die paarspezifischen Duette einen derart raschen Partnerwechsel wie etwa bei den Beutelmeisen. Die Ethologen vermuten seitdem bei allen Duettsängern einen Zusammenhang zwischen dieser besonderen Art des Gesangsvortrags und der lebenslangen Partnerbindung. »Tatsächlich«, faßt Prof. Wickler zusammen, »sind auch alle duettsingenden Vögel monogam, so daß Duettieren als ein typisches Monogamie-Phänomen erscheint.«

Derart große Investitionen sind auch nur bei anhaltender Partnerschaft sinnvoll. Nach dem Konzept der »Parental-Investment-Theorie«, der Theorie des Elternaufwandes, ist jedes Tier bestrebt, möglichst ökonomisch Nachkommen großzuziehen. Zeitraubende Anstrengungen wie Werbung und Reviereroberung lassen die Männchen daran interessiert sein, die eigenen Jungen auch erfolgreich großzuziehen. Sie helfen daher eifrig bei der Brutpflege mit. Der grundlegende Gedanke der soziobiologischen Theorie des Elternaufwandes ist nach Robert Trivers, daß die Weibchen in der Regel allein schon wegen der großen und nährstoffreichen Eier, die sie in ihrem Körper allein mit ihren Reservestoffen aufbauen müssen, wesentlich mehr in die Fortpflanzung investieren als die Männchen. Zudem, und das ist leicht ersichtlich, wäre für die Männchen die optimale Strategie, fortwährend neue Kopulationen zu suchen. Für die Weibchen dagegen wäre die beste Lösung, wenigstens die Brutpflege den Männchen zu überlassen, was dann bei verschiedenen Tierarten vorkommt, wie etwa bei den Seepferdchen-Männchen.

Beim Fortpflanzungsverhalten der Beutelmeisen, so ist zu vermuten, liegt eine »evolutionsstabile Strategie«, von den Ethologen mittlerweile kurz ESS genannt, zugrunde. Solch eine Strategie, die durchaus nicht das bewußte und geplante Handeln eines Tieres meint, sondern vielmehr eine genetisch vorprogrammierte Verhaltenstaktik, ist ein *Mischverhalten* in einer bestimmten Population von Tieren. Diese Mischstrategie hängt sehr davon ab, was die Mehrzahl der Population macht. Mit ihr läßt sich auch das Verhalten der Beutelmeisen kennzeichnen, denn einige Männchen in der untersuchten Ansiedlung im oberen Maintal sind polygam, andere Männchen sind es aber nicht.

Das Konzept der evolutionsstabilen Mischstrategie sagt voraus, daß die natürliche Selektion die alternativen Verhaltensweisen jeweils so aufeinander abstimmt, daß sie in einer Population gleichwertig sind. Wolfgang Wickler sieht das so: »Eine evolutionsstabile Mischstrategie stellt sich so ein, daß alle Individuen gleiche Erfolgschancen haben, selbst wenn sie Verschiedenes tun. Obwohl es für das Individuum nicht gleichgültig ist, welches Verhalten es wählt, werden wir also nicht finden, daß die eine Verhaltensweise den Individuen größere Vorteile bringt als die andere. Das muß man beachten, wenn man nach dem Anpassungswert von Verhaltensmerkmalen fragt.«

Der Selektionsvorteil oder der Anpassungswert zeigt sich definitionsgemäß im Fortpflanzungserfolg. Und ein möglicher Verhaltensvorteil läßt sich nur ermitteln durch den Vergleich unterschiedlicher Verhaltensweisen, gemessen an der Zahl der Nachkommen. Soziobiologen behandeln daher die Tiere, die ein bestimmtes Verhalten zeigen, und solche, die es unterlassen, ebenso getrennt wie Männchen und Weibchen.

Auch bei dem ungewöhnlichen Verhalten der Beutelmeisen ist zu erwarten, daß sich hier ebenfalls ein stabiles Mischungsverhältnis zwischen Partnertreue und Untreue einstellt. Soziobiologen haben modellhaft errechnet, daß in einem solchen Fall treue und untreue Männchen im Verhältnis 5 : 3 vorkommen, spröde beziehungsweise willige Weibchen dagegen im Verhältnis 5 : 1 auftreten. In natürlichen Populationen pendelt sich dieses Verhältnis zwischen verstärkter und reduzierter Partnertreue in Anpassung an die Umweltbedingungen innerhalb einiger Generationen ein. Angenommen nämlich, die Männchen tendieren zur Untreue, weil sie dadurch die Zahl ihrer Nachkommen vergrößern können, so arbeitet die Selektion dagegen. Denn die Weibchen sind eventuell nicht mehr in der Lage, die Brut allein aufzuziehen.

So sind bei den Beutelmeisen wie auch bei anderen Singvögeln, die zur Vielweiberei neigen, längst nicht alle Männchen polygam. Wie bereits der Ornithologe von Haartman 1969 beim Trauerfliegenschnäpper *Ficedula hypoleuca* feststellen konnte, teilt sich die Population in polygame und monogame Tiere auf. Beim Fliegenschnäpper sind 20 Prozent der Männchen polygam. Und die beiden Populationsökologen Wolfgang und Doris Winkel berichteten kürzlich ebenfalls, daß in der von ihnen untersuchten Population über 20 Prozent der Weibchen mit polygamen Männchen verpaart waren. Wenn sich die Männchen des Schnäppers nicht an der Aufzucht beteiligten, flogen – soviel können die beiden Forscher sicher sagen – deutlich weniger Jungvögel aus.

Doch wieder zurück zu den Beutelmeisen-Untersuchungen von Dieter Franz und Norbert Theiß. Ebenso wie beim Fliegenschnäpper fanden sie bei ihrer Freilandstudie nun tatsächlich, daß nur ein Teil der Männchen in der Beutelmeisen-Population mit mehreren Weibchen nacheinander liiert zu sein schien. Und auch hier wird das Fehlen eines Altvogels dem Nachwuchs trotz des Beutelnestes oft zum entscheidenden Nachteil. Zwar erfüllt das Nest der Beutelmeise in der Regel vortrefflich seine Aufgaben, eine erfolgreiche Aufzucht jedoch ist nur bei reichlichem Nahrungsangebot – das sind in der Hauptsache Insekten und kleine Sämereien – gesichert. Diese Nahrungsversorgung abzuschätzen war allerdings am Main nicht möglich.

Die beiden Vogelkundler vermuten, daß es regional recht unterschiedliche Paarungssysteme bei der Beutelmeise geben mag. Schließlich halten es die Beutelmeisen ja *auch* mit der ehelichen Treue. Nicht alle Remiz-Männchen sind tatsächlich polygam, sie sind aber – wie ihr Verhalten deutlich macht – grundsätzlich dazu bereit. Den sicheren Nachweis der Untreue zu erbringen erweist sich jedoch auch bei Vögeln als schwierig.

Schuld daran war die Tatsache, daß untreue Männchen, die sich aufgrund fehlender Weibchen nicht erneut verpaaren konnten, von den Vogelkundlern im Ehesystem als monogam eingestuft werden mußten.

Offensichtlich, so die vorsichtige Deutung der beiden Forscher, zeigen die Männchen sehr wohl polygames Verhalten; aufgrund der Schwierigkeiten in der Nachweisführung jedoch erschienen sie bisher als überwiegend monogam. Innerhalb der Obermain-Population gelang es den Forschern zwischen 1978 und 1983, fünf Fälle von Polygamie der Männchen durch die Farbberingung sicher zu belegen.

Doch auch die Weibchen neigen zur Untreue. Im Gegensatz zur Polygynie der Männchen sprechen Ethologen in diesem Fall von der *Polyandrie* der Weibchen. Wir werden diese Form der »Vielehe« noch genauer beim Galapagos-Bussard kennenlernen. Die Beutelmeisen-Weibchen werden bei ihrem polygamen Verhalten zu wahren Grenzgängern. Diese Erkenntnis lieferte nicht nur folgende Zufallsbeobachtung aus der ehemaligen DDR.

Dort hatte sich eines der von Dieter Franz und Norbert Theiß in Oberfranken mit Farbringen markierten Beutelmeisen-Weibchen angesiedelt; angesichts der allgemeinen Ausbreitungstendenz dieser Singvögel auf den ersten Blick keine Überraschung. Doch das Weibchen legte die mehr als 200 Kilometer lange Distanz innerhalb einer Brutsaison zurück. Es hatte zuvor bei Staffelstein in Oberfranken erfolgreich fünf Jungvögel aufgezogen, war dann am 23. Juni zum letzten Mal von den bayrischen Ornithologen im Brutgebiet angetroffen worden; am 12. Juli baute dasselbe Weibchen – wie man anhand der Ringkontrolle glaubhaft machen konnte – mit einem anderen Männchen aus dem Bezirk Halle im Mennewitzer Teichgebiet erneut an einem Brutnest. Die »deutsch-deutsche« Beutelmeisen-Brut verlief wiederum erfolgreich, und sechs Jungvögel flogen aus, wie die Ornithologen an die Vogelwarte nach Radolfzell meldeten. Damit war diesem Weibchen die Polyandrie mit zwei erfolgreichen Bruten nachgewiesen. Das zweite Männchen übrigens war ebenfalls polygam, hatte es doch zuvor schon ein Nest mit einem einheimischen Weibchen gebaut.

Außer der ausgesprochenen Wanderfreudigkeit – obgleich die 200-Kilometer-Distanz sicher eher als Ausnahme aufzufassen ist – erschweren geradezu kleinkolonieartige Ansiedlungen die exakte Beobachtung des Ehesystems der Beutelmeisen. Nester anderer Beutelmeisen-Paare wirken auf Artgenossen offenbar wie Magneten. Das hat seinen Grund: Die Männchen suchen die Nähe der Weibchen, um erneut in Brutstimmung zu kommen. Entsprechende Versuche mit Beutelmeisen-Stimmen vom Tonband, die die Männchen sehr heftig beantworteten, belegen dies.

Aber mehr noch: Die herumwandernden Männchen versuchen, bei den noch brütenden Paaren die Weibchen abzuwerben und auch ganze Nester mit oder ohne Weibchen zu erobern. Diese fremden Männchen werden freilich ständig vom Revierinhaber und gelegentlich sogar auch vom Weibchen aus dem Revier verjagt. Dabei sahen die bayrischen Ornithologen ausgedehnte Verfolgungsjagden und gelegentlich auch, wie sich zwei Rivalen Brust an Brust hoch oben in der Luft wie an einer gedachten Linie gegenseitig trieben. Unter solchen fremden Eindringlingen in bestehende Brutreviere dürften, so vermuten die beiden Forscher, gewiß einige Männchen sein, die zuvor bereits schon einmal an anderer Stelle verpaart gewesen sind. Der Beobachtungsbericht von Franz und Theiß liest sich dabei streckenweise wie die Kurzfassung eines Romans über so manches Ehedrama:

Da ist etwa die Geschichte des Männchens »Orange/blau«, das im Mai 1980 erstmals im Untersuchungsgebiet am Main gesehen wurde. Es baute in Revier A an einem Brutnest, warb dabei nacheinander um zwei Weibchen, verpaarte sich dann auch erfolgreich mit der Beutelmeisen-Dame »Gelb/weiß«. Die jedoch ließ er, als sie Eier legte, im Stich und wanderte Mitte Mai ins Revier B. Dort hatte sich etwa zur gleichen Zeit das Männchen »Blau/weiß« mit einem unberingten Weibchen verpaart und zu brüten begonnen.

Zuerst wurde »Orange/blau« als Eindringling von diesen beiden Tieren hart attackiert; doch als das offenbar stärkere Männchen sprengte »Orange/blau« nach einer Woche schließlich doch die ursprüngliche Ehegemeinschaft von »Blau/weiß« und dem unberingten Weibchen. Während »Orange/blau« mit dem neueroberten Weibchen kopulierte, wanderte der Verlierer »Blau/weiß« aus seinem Revier ab, ließ sein Weibchen mit »Orange/blau« zurück. In Revier C baute er dann an einem alten Henkelkorb weiter, gab dies dann aber auf, errichtete anschließend in Revier D etwa einen Kilometer entfernt abermals einen Henkelkorb. Doch auch hier hatte der Pechvogel »Blau/weiß« kein Glück mit der Werbung um ein anderes Weibchen. Mittlerweile war es Ende Mai geworden, als er in Revier E noch einmal zwei weitere Henkelkörbe begann. Endlich, Anfang Juni, verließ er das Gebiet, nachdem er ein Brutnest und vier Henkelkörbe gebaut hatte, ohne noch ein Weibchen gefunden zu haben.

Und »Orange/blau«? Das Männchen brütete mit dem »Blau/weiß« ausgespannten, unberingten Weibchen in Revier B, half sogar beim Nestbau mit. Doch, man ahnt es schon, »Orange/blau« verließ auch dieses zweite Weibchen, um am 31. Mai in das alte Revier A zurückzukehren, wo es neben einem Henkelkorb ganz in der Nähe des ersten nun ein zweites Brutnest errichtete. Nach anfänglich vergeblichen Bemühungen, erneut ein Weibchen zu becircen, erschien im Juni dann eine unberingte Remiz-Dame bei »Orange-blau« in Revier A. Die Vogelkundler räumen ein, daß es das gleiche Weibchen gewesen sein könnte, das »Orange/blau« zuvor in Revier B auf seinen Eiern hatte sitzenlassen. Das Weibchen hatte dort am 15. Juni ein Gelege mit fünf Eiern und einem eben geschlüpften Jungvogel aufgegeben und erschien einen Tag später erstmals im alten Revier von »Orange/blau«. Bis Ende Juli brüteten diese beiden Beutelmeisen mit der bewegten Vorgeschichte dann in Revier A, zogen allerdings abermals keine Jungen erfolgreich groß.

Solche Verhältnisse halten die Forscher durchaus für charakteristisch bei Beutelmeisen. »Orange/blau«, das ergaben die detaillierten Beobachtungen, hatte demzufolge nicht nur versucht, in zwei verschiedenen Revieren zu brüten, sondern war dabei sicher mit drei, eventuell sogar mit vier Meisenweibchen liiert. Die Fachleute bezeichnen Männchen wie »Orange/blau« – oder auch das weitgewanderte Weibchen aus Oberfranken – als polyterritoriale Polygamisten.

Genützt freilich hat »Orange/blau« diese Vielweiberei nur wenig: Alle drei Bruten, an denen er beteiligt gewesen ist, blieben erfolglos; nicht ein einziger Jungvogel überlebte die

Eskapaden der Eltern. Auch die Erfolgsbilanz des Weibchens sieht nicht viel besser aus; denn die Abwerbung in Revier B führte ja zur Aufgabe einer vielversprechend begonnenen Brut.

Kein Wunder, daß die bayrischen Vogelkundler für die Maintal-Population zu dem Schluß kamen, daß die Nachwuchsrate der Beutelmeisen unter den sonst üblichen Werten lag, die einen Bestand stabil halten können. Nur rund 40 Prozent aller Brutnester zwischen 1978 und 1982 waren erfolgreich. Immerhin ließ sich nachweisen, daß der jeweils erste Brutversuch im Jahre von größerem Erfolg gekrönt war als die Zweitbrutversuche im Juni und Juli. Während die Weibchen bei den frühen Bruten im allgemeinen zwei Junge aufpäppelten, waren es bei den späten Bruten nur noch durchschnittlich 0,6 Junge pro Weibchen.

Um jedoch die Population zu erhalten, müßten pro Brut knapp drei Junge ausfliegen, wie Berechnungen der Biologen zeigen. Das aber ließ das polygame Verhalten der Beutelmeisen nicht zu. Franz und Theiß fassen deshalb zusammen: »Zumindest im Randverbreitungsgebiet kann die Polygamie unter diesen Umweltbedingungen den notwendigen Steigerungsgrad der Reproduktion nicht erbringen.« Die Population lebt demnach von Zuwanderern und hängenbleibenden Durchzüglern.

Obwohl die Männchen also zumindest die Möglichkeit hätten, mit ihrer Untreue für doppelten Nachwuchs zu sorgen, gelang ihnen exakt das Gegenteil. Denn allzu oft geben die Weibchen der Maintalpopulation ihre einmal begonnenen Gelege auf.

Ansiedlungsstellen von Brutpaaren mit einem Nest als Mittelpunkt scheinen nicht nur der permanente Treffpunkt eines großen Teiles der Männchen in einer Population zu sein. Aus den Exkursionsprotokollen von Dieter Franz und Norbert Theiß ergibt sich, daß die *gesamte* Lokalpopulation am oberen Maintal ständig Kontakt hält, obwohl sie dabei bis zu 40 Kilometer lange Streifzüge entlang des Mains unternehmen müssen. Die Beutelmeisen besitzen dadurch offenbar einen guten Überblick über die Verhältnisse innerhalb ihrer Population.

Der Ornithologe Martin Flade konnte sogar nachweisen, daß solche Brutnester in der Tat eine ausgesprochene Signalwirkung haben. Beutelmeisen an der Nordwestgrenze ihres Verbreitungsgebietes siedelten sich bevorzugt in der Nähe solcher »Signalnester« an. Auf welch denkwürdige Einfälle Freilandforscher bei ihren Studien kommen können, beweist die Tatsache, daß Martin Flade sogar durch Wollsocken, die er in die Bäume hängt, Beutelmeisen zur Ansiedlung veranlassen konnte. Die hatten es also nicht auf mögliches Nistmaterial abgesehen – das ihnen ja nur die alten Nester, kaum aber die Socken boten –, sondern reagierten tatsächlich auf die Signalwirkung. Und die scheint bei Wollsocken und filzigen Beutelmeisennestern in etwa ähnlich zu sein – für Beutelmeisen jedenfalls.

Grasmücke sucht Neuntöter
Zusammenleben fördert den Seitensprung

Der dänische Ornithologe Anders Pape Møller von der Universität in Aarhus hat in einer kürzlich veröffentlichten Arbeit ausgerechnet, daß von den 122 relativ gut untersuchten europäischen Sperlingsvögeln (insgesamt gibt es 172 dieser *Passeriformes*-Arten in Europa) immerhin 39 Prozent mehr als nur ein Weibchen pro Brutsaison erobern. Das sind immerhin 47 Vogelarten, und von diesen frönen etwa 25 Arten regelmäßig der Vielweiberei. Møller bezeichnet sie als »reguläre Polygynisten«, wenn mehr als 5 Prozent der Männchen einer Population zur Polygamie neigen. Der dänische Zoologe notierte außerdem, daß solche Männchen dann in der Hälfte aller Fälle auch mehr als nur ein Revier besetzen. Sie sind demnach polyterritorial. Dank Møllers Literaturrecherche, bei der er die wichtigsten Angaben zur Brutbiologie der europäischen Sperlingsvögel zusammengetragen hat, werden viele Hinweise und Zusammenhänge, die einzelne Forscher an einer von ihnen besonders gut untersuchten Tierart herausfanden, mit denen anderer Forscher verglichen. Viele der vorerst isolierten Einzelergebnisse können so zum Teil bestätigt werden; und es ergibt sich ein abgerundetes Bild von den Paarungsstrategien der Vögel, die früher viel häufiger als ausschließlich monogam eingestuft wurden.

So wissen die Ornithologen seit kurzem auch, daß die komplizierten und verworrenen Eheverhältnisse, die wir etwa bei der Beutelmeise kennenlernten, vom Paarungsverhalten der Heckenbraunelle bei weitem noch übertroffen werden. Die Studien des britischen Zoologie-Professors Nicholas B. Davies von der Universität Cambridge beweisen, daß die Heckenbraunelle *(Prunella modularis)* ein überaus vielseitiges Fortpflanzungsgebaren an den Tag legt. Und als ob das noch nicht genug wäre, werden die Jungen zum Teil auch noch von Bruthelfern aufgezogen, so wie dies Graufischer und Baumhopf tun. Der Reproduktionserfolg der untersuchten Heckenbraunellen im Botanischen Garten der Universität von Cambridge ist dabei von eben diesem außerordentlich variablen »mating system« der Vögel abhängig. Für die Weibchen ist der Bruterfolg immer dann am höchsten, wenn ihnen gleich zwei Männchen bei der Aufzucht der Jungen helfen; ein Phänomen, das wir beim Galapagos-Bussard noch genauer kennenlernen werden. Unter den Männchen ziehen die polygynen Braunellen die meisten Jungen groß; müssen sie sich dagegen ein Weibchen mit einem anderen Männchen teilen, so haben sie den niedrigsten Fortpflanzungserfolg. Den »Kampf der Geschlechter«, die widerstreitenden Interessen von Männchen und Weibchen, gibt es demnach auch bei Braunellen. Jedoch bestimmt allein das jeweilige Paarungsverhalten der einzelnen Vögel den Bruterfolg, glaubt Davies. Inwieweit dies auch außerhalb des dichtbesiedelten Botanischen Gartens Gültigkeit hat, ist bislang noch nicht geklärt.

Durch diese Studien angeregt, machte sich dann der Salzburger Vogelforscher N. Winding kürzlich daran, zu überprüfen, ob nicht auch die mit der Heckenbraunelle verwandte Alpenbraunelle über ein ähnlich laszives Verhalten während der Brutzeit verfügt. Die ersten Ergebnisse der Beobachtungen in den Hohen Tauern an einer farbberingten Alpenbraunellen-Population bestätigten im vergangenen Jahr den Verdacht: Auch hier liegen verwirrende Paarungsverhältnisse vor. Die Ornithologen kennen bei beiden Braunellenarten inzwischen regelrechte »Trios«, die aus einem Weibchen und zwei Männchen bestehen. Das Weibchen eines solchen Dreiergespanns widmet jeweils die Hälfte der Zeit den beiden Verehrern. Diese schauen bei den Kopulationen des Kollegen einfach zu, beschreibt ein Vogelkundler seine Beobachtungen.

Wir wollen, so interessant gerade auch die Studien an Heckenbraunellen sind, hier dennoch nicht näher darauf eingehen. Ein anderer heimischer Singvogel, den Anders Pape Møller in seiner Liste der polygynen Arten aufführt, soll uns statt dessen im folgenden beschäftigen. Denn während es bei den Beutelmeisen die vielseitige Funktion des aufwendigen Beutelnestes ist, die den Männchen so manchen »Seitensprung« erlaubt, und während beispielsweise den ebenfalls polygynen Rohrsängern ein großes unübersichtliches Revier entgegenkommt, hat eine Grasmückenart einen ganz anderen Weg zur Vielweiberei entdeckt.

Es scheint fast so, als seien die Männchen der Sperbergrasmücke mit dem klangvollen wissenschaftlichen Namen *Syl-*

via nisoria auf einen besonders raffinierten »Trick« verfallen, um möglichst viele der gezeugten Nachkommen durchzubringen: Sie suchen erwiesenermaßen gezielt die Nähe einer wehrhaften Vogelart, des Neuntöters nämlich, auf, um in dessen Schutz ihre Jungen aufzuziehen.

Frank Neuschulz, inzwischen promovierter Biologe von der Universität in Hamburg, studierte in einer der (damals noch) abgelegensten Ecken der Bundesrepublik, im niedersächsischen Landkreis Lüchow-Dannenberg, das Verhalten dieser genauso seltenen wie interessanten Singvogelart. Ihren Namen haben die Tiere dank einer dunkelgrauen Sperberung der weißen Unterseite erhalten, die an die Gefiederzeichnung des Sperbers erinnert und die die Vögel von allen anderen Grasmücken deutlich unterscheidet. Mit Mücken freilich verbindet diese Grasmücken genannten Vögel aus der Gruppe der *Sylviden* nichts als der Name. Mit rund 15 cm ist die Sperbergrasmücke die größte Sylviden-Art, aber gleichzeitig auch eine der im Bestand bedrohtesten. In Norddeutschland, wo sie als ein eher östliches Faunen-Element betrachtet werden muß, sind nur wenige Gebiete bekannt, in denen diese Art regelmäßig brütet. Neben einem nordwestlichen Vorposten im Raum zwischen Elbe- und Wesermündung entdeckte Neuschulz die meisten Sperbergrasmücken direkt an der östlichen Landesgrenze, wo aufgrund eines besonderen »Regionalklimas« höhere Frühjahrs- und Sommertemperaturen herrschen als anderswo in Niedersachsen.

Seit 1978 bemüht er sich dort neben einer genauen Bestandserfassung vor allem um brutbiologische Daten. Dabei war ihm in einer farbberingten Population das polygame Verhalten der Sperbergrasmücken aufgefallen. Bei seinen langjährigen Nachforschungen kam er schließlich zu dem Schluß, daß über die Hälfte aller Grasmücken-Männchen im Nordosten Niedersachsens mehrere Weibchen hatten.

Sobald das erste Weibchen mit der Eiablage beginnt, gründen die Männchen in einiger Entfernung ein neues Revier und verpaaren sich zum Teil erfolgreich mit einem zweiten Weibchen. Soweit nichts Neues. Doch spätestens wenn die Jungen der ersten Brut schlüpfen, kehren die Männchen plötzlich wieder zurück ins erste Revier, um sich fortan an der Fütterung zu beteiligen. Nur das zweite Weibchen muß seine Brut allein versorgen; kein Wunder, daß sich dort die Nachwuchsrate um nahezu die Hälfte reduziert. Für Fachleute keinesfalls erstaunlich ist auch, daß bei der Sperbergrasmücke der Lebensraum ebenfalls das polygame Verhalten der Männchen zu erleichtern scheint. In Revieren mit einer großen Anzahl von Hecken, also auch mehr Verstekken, versuchen nämlich weitaus mehr Männchen, sich mit weiteren Weibchen zu paaren, als in Territorien mit weit voneinander isolierten Hecken.

Doch Frank Neuschulz konnte noch einen anderen wesentlichen Faktor im Leben seiner Sperbergrasmücken ausfindig machen. Schon vor geraumer Zeit war Vogelkundlern aufgefallen, daß Sperbergrasmücken oft in enger Nachbarschaft mit dem Rotrückenwürger *Lanius collurio*, der auch Neuntöter genannt wird, anzutreffen sind. Keineswegs hielt man dies bislang für Zufall, erklärte es aber mit der Tatsache, daß beide Vogelarten gern in den niedrigen, dornenbewehrten Sträuchern der Knicks und Hecken brüten und so zwangsläufig zusammen anzutreffen sind. Der Hamburger Zoologe konnte in seiner Dissertation jetzt belegen, daß die Sperbergrasmücke, kehrt sie Anfang Mai aus ihren Überwinterungsquartieren im äquatorialen Afrika zurück, bewußt an den Brutplätzen des Neuntöters siedelt.

Neuschulz entdeckte sehr oft die Nester beider Vogelarten in ein und demselben Brombeer- oder Holunderstrauch, wenn er auf der Suche nach den Nestern bäuchlings durchs niedrige Gestrüpp der Knicks robbte. Für den Biologen war diese unbequeme Fortbewegungsweise meist die einzige Chance, die versteckt angelegten Nester überhaupt zu finden: Erst vor dem hellen Hintergrund des Himmels fielen ihm die ansonsten perfekt getarnten Nester der Sperbergrasmücke auf. Die Nesträuber wie das Hermelin und der Eichelhäher, vor denen die Grasmücken ihre Gelege und Jungen besonders sorgfältig verstecken müssen, machen sich diesen Kniff, die Knicks quasi von unten abzusuchen, gleichfalls zunutze.

Hermelin und Eichelhäher sind auch die beiden Feinde, die den Sperbergrasmücken am meisten zusetzen. Dank des ausgeprägten Warnverhaltens des Neuntöters nun, der sich seiner Feinde viel aggressiver erwehrt, als es die kleineren Singvögel vermögen, suchen die Sperbergrasmücken sich diesen Nachbarn ganz bewußt aus und versuchen ihr Nest recht nah bei dem des gefürchteten Würgers zu errichten.

Neuschulz spricht daher von *Synökie.* Darunter verstehen Biologen das Zusammenleben zum Vorteil nur eines Partners; sie grenzen dieses Verhalten deutlich von der *Symbiose* ab, dem Zusammenleben zum beiderseitigen Vorteil. Die »geduldete Nachbarschaft« solch einer Synökie kennen Ökologen beispielsweise auch von Schneehühnern, die sich im Winter in der Nähe von Rentieren aufhalten, um an die von den Rentieren unter dem Schnee hervorgekratzten Pflanzen zu gelangen.

Doch warum machen sich allein die Sperbergrasmücken die Nähe der warnenden und wehrhaften Neuntöter zunutze, nicht aber die vielen anderen Singvögel, die einen Knick besiedeln, wie etwa die Goldammer? Frank Neuschulz hat mittlerweile auch dafür eine Erklärung parat. Er verglich die Ankunftsdaten seiner Sperbergrasmücken mit den Daten der Neuntöter. Die jahrelangen Beobachtungen ergaben, daß die Sperbergrasmücken frühestens um den 10. Mai im Landkreis Lüchow-Dannenberg erschienen, nur einige wenige Tage später als die Neuntöter. Die meisten anderen heimischen Brutvögel aber wie die Goldammer etwa sind zu diesem Zeitpunkt bereits eifrig mit der Brut beschäftigt. Einzig weil die wärmeliebende Sperbergrasmücke ebenso wie der Neuntöter vergleichsweise spät aus ihren afrikanischen Winterquartieren zurückkehrt, kann sie den Vorteil nutzen, den das Verhalten und die Anwesenheit des Neuntöters zur Brutzeit bieten.

Zwar attackiert der Neuntöter die allzu aufdringliche Grasmücke, die so beharrlich seine Nähe sucht; schließlich aber fand Neuschulz doch stets die Nester der Sperbergrasmücke zusammen mit denen des Neuntöters. Die kleinen grauen Singvögel ihrerseits »hassen« dagegen nicht auf den Neuntöter, obgleich er bei den übrigen Singvögeln am Knick als potentieller Nesträuber eben dieses kollektive Alarm- und Abwehrverhalten der Kleinvögel unweigerlich auslöst. Die Sperbergrasmücke, die ja freiwillig die Nähe des Würgers sucht, hätte bei der ständigen Gegenwart des Neuntöters auch viel zu tun, täte sie im Mob der übrigen Vögel mit; sie käme, so Neuschulz, darüber kaum noch zum Füttern der Jungen. Der Biologe hält deshalb einen »prägungsähnlichen Lernprozeß« für sehr wahrscheinlich, der im Laufe der Evolution dieser Grasmückenart zu dem speziellen Verhalten geführt hat.

Er vermutet, daß sich bereits die nestjungen Grasmücken an die Nachbarschaft des *Lanius collurio* gewöhnen; die Tradierung bestimmter Verhaltensweisen spielt demnach auch hier eine sehr wesentliche Rolle. So wie der Jungkuckuck sich das Aussehen seiner Zieheltern einprägt, ja einprägen muß, so lernen auch die jungen Sperbergrasmücken die Nähe des Neuntöters zu schätzen.

Keine ganz ungefährliche »Jugend-Bekanntschaft« allerdings: Bei Nahrungsknappheit, so wissen Vogelexperten zu berichten, stibitzen die Neuntöter schon gelegentlich einmal eine nestjunge Grasmücke, auch wenn sie sich zum überwiegenden Teil, genaugenommen zu 80 Prozent, von Insekten ernähren; 5 Prozent ihrer Nahrung entfallen auf Mäuse und Amphibien und nur ein Prozent auf Vögel. Den übrigen Singvögeln, das beweist deren »Haß-Reaktion«, ist auch das noch zuviel.

Für die Sperbergrasmücken jedoch zahlt sich die beharrliche Aufdringlichkeit trotz dieser nicht ganz ungefährlichen Nachbarschaft mit dem Neuntöter schlußendlich aus: Denn der Bruterfolg der Grasmücken, die sich in Lüchow-Dannenberg unter den unfreiwilligen Schutz des Neuntöters begeben hatten, war deutlich größer als der von Sperbergrasmücken, die nicht in der Nähe eines Neuntöter-Paares versuchten, ihre Jungen aufzuziehen.

Derart vom Neuntöter beschützt, so die Quintessenz von Neuschulz' Forschungen, ziehen die polygynen Sperbergrasmücken-Männchen mehr Nachkommen auf – und können möglicherweise überhaupt erst dadurch ihrer »Neigung« zur Vielweiberei nachgehen. Die Naturwissenschaftler, so hat einmal jemand geschrieben – und das gilt für die Ornithologen ohne Einschränkung –, die Naturwissenschaftler sind ein Nomadenvolk. Wenn sie alles »abgefressen« haben, werden sie weiterziehen. Wir werden nicht erleben, daß die Wissenschaftler sagen, es gibt nichts mehr zu erforschen. In welchen Zusammenhang bei der Sperbergrasmücke die Synökie mit dem Neuntöter und das polygame Paarungsverhalten wirklich steht, wäre so eine Frage, die das weiterziehende Nomadenvolk der Forscher demnächst beantworten könnte. Die in etwa zeitgleiche Rückkehr mit dem Neuntöter bereitete für die Sperbergrasmücke vielleicht im Laufe der Evolution den Boden, auf dem sich dann auch bei dieser Vogelart polygynes Verhalten entwickeln konnte.

Die zweiten Weibchen, die von einem bereits verpaarten Grasmücken-Männchen zur Brut »verführt« werden, müssen meist auf die Nähe einer Neuntöter-Brut verzichten. Dementsprechend niedrig ist ihr Bruterfolg. Wieder einmal werden die sekundären Weibchen Opfer eines Täuschungsmanövers. Allein die polygynen Vogelmännchen profitieren vom wachsamen Neuntöter; dessen auffälliges Alarmverhalten meldet dem fremdgehenden Grasmücken-Mann, auch wenn der sich auf »Brautschau« in den entferntesten Winkeln seines Territoriums befindet, daß Gefahr für die erste Brut im heimatlichen Brombeerstrauch naht.

Dieser »Informationsgewinn« verschafft ihm bereits einen entscheidenden Vorteil. Und das dürfte auch der Grund sein, warum er allein am ersten Brutnest bei der Jungenaufzucht hilft: Schließlich hat er dies gezielt unter dem Protektorat des Rotrückenwürgers errichtet; für diese Brut stehen daher von vornherein die Überlebenschancen besser.

Genützt übrigens hat den Sperbergrasmücken in Lüchow-Dannenberg ihr polygames Paarungsverhalten nur wenig. Nach Neuschulz' Ermittlungen liegt die durchschnittliche Nachwuchsrate deutlich unter dem Wert, der von den Fachleuten als ausreichend angesehen wird, um die Populationsstärke zu erhalten und den Bestand zu sichern. Um so nötiger ist es, daß die Sperbergrasmücke den wachsamen Neuntöter sucht, kehrt sie aus Afrika zurück. Denn der Grund für den niedrigen Gesamtbruterfolg liegt eindeutig in den hohen Brutverlusten durch Nesträuber.

Beim Galapagos-Bussard kommt ein Gatte selten allein
Vielmännerei ist keine Seltenheit

Die Monogamie sehen Soziobiologen heute nur dann als das Ergebnis der natürlichen Selektion an, wenn Umweltbedingungen fehlen, die alternative Fortpflanzungssysteme ermöglichen.

Es gibt aber auch Fälle, wo diese Umweltbedingungen die Alternativen geradezu erzwingen, wie das folgende Beispiel zeigt. Zwar kommt *Polyandrie,* die Vielmännerei, vergleichsweise selten vor; bei Rohrsängern gar nicht, bei der Beutelmeise und auch der Heckenbraunelle nur gelegentlich. Allein der Galapagos-Bussard scheint es damit zu besonderer Perfektion gebracht zu haben – gezwungenermaßen.

Als Charles Darwin vor rund 150 Jahren die Galapagos-Inseln besuchte, lebte der Galapagos-Bussard noch auf allen größeren Inseln des pazifischen Archipels. Damals wie heute war besonders seine mangelnde Menschenscheu auffallend; die Greife ließen sich aus der Hand füttern wie sonst nur Großstadtspatzen. Da sie den Hühnerküken der Siedler nachstellten und auch nach erfolgreicher Jagd nicht davonflogen, fielen sie nicht selten den erbosten Farmern zum Opfer.

Heute ist der Galapagos-Bussard auf den von Menschen besiedelten Inseln San Cristobal und Floreana seit langem ausgestorben, und auf der Insel Santa Cruz ist sein Bestand auf zwei Brutpaare reduziert. Fast die Hälfte der noch 130 Paare zählenden Population des Archipels kommt auf Isabela und Santiago vor. Ein amerikanischer Wissenschaftler hat nun vorgeschlagen, *Buteo galapagoensis* auf dem gesamten Archipel wieder einzubürgern. Das ungewöhnliche Fortpflanzungsverhalten dieser Greifvögel soll dies möglich machen.

Denn im Gegensatz zu den sonst meist in treuer Einehe lebenden Bussardarten der Alten und Neuen Welt verpaaren sich die Weibchen auf Galapagos gleich mit bis zu fünf Männchen. Und diese Gatten hat das Bussard-Weibchen nicht etwa nacheinander, sondern gleichzeitig. Sie alle helfen gemeinsam dabei, die Eier zu bebrüten, das Revier zu verteidigen und Futter für das Weibchen und die Jungen herbeizuschaffen. »Kooperative Polyandrie« nennen Ethologen dieses auf den ersten Blick wieder so uneigennützige Paarungsverhalten. Der amerikanische Biologe Dr. John Faaborg von der Universität Missouri in Columbia hat die Galapagos-Bussarde zusammen mit seiner inzwischen verstorbenen Mitarbeiterin Cindy B. Patterson jahrelang untersucht.

Die meisten kooperativen Brutsysteme haben sich in Anpassung an bestimmte limitierende Umweltbedingungen entwickelt. Beispiele dafür sind den Biologen in den letzten Jahren gleich mehrfach bekannt geworden; etwa die kalifornischen Eichelspechte *Melanerpes formicivorus,* die gleich zwei Formen kooperativer Fortpflanzungsstrategie beherrschen: zum einen die kooperative Polyandrie, bei der zwei Männchen zusammen mit einem Weibchen brüten und beide ihre »Lebensgefährtin« vor der Eiablage regelrecht bewachen, möglicherweise um die ungebührliche Annäherung weiterer Eichelspechte zu unterbinden. Zum anderen brüten die Spechte im Westen der USA in Kommunen, wo Bruthelfer die von anderen gezeugten Jungvögel aufziehen helfen. Dabei ist dieses nun schon beinahe nicht mehr ungewöhnlich zu nennende Sozialverhalten abhängig von den begrenzten Ressourcen im Lebensraum der Vögel. Die Eichelspechte legen nämlich für den Winter Nahrungsvorräte in sogenannten Speicherbäumen an: Sie stecken Nüsse und Eicheln in Ritzen und Löcher von abgestorbenen Bäumen und verteidigen dieses Nahrungsdepot winters gegen Artgenossen, was den Eichelspechten offenkundig besonders effektiv in einer Gruppe gelingt.

Daß es jedoch auch bei den Eichelspechten anders geht, beweisen die Beobachtungen aus Arizona, wo es sich aufgrund der Nahrungsknappheit vermutlich gar nicht erst lohnt, Vorräte für den Winter anzulegen. Dort brüten die Spechte dann wieder in trauter Zweisamkeit und mit einer festen Paarbindung, die es weiter nördlich nicht gibt.

Etwas Ähnliches meinen Zoologen auch beim Harris-Bussard Nordamerikas entdeckt zu haben. Zur Zeit streiten sich die Gelehrten allerdings noch, ob hier tatsächlich von Vielmännerei und kooperativer Brutpflege die Rede sein kann. Denn während der Zoologe William Mader bei seinen Harris-Bussarden in Arizona sowohl Polyandrie als auch kooperatives Brüten zumindest bei einem Teil der Population in den trockenen Halbwüsten glaubte nachweisen zu können, entdeckten andere Forscher wie James Bednarz im benachbarten Texas und in Neu-Mexiko meist monogame Paare von *Parabuteo unicinctus.* Gleich hinter der Landesgrenze, so scheint es, ändern diese Bussarde ihre Paarungsstrategie. Doch vermutlich erklärt sich dies ähnlich wie bei den Eichelspechten durch die in beiden Regionen unterschiedlichen Lebensbedingungen. Polyandrie und kooperatives Brüten, soviel zeichnet sich bislang ab, scheint jedenfalls recht eng miteinander zusammenzuhängen.

Wer angesichts dieser Beispiele aus der Vogelwelt nun denkt, Helfer gäbe es nur bei Vögeln, der irrt. Die Arbeiten des britischen Zoologen David MacDonald zeigen zumindest auch für Füchse, daß das Helferverhalten unter Wirbeltieren weiter verbreitet ist. Doch die wenigen Beispiele mögen uns hier genügen, denn das Prinzip ist damit schon klar: Bei verschiedenen Vogelarten geht es den Männchen gelegentlich auch nicht viel besser als bei anderen Arten den Weibchen.

Typische ökologische Engpässe wie etwa der Mangel an Nahrung, Territorien, Nistplätzen oder gar Geschlechtspartnern zwingen viele Tiere zu einer besonders flexiblen Antwort auf ihre jeweilige Umweltsituation. Unter extremen Bedingungen in den Trockensavannen Afrikas beziehungsweise an den ostafrikanischen Seen bildeten sich ja auch die Bruthelfer-Systeme von Baumhopfen und Graufischern aus oder sorgten beim Graurücken-Fiskalwürger in Kenia dafür, daß bis zu elf Altvögel als Bruthelfer die Jungen anderer mitfüttern. Auch vom Glockenhonigfresser und vom Staffelschwanz Australiens, vom neuseeländischen Purpurhuhn und vom mexikanischen Häher ist den Zoologen kooperatives Brutverhalten bekannt. Jedoch spielt bei diesen kooperativen Verbänden meist ein monogames Paar die zentrale Rolle neben verwandten und nichtverwandten Helfern, die nicht brüten. Diesem Muster folgen nun keineswegs alle kooperativen Vogelgemeinschaften. Auf den Galapagosinseln zumindest ist das nicht so.

Beim dortigen Bussard entdeckte zuerst Tjitte de Vries, heute an der Universität in Quito, Ecuador, polygame Brutverbände, bei denen nicht ein bevorzugtes Pärchen die zentrale Einheit darstellt. De Vries hatte sich seit Anfang der

70er Jahre in seiner Dissertation an der Universität Amsterdam mit der Brutbiologie dieses Greifvogels befaßt; dabei waren ihm die seltsamen Mehr-Männchen-Brutgruppen aufgefallen. Da alle diese Männchen mit dem einzigen Weibchen der Gruppe kopulieren, beschrieb er deren Paarungssystem als polyandrisch; Faaborg und Patterson wollen zusätzlich die Tatsache, daß alle Bussarde der Brutgemeinschaft bei der erfolgreichen Aufzucht der Jungen mitwirken, betonen, indem sie von »kooperativer Vielmännerei« sprechen.

Damit unterscheiden sie dieses seltene Verhalten auch gleichzeitig von der sukzessiven Polyandrie, wo ein Weibchen nacheinander Eier von mehreren Männchen ausbrütet, und auch von der simultanen Polyandrie, bei der ein Weibchen mehrere Gelege anlegt für Männchen, die in verschiedenen Revierteilen leben.

Das jüngste Beispiel für eine zeitlich versetzte Polyandrie lieferten Vogelkundler aus Norwegen, die an einer farbberingten Population des Mornellregenpfeifers entdeckten, daß sich die Regenpfeifer-Damen *nacheinander* mit mehreren Männchen einlassen.

Das geradezu klassisch gewordene Beispiel für *simultane* Polyandrie dagegen zeigt das amerikanische Blatthuhn *Jacana spinosa.* Diese Vögel haben ihre »sexuelle Revolution« auf recht eigenwillige Weise durchgemacht. Die Zoologen D. A. Jenni und G. Collier berichteten 1972 erstmals, daß die Blatthuhn-Weibchen gleichzeitig feste Partnerbeziehungen zu mehreren Männchen eingehen. Der schwankende und sanft wiegende Blatt- und Blütenteppich auf stehenden tropischen Gewässern ist der Lebensraum dieser etwa amselgroßen Vögel, die sich mit großen Schritten auf ihren hohen Stelzbeinen wie schwerelos über die mit Schwimmpflanzen bedeckte Wasseroberfläche bewegen. Die Weibchen der Blatthühner besetzen dort große Territorien, die die Reviere von mehreren Männchen einschließen. Oft innerhalb eines einzigen Tages paart sich das Weibchen dann mit den Männchen seines Reviers und legt für jedes ein eigenes Gelege mit vier oder fünf Eiern in die schwimmende Kinderstube aus Wasserpflanzen. Die Gelege der Blatthühner werden regelmäßig von den kleineren Männchen erbrütet, denen auch die ganze Last der Jungenaufzucht obliegt. Und obgleich sich die Weibchen nicht an die sonst übliche Rollenverteilung in der Vogelwelt halten und die Brutpflege den Männchen überlassen, verteidigen sie als die größeren Tiere dennoch Brut und Männchen gegen Angriffe von Artgenossen und Feinden. Das Jacana-Weibchen mag den Spieß zwar einmal umgedreht haben und sich vom Brüten und Füttern freigemacht haben, aber es ist doch die aufopfernde Mutter, wie wir sie auch bei anderen Tierarten kennen.

Der Galapagos-Bussard aber kommt ohne den rigorosen Rollentausch der Blatthühner aus, auch wenn sich die Weibchen ebenfalls »emanzipierten«. Beim Jacana-Huhn bringt der Rollenwechsel der Weibchen mit sich, daß diese Vögel mit der recht ungewöhnlichen Lebensweise zwar während einer langen Brutsaison über reichlich Nahrung verfügen, aber ihre Eier oft den vielen Räubern zum Opfer fallen.

Beim Galapagos-Bussard dagegen wird der Nachkommenschaft der ungeteilte Elternaufwand nicht nur eines Weibchens, sondern gleich auch mehrerer Männchen zuteil. Sicherlich nicht ohne einen entsprechenden Selektionsdruck hat sich bei ihnen zusätzlich noch das kooperative Verhalten entwickelt, das Faaborg, Patterson und Tjitte de Vries in einer detaillierten Untersuchung studieren konnten.

Seit 1977 verbrachten die drei Forscher zusammen mit dem Biologen Curtice Griffin stets die Sommermonate Juni, Juli oder August auf Galapagos, wo sie sich zwei Inseln mit unterschiedlicher Topographie und Ökologie als Beobachtungsgebiet auswählten; dies sollte den späteren Vergleich zwischen verschiedenen Umweltbedingungen erlauben. Während die kleine Insel Santa Fe hauptsächlich aride Vegetation trägt, etwa die bis zu Baumhöhe aufragenden Opuntien-Kakteen, ist die größere Insel Santiago das Ergebnis eines sich hoch über das Meer erhebenden Vulkans mit verschiedenen Vegetationszonen. Nur im Flachland dominiert hier die Opuntia-Vegetation, während an den Vulkanflanken feuchte Wälder und am Gipfel Grasland vorherrschen.

In diesen ökologisch so unterschiedlichen Regionen beobachteten die Forscher verschiedene Brutgruppen des Bussards, deren Mitglieder sie zuvor mit einem Köder gefangen und dann markiert hatten. Die größeren Weibchen sind auch im Gelände gut zu unterscheiden, so daß die Wissenschaftler ihnen problemlos die jeweils helfenden Männchen zuordnen konnten.

Auf Santiago, so erkannten sie bald, treten Mehr-Männer-Gruppen beinahe doppelt so häufig auf wie auf der Insel Santa Fe. Etwa 85 Prozent aller Territorien wurden von polyandrischen Gruppen verteidigt. In einem Territorium wiesen sie erstmals sogar zwei Weibchen nach, die gemeinsam von fünf Männchen umsorgt wurden – selbst beim Galapagos-Bussard eine Seltenheit. Während eines der Weibchen die Jungen huderte und sich stets in der Nähe des Horstes aufhielt, führte das zweite, nach Einschätzung der Forscher dominante und aggressive Weibchen die Männchen bei der Verteidigung des Nestes und der Jungen an, sobald die Biologen sich auch nur im Revier zeigten. Ob nun beide Bussard-Weibchen ihre Eier zu einem gemeinsamen Gelege vereint hatten oder ein Tier nur als »Amme« diente, ließ sich leider nicht klären. Die überwiegende Zahl der individuell markierten Bussarde konnten die Zoologen auch Jahre später noch in ihren Territorien nachweisen; daher scheinen die Brutgruppen sehr stabil und zudem auch reviertreu zu sein.

Neben den unterschiedlich großen Brutverbänden auf beiden Inseln beobachteten Faaborg und seine Kollegen aber auch monogame Paare. Und während sie die beiden Inseln nach Bussarden absuchten, fiel ihnen zusätzlich noch eine große Anzahl umherstreifender Greife auf. In der Regel waren dies nicht nur Jungvögel, die nach etwa vier Monaten von ihren Eltern aus dem Revier verjagt werden, sondern auch geschlechtsreife, aber revierlose Bussarde. Diesen unverpaarten Bussarden, die kein freies Brut-Territorium im Flachland erobern konnten, blieb nur, ins unwirtliche, mit hoher Vegetation bewachsene und feuchte Hochland abzuwandern, wo sie sich dann aber mangels Nahrung meist nicht fortpflanzen. Jungvögel, so hatte de Vries bereits während seiner Doktorarbeit ermittelt, verbringen wenigstens zwei bis drei Jahre in diesen Regionen, die nicht zum Brüten geeignet sind.

Obwohl man es auf den ersten Blick und lediglich mit Darwins Wissen um die natürliche Selektion nicht vermuten würde: Das ungewöhnliche Paarungsverhalten erweist sich unter den besonderen Bedingungen auf Galapagos von Vorteil für die Bussarde, sogar für die Männchen. Als »Mitbesitzer« an Revier und Weibchen kommen sie bei der Fortpflanzung letztendlich doch auf ihre Kosten. Denn die Bussarde in den Paarungsgruppen leben um Jahre länger als ihre monogamen Artgenossen oder gar die Vagabunden im Hochland. John Faaborg fand bereits nach zwei Jahren noch rund 85 Prozent der »Hausherren« in solchen Gruppen-Revieren am Leben, bei den »Wanderern« waren lediglich 40 Prozent den vielfältigen Gefahren während der Suche nach einem freien Territorium entgangen; und noch ein weiteres Jahr hatten nur etwa 25 Prozent der revierlosen Bussarde erlebt.

Doch der Preis für ein deutlich längeres Leben in der Gruppe ist die ungewisse Vaterschaft! *Pater semper incertus est;* denn bei diesen Vögeln sind alle Männchen gleich: Das Weibchen einer Paarungsgruppe kennt keinen Favoriten; es kopuliert mit allen Männchen und sorgt so für eine gleichmäßig verteilte Fortpflanzungschance aller beteiligten Väter in spe.

Daher entfallen, wie Faaborg und seine Kollegen errechneten, nur durchschnittlich 0,6 Junge auf jedes Männchen; angesichts des väterlichen Aufwandes, wie ihn die Bussarde betreiben müssen, ein recht bescheidenes Ergebnis; denn wären sie allein mit einem Weibchen liiert gewesen, hätten sie immerhin durchschnittlich ein Junges pro Brutperiode großziehen können.

Damit sich die kooperative Polyandrie durch Selektion etablieren konnte und während der Evolution auf den Inseln stabilisiert wurde, mußten die Bussard-Gatten während ihres längeren Lebens insgesamt mehr Nachkommen zeugen als ein Männchen, das lediglich monogam war.

Die zusammengetragenen Beobachtungen auf Santiago und Santa Fe belegten schließlich, daß die polyandrischen Paarungsgruppen tatsächlich mehr Jungvögel hervorbringen als die monogamen Bussard-Paare. Die Soziobiologen sehen darin die Erklärung, daß sich das polyandrische Verhalten in der Evolution durchsetzte. Mit meist zwei Jungvögeln im Nest sind die Brut-Verbände nämlich doppelt so erfolgreich bei der Aufzucht wie die monogamen Bussarde des Archipels.

Das verlängerte Leben und die insgesamt höhere Nachwuchsrate in der Gruppe entschädigt offenbar für die niedrige Jungenzahl der *einzelnen* Männchen. Besser, als im

Hochland lange auf ein freies Revier zu warten und dabei vielleicht zu verhungern, ist die Vielmänner-Kooperation für *Buteo galapagoensis* offenbar allemal.

Und letztlich bietet sich ja auch noch die Chance, die »Mitbesitzer« und Mitbewerber um die Gunst der Gattin zu überleben. Als Lohn für jahrelanges Teilen winken dann unter Umständen noch ein paar Jahre zusätzlich in trauter Zweisamkeit mit einem Weibchen.

Für Faaborg ist diese adaptive Paarungsstrategie Beweis genug für den Bussardüberschuß auf einigen Inseln des Galapagos-Archipels. Er möchte dieses Potential dazu nutzen, die verlassenen Inseln wieder zu besiedeln, um den Bestand der Greifvögel zu sichern. Dazu sollen wildlebende Bussarde gefangen werden, um sie auf den anderen Teilen des Archipels auszusetzen. Zwar gilt auf Galapagos der Grundsatz, nicht in die natürlichen Abläufe einzugreifen; doch wenn die Tier- und Pflanzenwelt dieser »Arche Noah im Pazifik«, wie Professor Eibl-Eibesfeldt die Inseln nannte, durch menschliche Eingriffe Schaden zu nehmen droht, dann sehen die Wissenschaftler der »Charles-Darwin-Forschungsstation« nicht tatenlos zu. Bereits als wildernde Hunde den Bestand der Landleguane bedrohten und als eingeschleppte Ratten die Seevogelkolonien gefährdeten, hatten die Biologen erfolgreich eingegriffen.

Auch John Faaborg möchte sich nun nicht auf die vage Hoffnung beschränken, daß sich der Bestand auf den unbesiedelten Inseln hält. Nach seinen Beobachtungen der letzten vier Jahre ließe sich durchaus ein Teil der als Populationsreserve geltenden und somit »überzähligen« Greife zur Auswilderung verwenden, ohne langfristige Auswirkungen auf den derzeit vorhandenen Bestand. Offenbar wurde die Zahl der Bussarde bisher unterschätzt, da die kooperative Polyandrie bei der Bestandsschätzung nicht genügend beachtet worden war. Daran läßt sich ablesen, wie wichtig detaillierte ethologische Studien auch für die erfolgreichen Schutzbemühungen um eine Tierart sind.

Berücksichtigt man nämlich die nicht unerhebliche Anzahl der Nicht-Brüter unter den Galapagos-Bussarden, die vor allem das Hochland besiedeln, so ergibt sich ein Bestand von etwa 250 Greifen allein auf Santiago. Auch die vorläufigen Schätzungen der Sterberaten zeigen, daß es sich um eine

»entnahmefähige« Population handelt. Selbst in klimatisch ungünstigen Jahren wie 1981 reichte die Nachwuchsrate auf der Insel aus, wie die Beobachtungen Faaborgs zeigen, um die etwa zehnprozentige Sterblichkeit der Revierbussarde auszugleichen. In günstigen Jahren kommt es dagegen zu einer erheblichen Überbevölkerung auf einigen Inseln des Archipels und zu einer hohen Sterblichkeit unter den Jungvögeln und den Nicht-Brütern, die von den meist älteren Revierbesitzern verdrängt werden.

Nicht zuletzt die Tatsache, daß sich auf dem Archipel das seltene Polyandrie-Verhalten entwickelt hat, ist nach Ansicht John Faaborgs ein Beweis dafür, daß einige Inseln zum Teil überbevölkert sind, während andere unbesiedelt bleiben. Denn die Bussarde überqueren offenbar trotz der erheblichen Dichteprobleme nicht selbständig die oft unerheblichen Distanzen zwischen den einzelnen Inseln.

Im mit Bussarden übersättigten Lebensraum der Inseln sieht der Zoologe dann auch den Selektionsdruck für die Evolution der Vielmännerei. Die Galapagos-Bussarde in einem dichtbesiedelten Lebensraum versuchen ihren Fortpflanzungserfolg durch die Verlängerung ihrer Lebensdauer in einer kooperierenden Brutgruppe zu maximieren und nehmen dafür sogar den reduzierten jährlichen Erfolg in Kauf. Polyandrie ist bei ihnen sicherlich nicht das Ergebnis eines unausgewogenen Geschlechterverhältnisses, sondern stellt – wie auch die Polygynie etwa bei Rohrsängern – eine Anpassung an bestimmte ökologische Bedingungen dar. Denn obwohl sich ein leichter Überschuß an Männchen fand, treibt nicht etwa der Mangel an paarungswilligen Weibchen die Bussarde zur Polyandrie, wie man leicht vermuten könnte; ledige Weibchen gibt es meist auch auf solchen Inseln, wo es zur Vielmännerei kommt. Vielmehr lassen die knappen Brutreviere die Greifvögel zu einem derart kuriosen Verhalten greifen, getreu dem Motto: Not macht erfinderisch.

Möglicherweise hat das Feuer im Frühjahr 1985, das auf einigen der Galapagosinseln rund 30000 Hektar Gras- und Buschvegetation vernichtete, zumindest insofern einen positiven Effekt, als es die Lebensbedingungen der Galapagos-Bussarde an den vegetationsreichen Bergflanken etwa des Sierra-Negra-Vulkans auf der Insel Isabela schlagartig verbessert hat. Der Hauptgrund nämlich für die hohe Sterblichkeit gerade in dieser Region an den Hängen der Vulkane sind die miserablen Jagdmöglichkeiten. Bussarde können in der hohen Farn- und Grasvegetation ihre Beute nicht ausmachen und schlagen; sie brauchen dazu kürzeren Bewuchs, den es nur im Flachland gibt. Der vom Feuer geschaffene Lebensraum dürfte allerdings nur von kurzer Dauer sein. Wissenschaftler der Universität in Quito, die gleich nach den Buschbränden begonnen hatten, deren Auswirkungen zu untersuchen, melden inzwischen, daß das Ökosystem der betroffenen Inseln längerfristig nicht gestört wurde. Die verbrannte Pflanzendecke wird sich in einigen Jahren erholt haben.

Dann heißt es wieder teilen unter den Bussard-Männchen auf Galapagos.

Treue Mäusebussarde Hannibal und Cleopatra

Es war ein strahlender Vorfrühlingstag, noch etwas kühl und windig, aber die Bäume und Sträucher in der norddeutschen Knicklandschaft begannen bereits die ersten grünen Blätter zu treiben.

Von weit oben am Himmel drang ein heiserer, langgezogener Ruf herab, so schwach, daß man ihn kaum hören konnte. Es war ein winziger Punkt, der dort oben seine Kreise zog. Lange segelte er in endlosen Schleifen dahin. Doch schließlich hatte sich der vermeintliche Punkt am Himmel der Erde so weit genähert, daß man einen Greifvogel erkennen konnte. Mit weit ausgebreiteten Schwingen segelte der Mäusebussard über die in der Sonne liegenden Wiesen und Felder, um im nächsten Moment die Flügel an den Körper zu ziehen, so die Tragfläche zu verkleinern und sich wie ein Stein zur Erde hin fallen zu lassen. Sekunden später breitete er die Flügel wieder aus, bremste den abrupten Sinkflug geschickt ab und stieg in einem sanften Bogen wieder etwas auf; um gleich darauf erneut kopfüber hinabzustürzen. Viele Male wiederholte der Mäusebussard dieses Manöver, mit dem die Männchen um ein Weibchen werben.

Mit Kreisen und elegantem Bogenflug über dem Revier demonstrieren Mäusebussarde gleichzeitig aber auch ihre Territorialansprüche, die von den Nachbarn meist akzeptiert werden. Verstößt doch einmal einer gegen die »Mäusebussard-Etikette«, so wird er unter lautem Rufen – oft von beiden Partnern des Revierpaares – vertrieben. Mäusebussarde leben nämlich viel strenger monogam, als man bislang dachte. Vielmännerei wie beim Bussard der Galapagosinseln gibt es bei ihnen nicht.

In einer zehnjährigen Freilandstudie im Norden Hamburgs konnte der Alltag dieser Mäusebussarde, ihr Territorialverhalten und die Beziehung der Partner jetzt an einzelnen Mäusebussarden minutiös untersucht werden. Das Ergebnis: Die Bussarde eines Paares sind einander oft jahrelang treu; und das – man ahnt es – wiederum nicht ohne Grund.

Der Mäusebussard ist wohl die häufigste Greifvogelart Mitteleuropas, die zudem im Vergleich mit anderen Arten wie Habicht, Sperber oder Weihe sehr leicht zu beobachten ist. Jeder, der sich Mäusebussarde genauer ansieht (und dazu reicht ein einfaches Fernglas), wird feststellen, daß kaum ein Tier dem anderen gleicht. Vom dunkelbraunen bis fast weißen Gefieder gibt es unzählige Übergänge; die Federn tragen unterschiedlich ausgeprägte Bänderungen und Fleckenzeichnungen, so daß ein ganz individuelles Färbungsmuster entsteht. Die Bussarde lassen sich daher im Freiland auch auf größere Entfernung recht gut voneinander unterscheiden, ohne sie vorher gefangen und markiert zu haben.

Trotzdem beschäftigten sich die bisherigen Untersuchungen am Mäusebussard ausschließlich mit großen Populationen, nie mit Einzelindividuen. Die zahlreichen Arbeiten seit Beginn dieses Jahrhunderts waren Veröffentlichungen zu den Bestandsschwankungen dieser Greife. Grob schematisierte Darstellungen zur Abhängigkeit der Mäusebussarde von den wechselnden Beständen der Wühlmäuse finden sich auch heute noch in jedem Schulbuch unter der Überschrift »Räuber-Beute-Verhältnisse« neben dem zweiten klassischen Beispiel für ökologische Wechselbeziehungen, dem Luchs und Schneeschuhhasen Nordamerikas.

Im Nordwesten von Hamburg wurden deshalb seit Ende der 70er Jahre mit einem starken Teleobjektiv sämtliche Mäusebussarde einer kleinen, überschaubaren Population fotografiert. So entstand eine Kartei mit »Paßbildern«, wenn man so will, von über 30 Mäusebussarden, die Namen aus dem klassischen Altertum erhielten: Aphrodite und Salomo, Hannibal und Cleopatra. Durch regelmäßige, recht zeitaufwendige Beobachtungen konnte dabei auch das Raum-Nutzungsverhalten der einzeln erfaßten Mäusebussarde verfolgt werden; als ausschlaggebend erwies sich dabei nicht die durchschnittliche Größe der Reviere, sondern der Anteil der tatsächlich genutzten Jagdfläche. Vor allem Wiesen und Weiden, aber auch ein im Untersuchungsgebiet gelegener Golfplatz erlaubten den Mäusebussarden die ungehinderte Jagd auf ihre bevorzugte Beute, die Feldmäuse.

Wenn die Vegetation auf den Äckern zur Zeit der Jungenaufzucht nämlich zu hoch wird, sind die Greife auf Jagdgebiete mit niedrigem Bewuchs angewiesen, um den hungrigen Nachwuchs zu versorgen. Als besonders vorteilhaft für die Mäusejäger erweisen sich deshalb die ständig sorgfältig gewalzten und kurzgeschorenen Grasflächen der parkähnlichen Golfanlagen. Die vielen kleinen Feldgehölze in der Landschaft bieten Mäusebussarden zudem besonders günstige Nistmöglichkeiten.

Das schuf zugleich auch gute Beobachtungsbedingungen, denn der größere Bussardbestand zusammen mit dem langen Zeitraum, über den die Studie durchgeführt wurde, kompensierte die vergleichsweise kleine Untersuchungsfläche. So konnte vor allem nachgewiesen werden, daß Mäusebussarde eine echte Paarbindung kennen, eine »Dauerehe« sozusagen, die bei einigen Paaren bis zu neun oder gar zehn Jahren ununterbrochen andauern kann. Das Bussardpaar Salomo und Leo beispielsweise, das zuerst im Herbst 1978 im Untersuchungsgebiet auftauchte, brütete gemeinsam bis 1987 dort. Insgesamt zog es 21 Jungvögel groß; das sind durchschnittlich zwei bis drei Nachkommen im Jahr, ein für Mäusebussard-Verhältnisse durchaus beachtliches Ergebnis.

Immerhin rund 70 Prozent der Mäusebussarde bleiben ihrem einmal gewählten Partner über Jahre hinweg treu; ein Paarzusammenhalt konnte sogar im Winter beobachtet werden, wenn die Greife zusammen in der verschneiten Landschaft umherstreifen. Nur 30 Prozent der Tiere führten eine ausgesprochene »Saison-Ehe«; bestes Beispiel sind Aristoteles und Aphrodite, die beide dreimal den Partner wechselten. Dennoch schaffte es auch der mittlerweile mindestens elfjährige Aristoteles (Greifvögel werden in der Regel frühestens im zweiten Kalenderjahr geschlechtsreif), in dieser Zeit 18 Jungvögel mit verschiedenen Weibchen großzuziehen.

Wie die Studie zudem zeigt, sind Mäusebussarde in der Hälfte aller untersuchten Fälle durchaus zum Revierwechsel bereit; es wurden sowohl »horsttreue« Bussarde als auch ausgesprochene »Wanderer« gefunden. Einige Greife wechseln ihr Revier dann allerdings zusammen mit dem Partner. Daher wird jetzt vermutet, daß es sich nicht, wie bisher angenommen, beim Paarzusammenhalt lediglich um »Ortsmonogamie« handelt. Die Brutpartner treffen sich also nicht rein zufällig in jedem Jahr am gleichen Horst wieder, wie das etwa für den Storch ziemlich sicher ist. Bei Meister Adebar nämlich sind die beiden Partner weitgehend unabhängig voneinander mit demselben Nest »verheiratet«, weniger mit einem festen Partner. Die Mäusebussarde dagegen haben in vielen Fällen eine ausgeprägte »Beziehung« zum jeweiligen Gatten; *Buteo buteo* ist seinem Weibchen demnach meist ein beständiger Partner.

Wie der Vergleich der Nachkommenzahlen bei den einzelnen Mäusebussarden ergab, führen viele Wege zum begehrten Fortpflanzungserfolg. Meist haben zwar diejenigen Vögel, die sich über Jahre hinweg treu geblieben waren, auch die meisten Jungen. Doch der Einfluß eines günstigen und nahrungsreichen Jagdreviers darf nicht unterschätzt werden. Zwar »leisteten« sich einige Bussarde wie Aristoteles mehrmals einen neuen Partner, sie blieben jedoch weitgehend in ein und demselben Revier, das ihnen eine gute Mäusejagd und mithin entsprechenden Nachwuchs versprach. Auch die treusten der untersuchten Mäusebussarde, Salomo und Leo, blieben während der gesamten Studie in dem einmal eroberten Territorium, das sie gemeinsam gegen jeden Eindringling verteidigten. Das Verhaltensspektrum der Mäusebussarde erlaubt demnach durchaus verschiedene Strategien, um möglichst viele Junge großzuziehen und die eigenen Gene weiterzugeben. Auch hier also die flexible Antwort einer evolutionsstabilen Strategie auf die Umweltbedingungen.

Ähnliche Untersuchungen zur Frage, ob unter bestimmten Bedingungen Partnerwechsel oder dauerhafter Paarzusammenhalt, ob also »Saisonehe« oder eine dauerhafte Verbindung, wie bei einigen Mäusebussarden, vorteilhafter ist, hat man auch bei der Dreizehenmöwe angestellt. Die zwölfjährigen Beobachtungen – immer sind bei derartigen Fragen zum Verhalten von Tieren jahrelange Studien erforderlich – ergaben, daß Paare, die erfolgreich gebrütet haben und zusammenbleiben, im nächsten Jahr mehr Eier legen. Dreizehenmöwen, die den Partner wechselten, zogen weniger flügge Jungvögel groß als gleichaltrige Tiere, die sich treu blieben. Ein Partnerwechsel – gleichgültig aus welchem Grund – beeinträchtigt also den Fortpflanzungserfolg, so erkannten die Ethologen.

Diese Nachwirkungen konnte der britische Zoologe J. C. Coulson in den 60er Jahren an einer Kolonie von *Rissa tridactyla* noch mindestens zwei Bruten später nachweisen. Ein ebenso langer Paarzusammenhalt scheint mithin entsprechend vorteilhafter zu sein, folgert der Seewiesener Verhaltensforscher Professor Wolfgang Wickler. »Dennoch wechseln manche Tiere den Partner, auch ohne daß er stirbt oder verschwindet, nämlich oft nach einer mißlungenen Brut. Das heißt nicht, daß die Tiere auf diesen Fehlschlag hin beschlossen hätten, sich zu trennen; viel wahrscheinlicher ist, daß ... die Partner nicht zueinander paßten.«

Möglicherweise finden sie erst bei der nächsten Wahl einen geeigneteren Partner. Zwar ist nach solch einem Wechsel der Bruterfolg aller Voraussicht nach geringer als bei einem fest verpaarten Paar, aber doch deutlich größer, so vermutet Professor Wickler, als wenn das Tier bei einem unverträglichen Gatten bleibt. »Entscheidend für ein Individuum, ob es monogam lebt oder nicht, sind die möglichen Alternativen und die Fortpflanzungserfolgs-Chancen, die sie bieten.«

Viele der ethologischen Studien der letzten Jahre haben gezeigt, daß es der Lebensraum ist, der die Sozialstruktur diktiert. Und gerade die Beispiele von Vogelarten, die wir bereits kennenlernten, belegen diese ökologische Abhängigkeit des Verhaltens. Die Seewiesener Verhaltensforscher um Professor Wickler studieren derzeit an ganz verschiedenen Tierarten, wie eng die Beziehung zwischen Umwelt und Sozialverhalten ist. »Wir hoffen«, so der Direktor des Max-Planck-Instituts für Verhaltensphysiologie, »einmal voraussagen zu können, unter welchen Umständen welches Sozialsystem zu erwarten ist – gleichgültig bei welcher Tierart.«

Scheidung im Tierreich
»Gänse sind schließlich auch nur Menschen«

»Drum prüfe, wer sich ewig bindet, ob sich nicht was Besseres findet« – dieser, wohlgemerkt, verballhornte Satz aus Schillers ›Lied von der Glocke‹ scheint dem Austernfischer aufs schwarzweiße Federkleid geschrieben zu sein. Britische Ornithologen jedenfalls sind der Überzeugung, daß der von den Forschern bislang als weitgehend monogam eingestufte Wattvogel just nach diesem Motto handelt. Bei ihm wird »Scheidung« dann nur Methode, wenn die Zahl der Nachkommen zu wünschen übrigläßt.

Auch das Verlassen des Partners ist, wie so viele andere Verhaltensweisen, unter bestimmten Umständen eine Anpassung im Sinne Darwins, um den eigenen Fortpflanzungserfolg zu steigern.

Erinnern wir uns an das, was der englische Zoologe J. Coulson in den 60er Jahren bei Studien an Dreizehenmöwen und J. A. Mills später an Rotschnabelmöwen erkannt hatten: Paare, die erfolgreich brüteten und zusammenblieben, legten im nächsten Jahr mehr Eier und zogen mehr Junge groß als gleichaltrige Möwenpaare, die den Partner wechselten. Ein Partnerwechsel, so glaubten die Biologen deshalb lange, beeinträchtigt den Reproduktionserfolg, und zwar noch mindestens zwei Jahre nach der Scheidung. Lange Zeit waren diese Studien an Möwen jedoch die einzigen, die man zum Thema Scheidung bei Tieren durchgeführt hatte. Erst durch die in den 70er Jahren aufkommenden Theorien der Soziobiologie erhielten solche Überlegungen wieder Auftrieb.

In einer 1984 veröffentlichten Untersuchung über die Sozialisation beim Rosenköpfchen, einer kleinen, gesellig lebenden afrikanischen Papageienart, unter der Leitung des kürzlich verstorbenen Bielefelder Ethologen Professor Klaus Immelmann konnte außerdem gezeigt werden, daß die Vorerfahrung mit einem bestimmten Partner die Abstimmung während der Brut und damit den Bruterfolg tatsächlich fördert. Auch die weiblichen Dreizehenmöwen, die Coulson beobachtet hatte, begannen die Eiablage früher als die Weibchen der neu formierten Paare, wenn sie mit demselben Männchen wie in der vorhergehenden Brutsaison verpaart blieben.

Ein gut aufeinander eingespieltes Brutpaar ermöglicht folglich einen schnellen Brutbeginn und steigert, so die begründete Annahme vieler Zoologen, den Reproduktionserfolg. Die Partnertreue ist demnach eine Strategie der Tiere, die genetische »Fitneß« zu erhöhen. Konrad Lorenz, »Altvater« der Vergleichenden Verhaltensforschung, spricht in diesem Zusammenhang bei seinen partnertreuen Graugänsen auch von einer Art »Verlobungszeit«; er meint damit, daß sich die Paare bereits sehr lange vor der eigentlichen Paarungszeit bilden und der Ganter sein einmal erwähltes Weibchen regelrecht bewacht, bis es zur ersten Begattung kommt. Dadurch verhindert er meist erfolgreich, daß das Weibchen von einem Nebenbuhler begattet wird, er dann eines Fremden Junge aufzieht und seine »Vorleistungen« nicht der Weitergabe seiner eigenen Gene zugute kommen.

Jedoch: *»Gänse sind schließlich auch nur Menschen.«* Mit diesem Ausspruch nahm eine Mitarbeiterin von Konrad Lorenz die Graugänse einst in Schutz, als sich herausstellte, daß nur etwa 60 Prozent der Tiere tatsächlich partnertreu sind.

Mehrere Untersuchungen aus den vergangenen Jahren zeigen jetzt, daß viele Vögel trotz der Vorteile, die die Partnertreue für den Bruterfolg bietet, recht häufig den Partner wechseln. Bei gut untersuchten Populationen liegt der Anteil der Tiere, die sich von ihrem Partner trennen, durchschnittlich bei 21 Prozent; er schwankt aber von Art zu Art beträchtlich, wie das von dem britischen Zoologen P. Bateson herausgegebene Buch über »Mate Choice«, über die Partnerwahl bei Tieren, zeigt. Das eine Extrem findet sich bei amerikanischen Singvögeln mit einer 50–73prozentigen »Scheidungsquote«; diese Zugvögel haben eine jährliche Sterblichkeit von 50 Prozent, so daß es sich ein ins Brutgebiet zurückkehrender Vogel nicht leisten kann, im Revier des Vorjahres lange abzuwarten, ob der Vorjahrespartner es ebenfalls geschafft hat, den Winter und die Wanderung zu überleben.

Eine jüngst erschienene Studie am britischen Austernfischer ergab, daß rund acht Prozent der Tiere ihre Paarbindung auch dann aufgeben, wenn sich beide Tiere wieder im Brutgebiet einfinden, allesamt typische Fälle von »Scheidung« bei Tieren. Die »Ehestatistik« in der kleinen Inselpopulation vor der Küste von Wales soll dabei durchaus an die Irrungen und Wirrungen diverser Hollywood-Stars erinnern, so der Biologe Jared M. Diamond in einem Artikel für das Fachblatt ›Nature‹. Vor allem fünfjährige Austernfischer, die in diesem Alter in der Regel zum ersten Mal brüteten, trennen sich häufig von ihrem ersten Partner, um es in der folgenden Brutsaison mit einem anderen Vogel zu versuchen. Bei solchen erstmals brütenden Vögeln lag die jährliche »Scheidungsrate« bei etwa 18 Prozent, sank dann aber bis auf sechs Prozent bei Paaren, die mehr als drei Jahre zusammen waren.

Die »Scheidungs-Wahrscheinlichkeit« war, so konnte das Forscherteam um M. P. Harris vom Edward Grey Institute der Universität in Oxford feststellen, stets dann besonders hoch, wenn die Ausschlüpfrate des ersten Brutversuchs sehr niedrig war, ein Hinweis darauf, daß die Partnertreue der Austernfischer von deren Bruterfolg abhängig ist. Doch scheinen eher die Weibchen als ihre Gatten zur Scheidung zu neigen. So trennten sich die Männchen der untersuchten Population nicht häufiger als zweimal von einem Partner, die Weibchen dagegen bis zu viermal.

Wie beim Menschen, so kommentierte Diamond die Ergebnisse seiner Kollegen, sei jedoch keine Korrelation zwischen der Scheidungsrate und der Zahl der vorherigen Verpaarungen festzustellen gewesen. Vielmehr erwies sich der Fortpflanzungserfolg oder -mißerfolg in der jeweils vorangegangenen Brutperiode als ausschlaggebend. Diejenigen Austernfischer, die kein einziges Jungtier großzogen, wiesen auch die höchste »Scheidungsquote« auf. Der Prozentsatz der Trennungen nahm dann mit der steigenden Zahl flügger Jungvögel deutlich ab. Die erfolgreiche Aufzucht von zwei oder mehr Jungen ist mithin die beste Garantie für eine feste Partnerbindung beim Austernfischer. Die Jungen, so könnte man sagen, sichern die Ehe der Eltern.

Während ein erfolgloser Brutversuch in den ersten Jahren fast unfehlbar zur Trennung der Tiere führt, hat ein Mißerfolg nach einigen Jahren treuer Einehe dagegen einige Chancen, verziehen zu werden. Daher basiert die Entscheidung über eine Trennung nach Ansicht der Zoologen auf dem gesamten Verlauf der Partnerschaft und dem Ergebnis der

Fortpflanzungsbemühungen insgesamt, wenn er auch besonders stark beeinflußt ist vom Erfolg im letzten Brutjahr.

Die Weibchen nutzen ihren Reproduktionserfolg für die Entscheidung über die Partnerwahl, so vermuten viele Biologen jetzt. Nicht bestimmte »Qualitätsmerkmale« eines Männchens an sich, sondern vielmehr die Zahl der mit ihm aufgezogenen Jungen diktiert die Wahl der Weibchen, dem Partner treu zu bleiben oder eben nicht.

Den Anpassungswert einer »Scheidung« unter Austernfischern, aber auch Sturmvögeln, sehen die Forscher in der Tatsache, daß die erfolglos brütenden Tiere ihren Reproduktionserfolg mit einem anderen Partner möglicherweise deutlich steigern können. Die bisherigen Untersuchungen zeigen allerdings, daß diese Hoffnung auf größere Nachwuchszahlen mit einem anderen Partner zumindest für die Männchen trügerisch sind. Denn die Männchen zogen im Jahr nach der Trennung nicht mehr Junge auf als im Jahr davor. Vielleicht sind sie deshalb dem Weibchen eher treu.

Eine Steigerung der Nachkommenschaft um 61 Prozent als Folge einer »Scheidung« ist allerdings auch bei den Weibchen nach Ansicht der Zoologen nicht statistisch einwandfrei gesichert. Sich »umzusehen, ob sich nicht was Besseres findet«, ist mithin auch bei Austernfischern nicht ohne Risiko. Eine neu geknüpfte Partnerschaft bringt nämlich ebenfalls stets einen verringerten Bruterfolg mit sich, jedenfalls im ersten Jahr.

Scheidung und Partnerwechsel zahlt sich daher für Austernfischer allenfalls langfristig aus.

Wie kommen Gänseküken zu einem »blauen« Gen? »DNA-Detektive« decken Seitensprünge auf

Pater semper incertus est! – Für die Schneegänse Nordamerikas gilt diese Spruch-Weisheit der ewig ungewissen Vaterschaft seit den Studien kanadischer Zoologen nicht mehr. Die Forscher sind bei einer Art molekularbiologischer Spurensuche den »Fehltritten« von Schneegänsen auf die Schliche gekommen.

Für viele ethologische und populationsgenetische Untersuchungen ist es von grundlegender Bedeutung, den Grad der Verwandtschaft zu ermitteln. Die bisherigen konventionellen Methoden, biochemische Analysen etwa, erwiesen sich dabei oft als ungeeignet, weil zu grob. Das hängt damit zusammen, daß sich die untersuchten Proteine bei Vögeln und vielen anderen Tieren von einer Generation zur nächsten meist überhaupt nicht in ihrer Zusammensetzung ändern, so daß ein Eiweiß-Vergleich zur Verwandtschaftsanalyse allenfalls für lange zurückliegende evolutive Veränderungen angebracht ist. Will man über die direkte familiäre Verwandtschaft Auskunft haben, mußten die Biochemiker bislang kopfschüttelnd bedauern, nicht weiterhelfen zu können.

Freilich blieben sie nicht untätig. Sollten derart kurzfristige genetische Veränderungen erkannt werden, mußte – soviel war bald klar – direkt das Erbgut untersucht werden und nicht erst die »Abschrift« in Form der Proteine. Doch wie an das komplexe »Original« der Nukleinsäure herankommen?

Ein Team kanadischer Biologen der Universität in Ontario fand nach langem Suchen endlich geeigente »Detektive« im Erbgut der Gänse, sogenannte *DNA-Marker.* Solche Teilstücke der Nukleinsäure-Sequenz im Genom (das ist die gesamte Erbinformation) können recht verläßlich Auskunft über Vater- und Mutterschaft geben – und dies nicht nur bei Gänsen. Mittlerweile werden derartige Tests auf unterschiedliche DNA-Sequenzen auch beim Menschen zur medizinischen Diagnose und in jüngster Zeit sogar zur gerichtlichen Feststellung der Vaterschaft eingesetzt.

Bei den Schneegänsen *Anser caerulescens,* von der Natur normalerweise mit weißem Gefieder ausgestattet, waren in einer kleinen Kolonie in Kanada blaugefärbte Jungtiere beobachtet worden. Die kanadischen Biologen durchmusterten daraufhin die Erbsubstanz dieser Tiere nach einzelnen charakteristischen Abschnitten, eben jenen DNA-Markern. Sie verglichen dabei die Kern-DNA aus Leberzellen und Erythrozythen, den roten Blutkörperchen, von vier in dieser Kolonie brütenden Schneegans-Familien. Dazu mußte zuerst einmal in einem für die Biologen inzwischen zur Routine gewordenen biochemischen Trennverfahren die Nukleinsäure von den übrigen Zellbestandteilen getrennt werden. Dann wurden die an definierten Stellen zerschnittenen DNA-Fragmente elektrophoretisch aufgetrennt. Im elektrischen Feld einer Flüssigkeit lassen sich die Bruchstücke der zerstückelten Nukleinsäuren je nach ihrer Zusammensetzung, ihrer Basensequenz, voneinander abtrennen und miteinander vergleichen. Das Forscherteam erhielt auf diese Weise 17 DNA-Abschnitte, die sich alle bestimmten DNA-Sequenzen in den isolierten Fragmenten des Gänse-Erbgutes zuordnen ließen.

Wenn die Forscher das so aufbereitete Erbgut der Gänseeltern mit deren Küken vergleichen, dann sollten sie weitgehende Übereinstimmungen erwarten können. Und wenn die DNA-Marker sehr präzise zu arbeiten vermögen, dürften sich immer dann Abweichungen aufdecken lassen, wenn fremde Gene in das Erbgut der Jungen »hineinbugsiert« worden sind. Die Forscher erkennen dann fremde Teilsequenzen, die bei den Eltern gar nicht vorkommen, die die Jungen ihres Nestes aber dennoch haben.

Während sich die bisher angewandten konventionellen Analysen der von verschiedenen Gen-Orten codierten Enzymsysteme als wenig aussagekräftig erwiesen haben, kamen die Kanadier so zu einem erstaunlichen Schluß. Der Bericht der Biologen über das Verhalten der beteiligten Gänsefamilien, obgleich im nüchternen Fachblatt ›Nature‹ erschienen, erinnert fast schon ein wenig an gängige Schilderungen von vielfältigen Irrungen und Wirrungen menschlicher Zweierbeziehungen. Mag dies Verhalten auch keineswegs zu vermenschlichen sein, so läßt sich dennoch analog von Seitensprüngen, Affären und Adoptionen fremder Kinder reden.

Die als weitgehend monogam bekannten Gänse nämlich ziehen häufig gar nicht ihre eigenen Jungen auf; nicht selten sind die Küken im Nest daher allenfalls mit einem der Elternteile näher verwandt, gelegentlich – zur Überraschung der Forscher – aber auch mit keiner Gans des sie fütternden und verteidigenden Paares. Innerartlicher Brutparasitismus sei in diesem Fall eine der möglichen Erklärungen, so das Team um Breadley White und Thomas Quinn. Damit halfen die neuen biochemischen Verfahren mit den DNA-Markern als »Gen-Detektiven«, ein bisher nur vermutetes, ungewöhnliches soziales Verhalten der Schneegänse aufzudekken. Bei diesen *Anser*-Vertretern kommt es demnach nicht nur zu polygamem Verhalten, sondern auch noch zu einer besonderen Art von Brutparasitismus.

Die blaue Gefiederfärbung, so glaubte man nach ersten Studien, wird durch ein einziges autosomales (in beiden Geschlechtern gleiches) Gen bestimmt, das dominant ist gegenüber der normalen weißen Farbe. Aufgrund allgemeingültiger Vererbungsregeln können normal weiß gefärbte Eltern, die das dominante »blaue« Gen demnach gar nicht besitzen, auch kaum ein blaues Gänseküken gezeugt haben. Daher nahm man schon nach den ersten Beobachtungen an, daß bei den monogamen Schneegänsen nicht alles mit rechten Dingen zuging. Möglicherweise schieben die Gänse ihren Artgenossen die eigenen Eier unter; was von Vorteil für die brutschmarotzenden Gänse wäre, aber von Nachteil für die hintergangenen Tiere. Ethologen haben auch dafür den entsprechenden Begriff geprägt, nämlich *intraspezifischer Brutparasitismus*, kurz IBP. Oder aber, so die zweite Vermutung, es kommt zur sogenannten *extra-pair-fertilization*, kurz EPF; das – so weiß man jetzt – ist eine eher zurückhaltende Umschreibung für die häufigen Seitensprünge der Schneegans-Eltern.

Nachdem schließlich bei allen Tieren aus den vier Familien der kanadischen La-Perouse-Bay-Kolonie in Manitoba die DNA miteinander verglichen worden war, wurde der Verdacht zur Gewißheit. Ein von den Gänseeltern abweichender Genotyp schloß dann bei drei der vier Familien wenigstens einen Elternteil, in einem Fall mit Sicherheit das Männchen als Vater der Jungen aus. Lediglich das vierte Gänsepaar war sich offenbar treu geblieben. Bei den insgesamt 17 untersuchten Küken sind nur elf tatsächlich die Nachkommen beider Eltern. Der Genotyp der übrigen Küken stimmte dagegen nicht mit dem eines oder gar beider Elternteile überein.

Folglich verdanken diese sechs Küken ihr Leben, das sie bei der Studie dann leider wieder verloren, untreuen oder parasitierenden Gänsen der Kolonie. Genau konnten die Forscher zwischen diesen beiden Möglichkeiten, einem »Seitensprung« und dem innerartlichen Parasitieren, in einigen Fällen nicht sicher differenzieren. Zusätzlich zu einem mit einer fremden Schneegans gezeugten Jungen kann dem Gänsepaar ja dann auch noch ein anderes, fremdes Ei ins Nest gelegt werden; womit diese Gansfamilie doppelt »gestraft« wäre.

Vor allem bei den blauen Gänseküken sind sich nicht nur die Eltern, sondern auch die Biologen weiterhin im unklaren, ob hier nun das Weibchen dem Ganter untreu geworden ist oder ob beide Opfer einer parasitierenden Schneegans und damit unfreiwillig zu Adoptiveltern eines fremden Kükens geworden sind.

Möglicherweise unterliegen Schneegänse allzu leicht solchen tierischen Täuschungsmanövern, die ihre eigene genetische Fitneß unterwandern. Unter Schneegänsen kann man in diesem Fall offenbar nicht vorsichtig genug sein: Bei einer der vier Gänsefamilien waren immerhin drei der vier Jungen von fremden Eltern. Der Anteil der vom Genotyp der Eltern abweichenden Erbsubstanz bei den Küken liegt dabei höher, als man in ersten Schätzungen angenommen hatte. Daher dürfte das Hineinschmuggeln von Eiern in die Nester der Artgenossen zwar ein »beliebter Trick« bei den Schneegänsen sein, der aber hinter den Seitensprüngen der Vögel noch zurückbleibt.

Einen direkten Nachteil dürften die Gänsejungen übrigens nicht gleich haben, wenn ihren Eltern ein weiteres, fremdes Ei von Artgenossen untergeschoben wird; einen starken Selektionsdruck, der dem innerartlichen Parasitieren entgegenarbeitet, scheint es also nicht zu geben. Wie C. M. Lessells kürzlich bei der verwandten Kanadagans bestätigt fand, hat die Gelegegröße keine Auswirkungen auf den Bruterfolg und das Überleben der Jungen. Die eigenen Jungen können demnach auch dann ohne Probleme großgezogen werden, wenn die Nachbarn ein fremdes Ei hinzugelegt haben, das nun mit ausgebrütet wird. Vielmehr erweist sich der Bruterfolg vor allem von den Witterungsbedingungen abhängig; und die sind im Norden Kanadas oft recht ungemütlich.

Ihrer Vaterschaft derart unsicher, sollten sich die Schneegans-Ganter an das halten, was auch für viele andere Vogelarten gilt: nämlich lieber auf das eigene Weibchen aufzupassen, als in fremden Revieren zu »wildern«. Die beiden Zoologen Birkhead und Møller stellten kürzlich fest, daß die häufigsten Kopulationen vor allem bei jenen Arten zu finden sind, bei denen das Risiko eines weiblichen »Ehebruchs« besteht. Werden die Vogelweibchen zu häufig oder zu lange allein gelassen, können die Männchen nicht mehr sicher sein, die einzigen Erzeuger der Jungen zu sein. Den Rekord, so ergab sich bei der Untersuchung der durchaus sehr unterschiedlichen Kopulationshäufigkeit bei Vögeln, hält der Hühnerhabicht (*Accipiter gentilis*), der pro Gelege etwa 400- bis 600mal kopuliert, gefolgt vom Baßtölpel *(Sula bassana)* mit etwa 100 Paarungen und dem Haussperling *(Passer domesticus)* mit nur noch 47 Kopulationen. Der Feldlerche *(Alauda arvensis)* genügt dagegen eine einzige Kopulation, um die Eier eines ganzen Geleges zu befruchten.

Zwar verhindern die häufigen Kopulationen nicht die »Seitensprünge«, so heißt es in dem Bericht der Zoologen, aber das Sperma eines fremden Männchens wird dadurch quasi »neutralisiert«; es geht in der großen Menge von Samen des verpaarten Männchens regelrecht unter. Allein dadurch können die Männchen die Wahrscheinlichkeit erhöhen, ihre eigenen Nachkommen zu zeugen und nicht etwa bei der Aufzucht der Jungen eines anderen mitzuhelfen.

Bei den Vogelarten dagegen, die nur selten kopulieren, weicht das Männchen dem Weibchen während der gesamten kritischen Paarungszeit kaum von der Seite. Diejenigen Arten mit sehr häufigen Paarungen, in jedem Fall weit mehr, als zum Befruchten der Eier überhaupt erforderlich wären, finden sich meist unter den Greifvögeln und bei den in Kolonien brütenden Vögeln. Hier vermuten die beiden Ethologen dann auch einen Zusammenhang. Denn bei diesen Arten versorgen die Männchen die Weibchen mit Futter und lassen ihre Partnerin dabei über längere Zeit allein. Dies erleichtert, wie Birkhead und Møller glauben, die Chance fremder Männchen, sich mit den bereits verpaarten Weibchen einzulassen. Der Gatte muß dann zusätzlich zur Nahrungsbeschaffung auch noch häufiger kopulieren, um den »Ehebruch« des Weibchens, wenn schon nicht ungeschehen, so doch wenigstens unwirksam werden zu lassen; und beim Habichtterzel sind dazu offenbar rund 500 Paarungen nötig. In welcher Beziehung diese Beobachtung mit der von Greifvogelforschern festgestellten strengen Territorialität dieser Vögel steht, der zufolge fremde Männchen schleunigst wieder aus dem Revier vertrieben werden, muß sich erst noch herausstellen.

Überhaupt scheint eine gewisse »Spermakonkurrenz« unter den Männchen bei Tieren gar nicht so selten zu sein. Von Kleinlibellen berichtet der amerikanische Zoologe Jonathan Waage, daß die Männchen mit eigens entwickelten Penisstrukturen in der Lage sind, vor der Paarung das Sperma ihres Vorgängers aus einem Speicherorgan des Weibchens wieder zu entfernen; sie »räumen« die Geschlechtsorgane des Weibchens regelrecht aus und kopulieren erst dann selbst. Wenigstens bei drei *Zygoptera*-Arten konnte Waage dies nachweisen. Seiner Ansicht nach ist aber bei den meisten Libellen der gemäßigten Zone damit zu rechnen, daß sich die Männchen auf diese Weise des Spermas konkurrierender Männchen entledigen.

Die »Fingerabdrücke« der DNA

Was die oben beschriebene biochemische Methode zur Verwandtschaftsforschung unter Schneegänsen so verläßlich werden läßt, ist, daß sie auch kleinste Veränderungen bereits dort aufspürt und nachweist, wo sie entstanden sind: in der Erbsubstanz. Die bisherigen biochemischen Methoden, mit denen man die Stammesgeschichte von Lebewesen untersucht, etwa einem Vergleich der Proteine, haben sich – das sei wiederholt – als wenig geeignet erwiesen, um detaillierte demoskopische Fragen innerhalb einer kleinen Gruppe, wie etwa die nach der Vaterschaft, zu klären. Neben den Proteinen, die quasi als »Botschafter« aus dem Erbgut dennoch viele Rätsel lösen helfen, interessieren sich Biochemiker, Systematiker und auch Verhaltensforscher zunehmend direkt für die Erbsubstanz.

Einen weiteren, großen Schritt in diese Richtung stellt daher eine andere, neuartige Methode dar, die am menschlichen Genom von Alec Jeffreys entwickelt wurde. Er arbeitet mit sogenannten DNA-Sonden, einer besonders raffinierten Art von molekularbiologischem *undercover-agent*, wenn man so will. Solch eine biochemisch hergestellte Nukleinsäure-Sonde, ein winziger Basenabschnitt aus dem Erbgut selbst, erkennt ganz bestimmte Nukleotid-Sequenzen bei den zu untersuchenden DNA-Proben mit erstaunlicher Zuverlässigkeit wieder, bringt man beide – Sonde und Probe – miteinander in Berührung.

Um die Anwendungsmöglichkeit dieser DNA-Sonden zu testen, wurden aus dem Blut von englischen Hausspatzen gewonnene DNA-Proben mit denen ihrer Jungen verglichen. In vielen Fällen ließen sich, wie bei den Schneegänsen, minutiös »Seitensprünge« und sogar Inzucht mindestens eines Partners ermitteln. Dazu wurde die zuvor isolierte DNA wie auch bei den bisherigen Versuchen mit der DNA zuerst wieder mit Restriktions-Enzymen in Fragmente »zerschnitten«. Während man bisher jedoch lediglich die getrennten Fragmente untereinander verglich und dabei nur größere Veränderungen erkannte, werden diese Teilstücke jetzt mit den zuvor hergestellten DNA-Sonden verschmolzen. Die Sonden stammen aus hochrepetitiven Abschnitten der DNA, also solchen, deren Sequenzen sich oft tausendfach wiederholen, dabei aber höchst variabel in ihrer Basensequenz sind. Damit werden erstmals auch kleinere, weniger gravierende Veränderungen im Erbgut erfaßt. Die auch als Satelliten-DNA bezeichneten Abschnitte besitzen keinen genetischen Informationsgehalt. Sie können aber aufgrund der großen Variabilität wirkungsvoll als »Spürhunde« verwendet werden, um gleichartige Sequenzen auch in anderen DNA-Strängen präzise aufzufinden. Dazu werden die DNA-Sonden mit den DNA-Proben in einem recht aufwendigen Verfahren verschmolzen. Die so entstandenen Nukleinstränge lassen sich dann wieder auftrennen und darstellen. Die dabei gewonnenen mit Farbstoffen gefärbten Banden, quasi die von der DNA hinterlassenen ganz spezifischen »Fingerabdrücke«, können untereinander verglichen werden: Je mehr ein bestimmtes Bändermuster mit einem anderen übereinstimmt, desto eher stammen beide von eng verwandten Tieren.

Familiäre Beziehungen nicht nur von Sperlingen, Mäusen und Katzen, sondern auch vom Menschen lassen sich so präzise rekonstruieren. Nach Ansicht der Biologen wird diese neue Methode gerade die Gebiete der Verhaltensforschung, Soziobiologie und Populationsgenetik, wo detaillierte demographische Kenntnisse einer natürlichen Population erforderlich sind und bislang fehlten, revolutionieren.

Multiple Vater- und Mutterschaft nämlich bringen die diversen biochemischen Verfahren in jüngster Zeit immer häufiger zutage. Die vergleichende Analyse von zwei Blutproteinen des amerikanischen Rotkehl-Hüttensängers *(Sialia sialis)*, um nur noch ein letztes Beispiel zu erwähnen, zeigte, daß von 257 beringten Vögeln wenigstens fünf Prozent der Männchen und etwa fünfzehn Prozent der Weibchen ein fremdes Junges aufzogen. Die Männchen gehen augenscheinlich auch beim Hüttensänger in nicht geringer Zahl fremd. Die amerikanischen Biologen Gowaty und Karlin waren selbst einigermaßen überrascht, als sie erkennen mußten, daß fast zehn Prozent aller Hüttensänger-Bruten in ihrer Population damit von mehr als zwei Eltern stammten.

Warum Schwalben zum Kuckuck werden
Der große Eiertausch auf dem Kliff

Anfangs glaubte man noch an reines Versehen: Die Vögel brüten dicht an dicht in einer Kolonie; da kann es schon einmal vorkommen, daß das Weibchen den richtigen Nesteingang verfehlt und sein Ei versehentlich ins Gelege des Nachbarn legt. Der wird es dann mitausbrüten und die Jungen wie seine eigenen aufziehen.

Als ein Vogelweibchen aber in flagranti dabei ertappt wurde, wie es mit einem bereits bebrüteten Ei im Schnabel ein für kurze Zeit unbeaufsichtigtes Nachbarnest ansteuerte und hineinschlüpfte, um gleich darauf ohne Ei wieder zu erscheinen, da war der Verdacht zur Gewißheit geworden: Auch Felsenschwalben werden gelegentlich zum Kuckuck; sie schieben ihre Eier anderen Vögeln unter, um ihnen die Sorge um die Aufzucht des Nachwuchses zu überlassen.

Wenn es darum geht, den eigenen Fortpflanzungserfolg zu maximieren, erweist sich das Verhalten vieler Tiere als überaus variabel. Wir wissen mittlerweile, daß dabei Männchen und Weibchen durchaus unterschiedliche Verhaltensstrategien verfolgen, um möglichst viele der eigenen Gene weiterzugeben; und wir wissen auch, daß viele Tiere trotz oder gerade wegen ihrer ganz egoistischen Interessen kooperieren. Einige Tierarten jedoch gehen so weit, es dem Kuckuck gleichzutun.

Doch während der Kuckuck seine Eier stets in die Nester fremder Vogelarten legt, betreiben die amerikanischen Felsenschwalben eine besonders perfide Form des Brutparasitismus: sozusagen die innerartliche Risikoverteilung. Sie schieben nämlich einen Teil des eigenen Geleges den Artgenossen unter, die in engster Nachbarschaft brüten; und das durchaus nicht selten: Den Anteil parasitierter Nester schätzen Biologen mittlerweile auf etwa 25 Prozent. Jedes vierte Schwalbenpärchen brütet demnach neben den eigenen auch fremde Junge aus.

Seitdem Evolutionsbiologen dank Darwins Gedankengebäude auch das Kuckucksverhalten nicht länger mehr als rätselhaft betrachten, verwundert sie, warum eigentlich nicht mehr Tiere andere auf diese Weise austricksen und die Kosten elterlicher Investition verringern. Und genau so ist es!

Brutparasitismus – soviel wissen wir inzwischen sicher – ist tatsächlich weiter verbreitet als lange geglaubt. Auch unser heimischer Star *(Sturnus vulgaris)* betätigt sich nicht selten als Kuckuck. In verschiedenen Populationen werden zwischen 5 und 45 Prozent der Nisthöhlen von den eigenen Artgenossen parasitiert. Bei der ebenfalls heimischen Rauchschwalbe *(Hirundo rustica)* beträgt der Anteil parasitierter Nester bis zu 30 Prozent, bei der Teichralle *(Gallinula chloropus)* immerhin noch 18 Prozent.

Dem Nachbarn die Jungenaufzucht zu überlassen, das haben auch die Schneegänse Kanadas entdeckt. Bei ihnen war der innerartliche Brutparasitismus ja bereits seit längerem vermutet worden. Doch erst die »DNA-Fingerabdrücke« brachten hier wie für einige andere Vogelarten den Beweis. Bei einigen Entenarten rechnen Ornithologen inzwischen mit einem Ausmaß von *»cuckoldry«*, das bei etwa der Hälfte aller Bruten liegt, bei einer Entenart sogar bei knapp 95 Prozent. Da zieht dann kaum noch ein Entenpaar tatsächlich den eigenen Nachwuchs groß.

Möglich wird dieser innerartliche Brutparasitismus bei den meisten bekannten Vogelarten durch die hohe Brutpaardichte in Kolonien. Auch die im Westen Nordamerikas weitverbreiteten Felsenschwalben brüten an steilen und teilweise überhängenden Felswänden und Schluchten zu Tausenden in aus Lehm erbauten Nestern. Der Brutablauf in solch einer Kolonie von *Hirundo pyrrhonota* ist hoch synchronisiert; alle Brutpaare legen fast gleichzeitig ihre Eier und brüten zur selben Zeit; auch die Jungen schlüpfen nahezu gleichzeitig in den Nestern einer Kolonie.

Für die Weibchen der Felsenschwalbe ist diese auffällige Synchronisation nicht ohne Selektionsvorteil, verhindert sie doch gerade jenes polygame Verhalten der Männchen, das den Weibchen anderer Arten die Fortpflanzung häufig schwermacht. Durch den engen Kontakt in der Kolonie wäre das »Fremdgehen« der Männchen kaum zu vermeiden; synchronisieren alle Weibchen der Kolonie jedoch ihre Brutzyklen untereinander, dann findet ein Männchen, das sein Weibchen verläßt, keine brutbereite Partnerin, mit der es ebenfalls Nachkommen zeugen könnte.

Der Selektionsvorteil durch Synchronisation jedoch steht in engem Zusammenhang mit dem innerartlichen Brutparasitismus: Denn möglicherweise ist die Synchronisation innerhalb der Kolonie eine *conditio sine qua non.* Ohne den synchronen Brutablauf könnten die Weibchen ihren Artgenossen vielleicht gar nicht die Eier unterschieben, weil die Jungen eines Geleges dann zu den denkbar unterschiedlichsten Zeiten schlüpfen würden. Auch der Kuckuck ist ja auf Wirtsgelege eines bestimmten Bebrütungsstadiums angewiesen, und er beobachtet seine Wirtsvögel lange, bevor er genügend »kuckucksfähige« Nester erspäht hat.

Doch anders als *Cuculus canorus* legt das Schwalbenweibchen seine Eier nicht einfach nur ins fremde Nest. Charles und Mary Brown, die beiden amerikanischen Ornithologen, die zuvor schon die Kolonien der Felsenschwalbe als »Informationsbörse« erkannt hatten, entdeckten kürzlich, daß die Weibchen noch eine zweite Strategie verfolgen. Meist warten die Schwalben ab, bis ein Nachbarweibchen sein Nest, das nur wenige Zentimeter neben dem eigenen liegt, verläßt, um Futter zu suchen. Jetzt in Sekundenschnelle das eigene Ei im fremden Nest abzulegen, gelingt nur während der wenigen Tage, in denen alle Weibchen synchron ihre Eier produzieren.

Doch das Forscherehepaar Brown konnte beobachten, daß auch während der anschließenden zwei Wochen dauernden Brutphase die Eier zwischen den Gelegen ausgetauscht werden. Die Weibchen nämlich nehmen dazu eines der zum Teil schon angebrüteten Eier mit dem Schnabel – und genau das ist das Besondere – aus dem eigenen Nest, transportieren es auf diese Weise zu einem ihnen geeignet erscheinenden Nest und schmuggeln es hinein.

Ist der Nestinhaber wider Erwarten doch zugegen, entbrennt ein Kampf zwischen den Felsenschwalben. Die Forscher wurden bei einer Kolonie in Nebraska Zeuge, wie eine Schwalbe mit Ei im Schnabel eine fremde Nisthöhle anflog und eben ins Nest schlüpfen wollte, als sich herausstellte, daß der Besitzer dort auf dem Gelege saß; zwar gelang es der Felsenschwalbe, den eitragenden Eindringling innerhalb von 10 Sekunden vom Nest zu vertreiben; das Ei – so ergab Browns Nachforschung – war dennoch glücklich im Nest der Artgenossin gelandet.

Mit dieser bisher einmaligen Beobachtung des aktiven Transports eigener Eier war endgültig jeder Zweifel ausgeräumt: Ein derart spezialisiertes Verhalten kann kein Irrtum seitens der Weibchen sein, sondern muß eine besondere Verhaltensanpassung bedeuten. Zudem wissen die Wissenschaftler inzwischen noch um weitere Taktiken, die den Erfolg des Brutparasitismus steigern helfen. Sowohl Stare als auch Schwalben entnehmen manches Mal ein Ei aus dem Wirtsnest, bevor sie ihr eigenes hinzulegen. Der britische Zoologe Davies vermutet, daß die Jungen so noch mehr in den Genuß der Aufmerksamkeit und Fürsorge der fremden Eltern gelangen. Auch schmuggeln diese Vögel ihre Eier bevorzugt später am Tag in des Nachbarn Nest, zu einer Zeit, wenn diese meist zur Futtersuche unterwegs sind und nicht, wie früh am Morgen, die Eindringlinge leicht vertreiben können. Und schließlich vermögen die parasitierenden Vogelarten ihre Eier auch in bemerkenswert kurzer Zeit zu legen. All dies sind Verhaltensweisen, die der Kuckuck ebenfalls beherrscht; fast könnte man den Eindruck gewinnen, sie hätten von ihm gelernt.

Bei den Felsenschwalben haben die parasitierenden Weibchen jedoch eine gemischte Fortpflanzungsstrategie entwikkelt: Sie brüten den größten Teil des Geleges noch selbst aus, nur einige wenige Eier schieben sie den Artgenossen ins Nest. Interessant wäre nun herauszufinden, ob es ausgesprochene Spezialisten unter den Weibchen gibt, die sich die Kuckucksmethode zum Prinzip gemacht haben und ausschließlich den Nachbarn die Aufzucht ihrer Nachkommenschaft überlassen, während andere vielleicht nur gelegentlich der Versuchung nicht widerstehen können, das eigene Fortpflanzungsrisiko auf andere zu verteilen. Die Untersuchungen müssen aber erst noch geleistet werden.

Denn diese Risikoverteilung, so glauben Brown und Brown, ist der Grund für das innerartliche Parasitieren. Alle Eier lediglich ins eigene Nest zu legen ist ihrer Ansicht nach ungefähr so, wie beim Glücksspiel alles auf eine Karte zu setzen. Wenn die Tiere einer Brutkolonie dagegen die Eier über das gesamte Kliff verteilen, in dem sie brüten, könnten sie damit die Chancen vergrößern, daß zumindest ein Teil des Nachwuchses überlebt, etwa im Falle eines Unwetters oder eines im Lebensraum der Brutkolonie nicht ganz seltenen Erdrutsches. Solange davon immer nur ein Teil der Brutnester betroffen ist, geht einem parasitierenden Brutpaar auch stets nur ein Teil des eigenen Geleges verloren. Die Jungen aber, die zuvor in andere Nester verfrachtet wurden, überleben möglicherweise.

Nicholas B. Davies allerdings glaubt, daß der Druck der natürlichen Selektion allein noch nicht ausreichend gewesen sei, um dieses sehr spezialisierte Brutverhalten der Felsenschwalben hervorgebracht zu haben. Er hält es für wahrscheinlich, daß die parasitierenden Felsenschwalben ihren Reproduktionserfolg insgesamt steigern, wenn es ihnen gelingt, den elterlichen Pflegeaufwand dadurch zu verringern, daß sie ihn verteilen. Der einzige Haken bei der Sache: Auf diesen »Trick« sind dann nach und nach immer mehr Felsenschwalben einer solchen Kolonie gekommen, so daß auch die parasitierenden Schwalben schlußendlich fremde Junge großziehen.

Und mit der Erkenntnis, daß selbst das kuriose Verhalten der Felsenschwalben eine Anpassung ganz im Sinne Darwins ist und daß deren Verhaltensweisen wie auch die des Kukkucks, mit dem wir begannen, durch die jeweilige Umwelt herausselektioniert wurden, mit dieser Erkenntnis schließt sich der Kreis dieses Abschnitts über die Soziobiologie.

Teil II:
Evolution –
Die Natur macht Geschichte

Selektion in der »Ursuppe«

Abgesehen von Kreationisten, die die Vielfalt der Organismen mit der biblischen Schöpfungsgeschichte zu erklären versuchen, und von journalistischen Übertreibungen, die von Darwins »Irrtum des Jahrhunderts« zu berichten wissen, abgesehen von solchen Anfeindungen, denen der Darwinismus seit dem Erscheinen des grundlegenden Werks ›On the Origin of Species‹ (dt. ›Vom Ursprung der Arten‹) im Jahre 1859 ausgesetzt ist, wird die fundamentale Grundaussage der Abstammungslehre, der Artenwandel nämlich, heute kaum noch ernstlich angezweifelt: Einander ähnliche Organismen sind miteinander verwandt und stammen von einem ihnen allen gemeinsamen Ursprung ab. Ihre Evolution erfolgte aufgrund einer permanenten selektiven Anpassung an die jeweiligen Umweltbedingungen.

Heute meinen Biologen, wenn sie von der Evolutionstheorie sprechen, meist die »evoluierte« und um Erkenntnisse aus der modernen Genetik und Molekularbiologie erweiterte *Synthetische Evolutionstheorie,* die Darwins Gedankengebäude modernisierte und die seit den 40er Jahren dieses Jahrhunderts die gängige Vorstellung des Evolutionsgeschehens ist. Zu keiner anderen Theorie auf dem Gebiet der Biologie ist so viel Beweismaterial zusammengetragen worden wie zur Abstammungslehre. Dennoch verstummen die Kritiker nicht.

Der Biologe Adolf Portmann, nicht immer ein glühender Vertreter des Darwinismus, schrieb dazu: »Insofern sind wir alle in einem Schiff und sind vollkommen einig, daß es die *Mutation* gibt, daß es die *Selektion* gibt und daß es *Isolation* gibt – daß also die Faktoren, die als die Grundpfeiler der Evolutionstheorie unserer Gegenwart gelten, auch tatsächlich bestehen.«

Streit aber gibt es seit langem darüber, ob allein Naturgesetze, ob »Zufall und Notwendigkeit« dieser Naturgesetze die letzten Ursachen der Abstammung sind. Der französische Jesuit und Anthropologe Teilhard de Chardin und nach ihm auch der Limnologe Joachim Illies betrachteten die Evolution als den Willen Gottes in der Natur. Ihnen reichten die bisher bekannten Evolutionsfaktoren nicht aus, um die Entwicklung des Lebens und der Arten zu erklären. Der amerikanische Zoologe Ernst Mayr dagegen, Mitbegründer der »Modernen Synthese« und immer noch einer der streitbarsten Verfechter der Abstammungslehre, sieht in der Selektion und Mutation ausreichende Kräfte, um das Evolutionsgeschehen befriedigend zu erklären.

Dennoch bleiben für die Evolutionsbiologen zwei große Probleme zu lösen: Wie ist das allererste Leben auf der Erde entstanden? Und wie kam es zur »Makroevolution«; sind also auch die großen Bauplantypen im Tier- und Pflanzenreich, mit oft radikal unterschiedlichen »Konstruktionsschemata«, aus gemeinsamen Urformen entstanden? Wie beispielsweise konnten sich die komplexen Körperstrukturen der Wirbeltiere aus Wirbellosen entwickeln? Gilt auch hier Darwins Postulat der kontinuierlichen Übergänge, das »gradualistische Prinzip«?

Während ein Großteil der Evolutionsbiologen neodarwinistischer Prägung die bekannten Mechanismen heute allgemein als ausreichend ansieht, um die Artbildung in den tieferen systematischen Kategorien wie etwa Gattungen und Familien zu erklären, ergeben sich andererseits Schwierigkeiten, sobald die Makroevolution ins Spiel kommt. Reicht auch hier die Summe der bekannten Faktoren aus, um den radikalen Übergang von einem Typus zu einem anderen zu erklären, etwa den Übergang von Reptilien zu Vögeln und zu Säugern?

Umstritten ist dies, weil die Wirksamkeit und Bedeutung anders als auf dem Artniveau kaum jemals experimentell überprüft werden kann. Und die wenigen Funde von *missing links,* sagen wir besser *connecting links,* den berühmten Bindegliedern, die die Paläontologie bislang vorzuweisen hat, reichen nach Ansicht vieler Wissenschaftler keineswegs aus, um zur Lösung dieser Probleme beizutragen.

Von Darwins gradualistischem Prinzip, dem langsamen und kontinuierlichen Ablauf der Evolution, und von zusammenhanglosen Sprüngen und plötzlichen Änderungen, wie sie die neuere Theorie des *punctuated equilibrium,* des »gestörten Gleichgewichts«, betont, später mehr. Wie aber kam das Leben auf die Erde, und wie konnte es sich zu dem entwickeln, als das wir es heute kennen?

Leben aus dem All?

Das Leben ist gar nicht auf der Erde entstanden; es wurde schon fertig geliefert! Es könnten Sporen, die Lebenskeime von Bakterien gewesen sein, die auf ihrer Reise durch die Sonnensysteme vor rund 3,5 Milliarden Jahren auf der Erde landeten. Daß Bakterienkeime diese Reise von fernen Sternen trotz Weltraumkälte und UV-Strahlung tatsächlich überstehen könnten (wenigstens einige von ihnen), hat man sogar im Labor nachzuweisen versucht. Und wenn es schon keine Invasion kosmischer Einzeller war, die den Keim für alles spätere Leben – einschließlich der menschlichen Evolution – legte, dann sollten zumindest die organischen Verbindungen, die zur Entstehung des Lebens nötig waren, außerirdischen Ursprungs sein. Täglich geht auch heute noch mit Meteoriten und kosmischem Staub ein Regen organischer Partikel auf unserer Erde nieder. In Meteoriten fand man alle wichtigen Grundstoffe für eine Ur-Zelle: *Aminosäuren, Nukleinsäuren* und *Lipide* (Fette). Durch diese interstellare Materie ist der Erde das Leben zugetragen worden.

Das jedenfalls sind Hypothesen, die unausrottbar durch die Literatur geistern. Daß irdisches Leben himmlischer Herkunft ist, wird freilich genausowenig zu beweisen sein, wie es zu widerlegen ist. So ganz neu allerdings sind diese Theorien nicht:

Nachdem der Franzose Louis Pasteur die »Urzeugung« aus unbelebten, faulenden Stoffen widerlegt hatte, erneuerte der schwedische Wissenschaftler Svante Arrhenius 1908 die Idee einer Besiedlung der jungen Erde mit Mikroben aus dem Kosmos. Diese bereits im 19. Jahrhundert populäre Theorie der *Panspermie*, nach der Sporen von Mikroorganismen von einem Sonnensystem in ein anderes wechseln, ist bis heute nie ganz verstummt. Kürzlich hat sogar der für die Aufklärung der DNA-Struktur und des gentischen Codes mit dem Nobelpreis ausgezeichnete Francis Crick zusammen mit dem Nobelpreisträger Leslie Orgel die gewagte

Vermutung geäußert, außerirdische Wesen hätten auf der Erde das Leben »ausgesät«. Die Entdeckung biologisch relevanter Elemente in interstellaren Staubwolken und der Nachweis organischer Substanzen, ja sogar zellähnlicher Strukturen in Meteoritengesteinen, lieferte in jüngster Zeit neue Nahrung für diese Thesen, die auch Wissenschaftler bedenklich nahe in das Abseits eines Erich von Däniken geraten läßt.

Letztlich schiebt die angeblich kosmische Herkunft das Problem auch nur hinaus. Denn irgendwo mußte das Leben ja erstmals entstanden sein. Die Frage ist in jedem Fall die nach dem *Wie*, nach den Mechanismen, die dabei eine Rolle spielen. Der biologischen Evolution, darüber wenigstens ist man sich einig, mußte eine *chemische Evolution* vorausgegangen sein.

Die Moleküle, die dazu nötig waren, kamen mit Sicherheit auch auf der gerade erst eine Milliarde Jahre jungen Erde vor. Durch Um- und Zusammenbau von kleinen, einfachen Molekülen wie Methan, Ammoniak, Kohlenmonoxid, Wasser und anderen Verbindungen entstanden die ersten komplexeren und biologisch wichtigen Moleküle, darunter Aminosäuren, Proteine und Nukleinsäuren.

Die Theorien einer Panspermie sind dann im Grunde auch gar nicht nötig (und auch nicht geeignet), um schließlich den Übergang von Nicht-Leben zum Leben zu erklären, zwei Formen, zwischen denen der Molekularbiologe Max Delbrück »eine ungeheure konzeptionelle Lücke« klaffen sah. Schon gar nicht muß man mit dem griechischen Philosophen Anaximander annehmen, daß sich die ersten Menschen im Inneren großer Fische entwickelt hätten, bevor sie an Land gingen. Für Anaximander war der Anfang und Ursprung aller Dinge ein einfacher, eigenschaftsloser Urstoff, das Grenzenlos-Unbestimmbare des Apeiron; so leicht haben es die modernen Wissenschaftler inzwischen nicht mehr.

Moleküle wagen den Schritt zum Leben

Der Ursprung des Lebens auf der Erde, ohne Zweifel die fundamentalste Frage der Biologie, läßt sich nach Ansicht der meisten Forscher plausibel erklären, und zwar im Rahmen der konventionellen naturwissenschaftlichen Methodik, ohne in Mystik, Glauben oder bei kosmischen Wesen Anleihen aufnehmen zu müssen.

Echte Selektionsvorgänge, die oft nur bei lebenden Organismen für wirksam gehalten werden, lassen sich auch bei molekularen, unbelebten Systemen beobachten. Für die Göttinger Biophysiker um Professor Manfred Eigen werden auch da evolutive Abläufe deutlich, wo vorher die natürliche Selektion auf lebende Organismen beschränkt zu sein schien. Bestimmte Moleküle sind zur Selbstreduplikation fähig, unabhängig davon, ob sie als belebt oder unbelebt anzusehen sind. Die so offenkundige Grenze, die »konzeptionelle Lücke« zwischen toter Materie und belebten Strukturen, so Eigens Mitarbeiter Bernd-Olaf Küppers, sei damit überbrückt worden.

Eines aber ist den Wissenschaftlern trotz dieser Fortschritte vor allem im letzten Jahrzehnt klar: Wer behauptet, die Frage nach dem Ursprung des Lebens eindeutig beantworten zu können, weiß mehr, als er wissen kann. Die beteiligten Forscher betonen immer wieder den Modellcharakter ihrer Experimente. Über die Entstehung des Lebens auf der Erde gibt es ebenso wie über die Makroevolution kein sicheres Wissen, aber eine schier unübersehbare Fülle von Indizien.

Wie sah es auf der Erde vor drei oder vier Milliarden Jahren aus? Über die Geschichte der Planeten ist genug bekannt, um sicher zu sein, daß die Erde am Anfang ohne Leben war. Erst als sie abkühlte, stellten sich allmählich Bedingungen ein, die die Entstehung des Lebens zuließen. Geologen geben das Alter der ältesten Gesteine heute übereinstimmend mit 3,8 Milliarden Jahren an; eine dieser archaischen Felsformationen liegt in der kontinentalen Kruste Grönlands. Schließlich bildete sich die Erdkruste aus verschiedenen Mineralien, wie Eisen-, Magnesium- und Aluminium-Silikaten, Carbonaten, Schwefel- und Stickstoffverbindungen. Und es entstand eine »Ur-Atmosphäre«, so nimmt man wenigstens an, die aus Ammoniak, Methan, Kohlendioxid, Schwefelwasserstoff und Wasser bestand. Der irdische Sauerstoff war in Form von Oxiden gebunden und sollte erst in die Atmosphäre gelangen, als vor rund zwei Milliarden Jahren Photosynthese betreibende Organismen erschienen.

Unter dem Einfluß energiereicher elektrischer Entladungen, einer Art »Urgewitter« – das lernt heute jeder Schüler im Biologieunterricht –, sind aus dieser unbelebten Materie erste langkettige und komplizierte Bausteine des Lebens entstanden. Der russische Biochemiker Alexander Oparin schlug 1924 auf der exakten Basis von Physik und Chemie das erste Modell einer chemischen Evolution vor, in dem eine stark reduzierende Ur-Atmosphäre, die sich von der heutigen oxidierenden Atmosphäre aus Sauerstoff und Stickstoff unterschied, ständig von Blitzen durchzuckt wurde. Zusammen mit der ultravioletten Strahlung der Sonne sollten bei energetischen Wechselwirkungen von Gasmolekülen aus diesen anorganischen Substanzen spontan biologische Verbindungen wie Aminosäuren, Aldehyde und Alkohole entstanden sein, die sich im Ur-Ozean anreicherten – die berühmte »Ur-Suppe« aus organischen Molekülen. Aus diesen einfachen Stoffen haben sich die weiteren Lebensformen durch die Verbindung kleiner Moleküle zu größeren entwikkelt. Diese Bedingungen der »primitiven Suppe« auf der Früherde, so schlug Oparin schließlich vor, müßten in einem Experiment simuliert werden können.

Erstaunlicherweise sollten jedoch noch zwei Jahrzehnte vergehen, bis sich jemand daranmachte, Oparins Idee in die Tat umzusetzen. Der weitere Weg, um der Frage nach dem Ursprung des Lebens auf der Erde auf die Spur zu kommen, ist mit zwei Namen verbunden: Stanley Miller und vor allem Manfred Eigen, der entscheidende Bestätigungen dafür fand, daß auch die molekulare Entwicklung vom Einfachen zum Vielfältigen, von der »Simplizität zur Komplizität« fortschritt, um dann ohne abrupte Sprünge in einer Evolution Darwinschen Stils einzumünden.

Bereits 1951 war es Melvin Calvin erstmals in einem Versuch gelungen, mit Hilfe der ionisierenden Strahlung eines großen Elektronenbeschleunigers Ameisensäure und Formaldehyd, organische Verbindungen, wenn auch keine biologisch bedeutsamen, zu erzeugen. Elektronenbeschleuniger freilich gab es auf der Ur-Erde nicht; um so mehr sorgte dann 1953 der simple Versuch des Studenten Stanley Millers für Aufsehen. Der junge amerikanische Chemiker hatte auf Anregung seines Lehrers und Nobelpreisträgers Harold Urey hin einfache anorganische Substanzen wie Methan,

Ammoniak, Kohlendioxid und Wasserstoff in einem Glaskolben eingeschlossen. Er ließ die Lösung einige Tage im ständigen Wechsel verdampfen und niederschlagen, unterwarf sie einem »Gewitter« aus elektrischen Entladungen und konnte schließlich bereits nach 24 Stunden die drei wichtigsten *Aminosäuren* Glysin, Alanin und Asparagin isolieren. Aminosäuren sind von großer Bedeutung, weil ihre Kondensation *Proteine* ergibt, Eiweißkörper, die häufig als Lebensträger schlechthin betrachtet werden.

Das Ergebnis des Millerschen Versuchs, das zeigten alle späteren und zum Teil auch abgewandelten Experimente, war durchaus kein reiner Zufall. Mit erstaunlich großer Wahrscheinlichkeit entstehen aus den Ausgangsstoffen und unter den Bedingungen der Früherde immer und gerade diese wichtigen Aminosäuren. Das Leben in all seinen Formen ist nicht, wie Jacques Monod in überspitzter Weise formulierte, durch einen einzigen unwahrscheinlichen Zufall entstanden.

Auf der Früherde wurden die Grundbausteine durch elektrische Entladung und ultraviolette Strahlung, die die Erde, noch durch keine Ozon-Schicht gehindert, erreichen konnte, in ihre elementaren Bestandteile zerlegt und lagerten sich aufgrund einer chemisch erklärbaren Bevorzugung, die sich aus ihrem atomaren und molekularen Aufbau ergibt, stets wieder mit bestimmten Molekülpartnern zu Biopolymeren zusammen. Diese Affinität ließ sich dann auch bei vielen anderen Substanzen nachweisen; sämtliche Moleküle wie Aminosäuren, Zucker, Purine und andere Moleküle, die Biochemiker als Bestandteile der heute lebenden Organismen bestens kennen, entstehen unter den eine Früherde simulierenden Bedingungen – immer wieder spontan so und nicht anders. Dies gilt vor allem auch für die essentiellen Nukleinsäuren, die in hochspezifischer Form *biologische Information* speichern.

Nachdem es lange Zeit mißlungen war, auch einfache Fettsäuren und Phospholipide, die Bausteine von Zellmembranen, unter Laborbedingungen zu synthetisieren, erkannten Geochemiker, zuerst der Kristallograph J. D. Bernal, daß bei der Entstehung des Lebens das mineralische Gestein ebenfalls eine wichtige Rolle gespielt haben mag. So entdeckte man auch, daß weitverbreitete Tonmineralien einzelne Aminosäuren perfekt zu Eiweißketten verknüpfen können. In der Frühzeit der Erde, so beschreibt der Hamburger Geologe Professor Egon Degens dies, half ein »kristallines Fließband« auf dem Grund des Ur-Ozeans dabei, langkettige Bio-Moleküle, erste Lebensbausteine, zu produzieren.

Schon recht bald verdickte sich das Wasser mit einer Vielzahl von Kohlenwasserstoff-Verbindungen. Die organischen Substanzen ließen die Suppe schnell ähnlich trübe werden wie eine Hühnerbrühe. Darin brodelte es dank der gleichzeitig ablaufenden chemischen Reaktionen, die schließlich für die Bildung der ersten Lebensbausteine sorgten.

Deren Entstehung erscheint danach keineswegs mehr rätselhaft, sondern vielmehr geradezu unabwendbar zu sein. Sie läßt sich auf die in dieser Welt herrschenden Naturgesetze zurückführen, wie vor allem auch die Arbeiten von Manfred Eigen und seinen Mitarbeitern am Göttinger Max-Planck-Institut für biophysikalische Chemie zeigen. Ein einfaches Prinzip, eine zusätzliche Regel im chemischen Spiel, hat die »trüben Aussichten für das Leben« entscheidend verbessert: Diese chemische Evolution war nämlich bereits einer *Selektion* unterworfen. Die Umwelt entschied, welche der vielen Moleküle entstehen konnten.

Es waren genau die Moleküle, die später Bedeutung als Lebensbausteine bekamen und die heute noch für das Leben verantwortlich sind, die auch von Anfang an aufgrund der Affinität ihrer Bestandteile überdurchschnittlich häufig vorkamen. So ist auch zu erklären, daß es nur zwanzig Aminosäuren sind, die heute biologische Bedeutung haben, obwohl ursprünglich eine bedeutend größere Vielfalt verfügbar war. Die übrigen »starben aus«, ohne eine Spur zu hinterlassen, weil sie sich vermutlich als weniger lebenstüchtig erwiesen. Irdische Organismen sind allein deshalb aus eben diesen Bausteinen aufgebaut, weil sie reichlich vorhanden waren und sich deshalb als Baumaterial anboten. Auch die primitivsten Lebewesen entwickelten sich erst dadurch zu sinnvollen Funktionsträgern, weil sie von bestimmten in der Natur angebotenen Molekülen selektiv Gebrauch machten.

Und noch etwas: lange Zeit rätselten die Biologen darüber, warum in Lebewesen nur *linksdrehende* Proteinbausteine vorkommen, solche Moleküle also, die bestimmte physikalisch-chemische Eigenschaften haben und die Ebene des polarisierten Lichts ausschließlich nach links drehen; rechtsdrehende Proteine aber fehlen. Hier herrscht absoluter Linksdrall, während es bei den Nukleinsäuren gerade umgekehrt ist; dort ist ausschließlich rechts *in.* Diese gebrochene Symmetrie könnte ein Hinweis darauf sein, daß das Leben auf unserem Planeten möglicherweise nur ein einziges Mal entstanden ist. »Die ›Alles oder Nichts‹-Entscheidung der Selektion«, so Manfred Eigen, »bewirkte, daß nur eine der möglichen Alternativen sich durchsetzen konnte. Welche der beiden Varianten zur Selektion kam, blieb dem Zufall überlassen.« Dieses vollendete Wechselspiel von Zufall und Notwendigkeit in der Natur ist letztlich die Ursache des Lebens. »Die Selektion sorgte als eine Art Filter dafür, daß schließlich eine singuläre Kette von Geschehnissen konserviert wurde und das Leben auf der Erde sich auf einen gemeinsamen historischen Ursprung zurückführen läßt.« Der Biologe Jacques Monod sprach angesichts dieser Erkenntnisse einmal davon, daß »unsere Losnummer beim Glücksspiel herauskam«; auf diesen Haupttreffer, so Eigen, kam es zunächst noch nicht einmal an, es mußte lediglich irgendein Treffer gezogen werden.

Dies ist das vielleicht sensationellste Ergebnis, das die moderne Biochemie zur Frage des Lebens beigetragen hat; für viele weitaus aufregender als extraterrestrische oder vitalistische Erklärungen nach dem alten Dogma *omne-vivum-evivo.* So trägt denn auch Eigens Buch ›Das Spiel‹ den Untertitel ›Naturgesetze steuern den Zufall‹, in dem er unter anderem beschreibt, wie auch unter künstlichen Bedingungen und in zellfreien Systemen Selektions- und Evolutionsverhalten im Sinne Darwins eindeutig reproduzierbar sind. Für Eigen ist Darwins Prinzip ein aus den Gesetzen der Thermodynamik ableitbares, mathematisch formulierbares Prinzip.

Aus der Fülle der organischen Moleküle der so treffend als »Ursuppe« bezeichneten frühzeitlichen Brühe, die vermutlich übelriechend und höchst giftig für heutige Verhältnisse war, kommen den Zusammenlagerungen von Aminosäuren zu Proteinen und den Nukleinsäuren besondere Bedeutung zu. Unter Laborbedingungen konnten aus Aminosäuren eiweißähnliche Stoffe, die Proteinoide (Vor-Proteine) hergestellt werden; wählt man nur die Bedingungen richtig, aber dabei immer im Rahmen der auf der Früherde zu erwartenden Verhältnisse, entstehen in einer Polymerisationsreaktion aus den Aminosäuren verzweigte Ketten, die sich chemisch ähnlich wie Proteine verhalten. Es ist also möglich, daß Enzymsysteme ohne steuernde Nukleinsäuren und ohne katalytische Hilfe durch andere Enzyme aufgebaut werden. Auf der Früherde, diesem Schluß kann man sich schwerlich entziehen, bestand demnach ebenfalls die prinzipielle Möglichkeit der Entstehung einer Vielzahl an Eiweißkörpern.

Doch zwischen der Entstehung der Erde vor vielleicht 4,6 Milliarden Jahren und dem Auftreten erkennbarer Organismen vor 3,5 Mrd. Jahren blieb nur wenig Zeit, um beim ungesteuerten Verlauf von chemischen Reaktionen genau die »richtigen«, will sagen: wirkungsvollen, Stoffe zusammenzubringen. Das Leben hätte kaum eine Chance gehabt, wäre es allein dem Zufall überlassen worden. Schon allein um die richtige Reihenfolge der 20 Aminosäuren, mit denen die Natur arbeitet, in einem Protein festzulegen, gäbe es bei einer Sequenz von 100 Aminosäuren rein rechnerisch 20^{100} Möglichkeiten; wobei man wissen muß, daß seit dem Urknall erst 10^{17} Sekunden vergangen sind.

Für die Zusammensetzung der Ursuppe war ausschlaggebend, welche chemischen Prozesse am effektivsten abliefen. Deren Reaktionsprodukte häuften sich dementsprechend an. Die Entscheidungs- und Erkenntnisfunktion eines »Maxwellschen Dämons« war dabei nicht nötig; das Darwinsche Selektionsprinzip, die zusätzliche Regel, nach der die chemischen Cocktails in der Ur-Suppe gemixt wurden, genügte.

Und so, wie die Aminosäuren sich zu Proteinen zusammenlagerten, so verknüpften sich auch Nukleotide, die Bausteine der Nukleinsäuren, zu Makromolekülen. Irgendwann bildete sich in der immer dicker werdenden Brühe aus großen organischen Molekülen auch dieses höchst bemerkenswerte Molekül, das der britische Biologe Richard Dawkins einmal den »Replikator« genannt hat, weil es die außergewöhnliche Eigenschaft besitzt, Kopien seiner selbst herzustellen. Diese Makromoleküle wiederum würden zu den Vorläufern der »unsterblichen Spirale«, der *Desoxyribonukleinsäure.*

Auch hier spricht alles dagegen, daß die Moleküle des Lebens innerhalb der verfügbaren Zeit einfach mit Hilfe des Zufalls zustande kamen. Professor Eigen, der den Ablauf der chemischen Baustein-Paarung in einem Spiel zu simulieren versuchte, erkannte schließlich, daß schon die Erfindung einer Schleife, an der sich die aufgereihten Moleküle aufgrund ihrer chemischen Eigenschaften komplementär aneinanderlagern konnten, strukturelle Vorteile bietet. Obwohl spielerisch entdeckt, bestätigen chemische Messungen diese vernetzten Verbindungen in Schleifen und kleeblattförmigen Strukturen. Solche Nukleinsäuren-Kleeblätter findet man etwa bei der sogenannten Transfer-RNA, die an der Proteinerzeugung in lebenden Zellen beteiligt ist. In der chemischen Suppe der Ur-Erde dürften Makromoleküle mit dieser Schleifenstruktur stabiler gewesen sein als andere – wieder war der Zufall eingeschränkt.

Doch solange nicht solche stabilen und mithin vorteilhaften Molekülvarianten vermehrt werden konnten, sondern stets neu entstehen mußten, so lange kam das Leben nicht auf die Beine. Erst nachdem es den Molekülen gelungen war, sich zu reproduzieren, wurden die Unterschiede zur treibenden Kraft. Die Molekülschleifen können sich recht einfach vermehren, indem sie sich öffnen und neue Bausteine jeweils komplementär einlagern. Werden entlang der gesamten Kette solche Komplementärversionen erzeugt, entstehen immer wieder die gleichen Nukleinsäuremoleküle. Dieser Kopiervorgang der Nukleinsäuren wird schließlich zur Grundlage dafür, allen späteren Organismen als genetischer Informationsträger zu dienen. Das Geheimnis des Lebens, so es denn eines gibt, ruht auf dieser Stufe der chemischen Organisation.

Der New Yorker Molekularbiologe Sol Spiegelman hat bereits vor Jahren gezeigt, daß sich solche Schleifen-Moleküle trotz der identischen Kopierung auch weiterentwickeln können. Er vergiftete die Nukleinsäuren im Labor mit Substanzen, die sich an die Kette anlagerten und so die Produktion neuer Versionen verhinderten. Schon nach Minuten traten die ersten Mutationen auf; einzelne Bausteine, an denen das Gift normalerweise anlagerte, mutierten und ließen den übrigen Strang fortan immun werden, da ihre neue chemische Struktur eine Bindung des Giftes vermied. Für viele Wissenschaftler zeigt dies, daß selbst Moleküle schnell und auf raffiniert-einfache Weise auf eine ihnen feindliche Umwelt reagieren können. Der Schluß liegt nahe, daß Moleküle der Urerde ebenfalls in der Lage waren, sich anzupassen und einen Weg fanden, ihre Stabilität und Reproduktion zu sichern.

Inzwischen haben die Versuche der Göttinger Forscher mehrmals bewiesen, daß die Nukleinsäuren auch ganz ohne Vorlage, ohne eine sogenannte Matrix, wie sie jede Zelle besitzt, bevor sie sich teilt, ganz neu im Reagenzglas entstehen können. In völlig nukleinsäurefreien Reaktionsgemischen entstanden Ribonukleinsäuremoleküle, allein unterstützt durch Eiweißmoleküle, die als Enzyme die Reaktion beschleunigten. Im Extremfall bildeten sich Molekülstränge mit bis zu 200 Kettengliedern. Die Reaktion lief allerdings enorm beschleunigt ab, wenn bereits die Matrix eines Nukleinsäurestrangs vorhanden war; dann mußte lediglich nachgebaut werden.

Die komplementäre Basenpaarung, die Fähigkeit zur Selbstverdopplung, ganz allgemein die Fähigkeit zur Selbstorganisation der Materie, all das war offenbar auch auf der frühen Erde möglich gewesen. Doch die Vorstellungen einer Neusynthese von Nukleinsäuren sind immer wieder kritisiert worden, zuletzt von dem Karlsruher Chemie-Professor Bruno Vollmert, der erst in einer Serie für die Zeitschrift ›natur‹, kürzlich dann auch in dem Buch ›Das Molekül und das Leben‹ (›Was Darwin nicht wissen konnte und Darwinisten nicht wissen wollen‹) behauptet, daß die Entstehung des Lebens durch Selbstorganisation und die Entstehung der Arten durch Evolution falsch sei. Das zentrale Problem der Synthese biologischer Makromoleküle ist – soviel steht fest – die Frage, wie kettenverlängernde Reaktionen in den Ozeanen der jungen Erde möglich waren. Die grundsätzliche Kritik des Polymerchemikers Vollmert: fundamentale Naturgesetze stünden der Bildung von Makromolekülen im Wege. Mit dem Argument, daß es dennoch geschehen ist, macht man es sich bei der Antwort etwas zu leicht. Denn tatsächlich verlangt jeder Schritt, der zur Verlängerung der Molekülkette führt, die Zufuhr von Energie und die Abspaltung des Wassers von den Molekülstellen, zwischen denen sich die neue Bindung schließt. Und da solche Reaktionen reversibel sind, werden sie von einem Überschuß an Wasser in die entgegengesetzte Richtung getrieben. Die Kette würde also nicht etwa verlängert, sondern um einen Baustein verkürzt. Diese Reaktion hätte überdies den Vorteil, Energie freizusetzen, also quasi von allein abzulaufen, während die Kettenverlängerung energetisch gesehen »bergauf« getrieben werden muß. Woher sollte diese Energie aber kommen, so Vollmert. Seiner mit Vehemenz vertretenen Ansicht nach, fehlen die makromolekularen Voraussetzungen für die Entstehung des Lebens auf der Erde. Allein modernste Großanlagen zur chemischen Aufarbeitung eben dieser Ursuppen-Bestandteile hätten den Gesetzmäßigkeiten der Polykondensation Genüge tun können. Ursuppen also sind nicht der Stoff, aus dem das Leben ist, behauptet der Polymer-Chemiker und bemängelt, daß die, die über die Entstehung des Lebens arbeiten, »von makromolekularer Chemie nichts verstehen und es auch nicht für nötig halten, die Polykondensationsthermodynamik zu studieren«.

Der Nobelpreisträger Manfred Eigen wies Vollmerts Kritik, die Evolution sei unvereinbar mit fundamentalen Naturgesetzen, in überzeugender Weise zurück. Vollmert ging vom Spezialfall eines globalen chemischen und thermodynamischen Gleichgewichts aus, das nur für geschlossene Systeme gilt. Die Erde aber ist weder lokal noch global ein abgeschlossenes System. Als Gleichgewichts-Fachmann sei er durch die bei technischen Prozessen ablaufenden Polykondensations-Reaktionen zu voreiligen Analogieschlüssen gekommen. Allein die experimentellen Ergebnisse widerlegen Vollmerts Argumentation. Stünden dabei tatsächlich Naturgesetze im Wege, wären diese nicht möglich gewesen. Allenfalls die Rahmenbedingungen könnte man verantwortlich machen, will man die Frage, ob Lebewesen von selbst entstehen konnten, verneinen. Über die aber läßt sich mit letzter Sicherheit nichts sagen. Für Eigen kommt das Leben gerade aus dem Ungleichgewicht; die eingestrahlte und chemisch gespeicherte Sonnenenergie dürfte zum Aufbau der frühen Biosphäre völlig ausreichend gewesen sein. In der Ursuppe als ein offenes System bestimmten die Reaktionsgeschwindigkeiten aller möglichen Bindungen den Wettlauf um das Leben.

Und das Wasser? Wie konnten die energiereichen Makromoleküle dem Schicksal entgehen, mit dem allgegenwärtigen

Wasser zu reagieren und dabei ihre Energie freizusetzen, statt sie bei der Kettenverlängerung zu nutzen? Der Ausweg besteht darin, die Moleküle der Nukleoside (Zucker plus Base), die gebunden werden sollen, vorher an Phosphorsäure zu koppeln. Die so gebildeten energiereichen Phosphatverbindungen, die wie im Falle des *Adenosintriphosphats* (ATP) noch heute als universeller Energiespeicher aller lebenden Organismen dienen, können dann erfolgreich um die energiezehrenden Bindungen konkurrieren. Dabei wird eine der Phosphatgruppen abgespalten und die freigesetzte Energie zur Kettenverlängerung genutzt. Möglicherweise übernahmen auch Silicatgesteine wie Glimmer und Tone, wie schon im Falle der Proteinsynthese, katalytische Funktionen.

Die »unsterbliche Spirale«

Die richtigen Bausteine, das sei wiederholt, reagieren schneller. Leslie Orgel in Kalifornien, der Ribonukleinsäure-Moleküle in enzymfreiem wäßrigem Milieu synthetisierte, fand, daß sich die Bausteine spontan zu Ketten mit über einhundert Kettengliedern verknüpften. Glieder, »die nicht zur Kette taugen«, kommen auch gar nicht erst zum Zuge; die Anlagerung von Nukleotiden verlaufen, wie die Experimente in den USA und in Göttingen zeigen, um Größenordnungen schneller ab. Zudem sorgen beispielsweise Zink-Ionen dafür, daß die Bausteine sehr viel effizienter in die RNS-Kette eingebaut werden. »Diese Zink-Ionen stellen noch heute die ›Hilfstruppen‹ aller Enzyme dar, die in unserem Organismus den Aufbau von Nukleinsäuren katalysieren.«

Warum aber werden gerade diese Bausteine bevorzugt? Die Nukleotide, so Eigen, waren aufgrund ihrer spezifischen Eigenschaften genau die Bausteine, die optimal zur Kette taugen. Deshalb machten sie das Rennen. Eine derartige Selektion bedeutet einen enormen Eingriff in die Wahrscheinlichkeitsverteilung. Bruno Vollmert, fixiert auf das Gesetz der konstanten Proportionen, ließ diesen Evolutionsfaktor außer acht. Mit den Worten Eigens: »Biologie ist nicht Polykondensations-Gleichgewichtsthermodynamik.« Die Frage nach dem historischen *Wie* der Entstehung des Lebens, so

Eigen, hat eine kurze und klare Antwort: *Wir können es nicht wissen.* Wer aber behauptet, das Leben konnte nicht von selbst entstehen, sagt mehr, als er wissen kann.

Nach allem was wir heute vermuten, können sich Nukleinsäuren jedoch dank eines komplementär zyklischen Systems durchaus vermehren. Jeder Strang fertigt dabei ein »Negativ« an, das dann seinerseits wieder zum »Positiv« umgekehrt wird. Aber dieser kleine selbstreproduktive Zyklus ist längst noch nicht das ganze Geheimnis.

Denn von Leben kann bis hierhin noch immer nicht gesprochen werden. Zum Leben gehört zwar per Definition, Information in identischer Form weiterzugeben, doch der Informationsgehalt der so entstandenen Polynukleotide macht erst dann Sinn, wenn beide miteinander verknüpft sind. Ein entscheidender Schritt zum Lebewesen vollzog sich, als es bestimmten Molekülverbänden gelang, sich unter Ausnutzung des verfügbaren Baumaterials der Ursuppe autoreproduktiv zu vermehren *und* sich die Aufgaben im Sinne einer »Legislative« und »Exekutive« zu teilen. Für die Proteine war es dabei ungleich schwieriger, sich in der Ursuppe zu behaupten, da ihnen die Fähigkeit zur genauen Selbstreproduktion fehlte. Zwar können bestimmte Proteine Aminosäuren zu Ketten verknüpfen, mit identischer und kontinuierlicher Vermehrung hat dies freilich nichts zu tun. Wieder war es Manfred Eigen, der die Idee von chemischen Zyklen hatte, die sich hier und da hilfreich unter die Arme griffen. Nach dem Motto »Eine Hand wäscht die andere« verknüpften sich Nukleinsäuren, die sich zwar reproduzieren können, die aber nur begrenzte chemische Funktionen haben, mit den Proteinen, bei denen es sich genau umgekehrt verhält.

Chemische Reaktionen, die sich gegenseitig unterstützen, dürften einen Selektionsvorteil gehabt haben. Nukleinsäure-Zyklen und die der Proteine koexistieren in einem *Hyperzyklus*, wie Eigen dies nannte. Um überleben zu können, waren sie aufeinander angewiesen. Und in diesen Hyperzyklen aus verschiedenen Einzelzyklen verwandelt sich die vorherige Konkurrenz zwischen den verschiedenen Reaktionsketten in Kooperation. Dies ist die molekulare Version der Konkurrenzvermeidung.

Die Voraussetzung für die Entstehung dieser Hyperzyklen waren in der präbiotischen Phase der Erde durchaus erfüllt. In der gehaltvollen Suppe, die bereits der natürlichen Auslese unterlag, ist solch ein Zyklus im Vorteil. Die Kombination ließ das Evolutionspotential der beteiligten Partner geradezu explodieren. Eigen ist überzeugt, daß die Chancen für das Auftreten von Hyperzyklen immerhin so groß gewesen sind, daß es schließlich – keine Erfindung ohne Nachahmer – zu einem Kampf rivalisierender Hyperzyklen kam. Das am effektivsten organisierte »Wörterbuch« für die Proteinübersetzung aus Nukleinsäuren siegte schließlich unter dem Druck der Selektion. Eine nicht einmal stecknadelkopfgroße Molekülansammlung wurde so zum Ursprung all dessen, was jemals auf der Erde gelebt hat und lebt. Diese Hyperzyklen-Theorie – freilich nur eine Theorie – ist die einzige bisher, die den *Übergang vom Nichtleben zum Leben* vorstellbar werden läßt.

In dieser Verknüpfung liegt der Beginn der biologischen Evolution. Und bereits hier erweist sich die Evolution als ein Optimierungsprozeß. Eigens Modell eines Hyperzyklus belegt die Richtigkeit der Darwinschen Prinzipien auf der frühen Stufe des Lebens. Seine experimentellen Versuche ergeben eindeutig auch für frühe Evolutionsstufen Selektionsmechanismen auf molekularem Niveau. An den nach Eigens Modell entstehenden Nukleo-Proteid-Komplex, in dem Nukleinsäuren und katalytisch wirksame Eiweißverbindungen »Hand in Hand zusammenarbeiten« und der über die Erfindung des »Genetischen Codes« zur Selbstreplikation fähig ist, setzt die Selektion an. Wieder werden die effektiver arbeitenden Systeme begünstigt. Systeme mit der Information zu besonders getreuer Replikation vermehren sich auf Kosten anderer. Erneut wird die zufallsbedingte Vielfalt der Möglichkeiten durch Gesetzmäßigkeiten gesteuert. Dieses sich gegenseitig regelnde einfache Selbstorganisations-System weist bereits alle wesentlichen Merkmale des Lebendigen auf: *Stoffwechsel, Selbstreproduktion und Veränderlichkeit.*

Das Leben also hat sich selber organisiert. Einige Moleküle mit ganz speziellen Eigenschaften erwiesen sich dabei als geradezu prädestiniert, bestimmte Funktionen zu übernehmen. Die Entstehung des Lebens, so Bernd-Olaf Küppers, Mitarbeiter sowohl von Eigen als auch von Spiegelman, in seinem Buch ›Der Ursprung biologischer Information‹, war demnach eine höchst wahrscheinliche, wenn nicht sogar zwangsläufige Folge.

Küppers, der sich klar zum »Reduktionismus« bekennt, glaubt, daß diese sich gegenseitig steuernden Molekülsysteme wie Eigen sie in seiner Hyperzyklus-Theorie beschrieben hat, keinem physikalischen Gesetz widersprechen, allerdings allein wegen ihrer Komplexität nicht immer vollständig beschrieben werden können. Das gilt im besonderen Maße für die Nukleinsäuren und dem in ihnen verschlüsselten Chiffriersystem für die Proteinbiosynthese, an dem sich die moderne Biologie mit wachsendem Eifer die Zähne ausbeißt.

Das Aneinanderreihen der vier Bausteine der Nukleinsäuren, Guanin, Cytosin, Adenin und Uracil (beziehungsweise Thymin), bildet die Grundlage für ein wirkungsvolles biologisches und zudem noch universelles Alphabet, das wir heute den Genetischen Code nennen. Daß alle Lebewesen, vom Bakterium bis zum Blauwal, das gleiche Codeschema und die dazugehörige Proteinmaschinerie der zwanzig natürlichen Aminosäuren nutzen, läßt erneut auf einen gemeinsamen Ursprung allen Lebens schließen; die wenigen Ausnahmen kann man in diesem Fall getrost vernachlässigen.

Für viele Naturwissenschaftler ist heute der Ursprung des Lebens gleichbedeutend mit dem Ursprung der biologischen Information. Nur einen weiteren Schritt mußten die siegreichen Hyperzyklen auf dem Weg zur ersten Zelle noch machen, um ihren Cocktail wichtiger Reaktionsprodukte für sich zu sichern – irgendwann begannen sie sich in membranähnlichen Pakete einzuhüllen. Vermutlich waren es kleine Ölbläschen oder Fettsubstanzen, die das Wasser draußen ließen. Solche kugeligen Hüllen aus Molekülverbänden mit einer aktiven Oberfläche, könnten bei der ständigen Durchmischung der Ur-Ozeane entstanden sein. Auch unter bestimmten Laborbedingungen bilden Mischungen kolloidaler Lösungen aus Nukleinsäuren und Proteinen polymolekulare Aggregate, kleine tröpfchenartige Bereiche im Lösungsmittel; die »Fettaugen« in der Ursuppe. In solchen Koazervaten, die Oparin 1928 als Modell urtümlicher Zellen vorschlug, koppeln sich einfachsten Vererbungs- und Stoffwechsel-Funktionen; andere Einzelzyklen werden eingebaut, der primitive Stoffwechsel laufend perfektioniert – das Endresultat ist die Ur-Zelle, die Vorstufe einer biologischen Zelle. Doch die Koazervattröpfchen besitzen noch keine Membran – ihnen fehlt damit das wichtigste Kriterium der Zellstrukturen. Vergleichbare Hohlkugeln mikroskopischen Ausmaßes und aus organischem Material entdeckten Forscher in den ostafrikanischen Seen; um kleine Gasblasen haben sich organische Gemische zu einer hauchdünnen Schicht geformt; die membranartige Oberfläche polarer Moleküle ist für bestimmte Stoffe durchlässig; Moleküle aus der Umgebung können aufgenommen, andere abgegeben werden. Einen ähnlichen Stoffwechsel könnten die Mikrosphären-Zellen der Ur-Ozeane entwickelt haben.

Jedoch: Koazervate und Mikrosphären als recht instabile Gebilde sind noch keine Lebewesen, eher eine erste Ahnung einzelliger Organismen, die dann den »Traum jeder Zelle verwirklichten, zwei Zellen zu werden«. Das einfachste uns bekannte lebende System, ein Bakterium, ist dann bereits eine kleine Maschine äußerster Komplexität und Leistungsfähigkeit.

Die RNA-Welt

Es bleibt dabei: Ursprung und Entstehung des Lebens aus einer präbiotischen Chemie sind historische Prozesse und damit den naturwissenschaftlichen Methoden nicht direkt zugänglich. »Was Physik und Chemie erklären können, ist allein das Prinzip Leben, nämlich all das, was im Lebensprozeß regelmäßig vonstatten geht«, so Eigen. Tatsächlich wissen wir nichts über die ersten Hyperzyklen, wenn es denn welche gab, ebenso wenig wie über die ersten Ur-Zellen.

Aber am schwersten verständlich und nachvollziehbar dürfte heute sein, wie sich der genetische Code zu jener Perfektion entwickelte, die wir heute erkennen. Die Crux auch hier: Die Evolution des genetischen Apparates läßt sich im Laboratorium nicht imitieren. Man kann endlos darüber spekulieren. Warum, so könnte man etwa fragen, gibt es nicht andere Lebensformen, die mit anderen chemischen Reaktionswegen arbeiten, wenn doch in der Ursuppe alle Möglichkeiten offenstanden? Offenbar, darauf deuten die Computersimulationen Manfred Eigens hin, unterdrückten die inzwischen komplexer gewordenen chemischen Systeme, die den heutigen Lebensformen zugrunde liegen, dank ihres hyperbolischen überproportionalen Wachstums alle anderen konkurrierenden Systeme und ließen sie schließlich aussterben.

Und die Entstehung mikroskopisch kleiner Zellen, organisiert aus sich selbst heraus, schuf schließlich die Voraussetzung dafür, daß die Selektion die kleinen und großen Verbesserungen im inneren Molekülgefüge belohnen konnte. Dazu gehört die Entwicklung eines gemeinsamen Codes für die Umsetzung der biologischen Information in die zwanzig Aminosäuren, von denen jede eine spezifische chemische Aufgabe zugewiesen bekam. Die Erfindung des Codes machte dem inneren Chaos chemischer Brodelei ein Ende.

In diesem Stadium der Evolution, das scheint heute sicher, beherrschte die *Ribonukleinsäure* (RNA) das Geschehen; sie war, verglichen mit der heutigen DNA als Träger der Gene, leichter herzustellen, einsträngig und legte sich bereitwillig in die variable Kleeblattform, die die Selektion aus »guten« und »schlechten« Molekülen herausgesucht hatte. Die beiden komplementären Bausteinpaare der Nukleinsäure ermöglichten die vielfältigen Kombinationen innerhalb einer längeren Sequenz. Aus dem kooperativen Verhältnis zwischen Protein-Alphabet, das die Sequenz der Aminosäuren in Proteinen festlegt, und den Nukleinsäuren entstand das reichhaltige Repertoire dieser wohl »aufregendsten Kurzgeschichte« der genetischen Information. Früher oder später mußte es zu einer Entsprechung zwischen der Reihenfolge der Basen und der Reihenfolge der Aminosäuren kommen; heute vermittelt ein komplizierter Mechanismus, an dem Boten- und Transfer-RNA, Ribosomen und aktivierende Enzyme beteiligt sind, diese Verbindung. Die DNA ist dabei vermutlich erst in einem späteren Stadium der Evolution aufgetaucht, um einen Teil der RNA-Funktionen zu übernehmen. Deren lineare Doppelstränge eignen sich eher für die dauerhafte Bewahrung der genetischen Information als ihre weniger stabile und »geschwätzigere Schwester«, die RNA.

Schnell entdeckt man, daß hier die Frage verborgen ist, ob zuerst die Henne oder das Ei da war. Denn die aktivierenden Enzyme, die eine entscheidende Funktion haben, müssen, wie andere Proteine auch, erst in der biochemischen Fabrik entstehen. Man weiß seit kurzem sicher, daß sich die Bestandteile des genetischen Apparates nicht nur in parallelen Bahnen entwickeln mußten, sondern auch, daß Funktion und Information simultan entstanden. Die RNA war wegen ihrer Basenpaarungsregel auch gleichzeitig ihr eigener Bauplan; und die RNA ist auch ohne Hilfe komplizierter Enzyme zur Selbstreplikation fähig. Diese Vielseitigkeit der RNA beendet den alten Streit, was wohl zuerst da war: Nukleinsäure oder Protein. Experimente liefern den Nachweis, daß es auch ohne Enzym geht und Enzyme nicht immer Proteine sein müssen: denn auch die RNA kann als Enzym wirken. Sie verkörperte in der frühen Evolution Informationsspeicher und ausführendes Organ zugleich. Die frühe Epoche des Lebens war eine »RNA-Welt«. Bereits in diesem Informationsspeicher waren die Gene in Introns und Exons unterteilt, Abschnitte, die »sinnlose« oder aber für die Proteinsynthese wichtige Anweisungen enthielten. Und die RNA besaß die Fähigkeit, sich selbst zu spleißen, also sich ohne Enzyme selbst »abzuschreiben« und zudem sinnvoll zu »übersetzen«. Die Introns, die einstigen Unsinn-Abschnitte, sind es, deren Rolle von der modernen Biologie endlich doch erkannt wurde, und die in jüngster Zeit die komplexen Vorgänge verständlicher werden lassen.

RNA-Moleküle evoluierten durch Selbstreplikation, nutzen Mutationsvorgänge, um neue Funktionen zu entdecken und sich an weitere Nischen anzupassen. Die »brauchbare« Information kurzer RNA-Stücke wurde dann verwendet, um primitive, aber funktionstüchtige Proteine zu codieren. Introns, einzelne Genabschnitte, schließlich verknüpften die Stücke, und das nicht immer ganz präzise; es kam zu Veränderungen der Abfolge, zu mikroskopisch kleinen Unfällen. Hier liegt das Potential der weiteren genetischen Evolution. In den Genen zahlreicher Proteine, vom Hämoglobin bis zu den Antikörpern, lassen sich heute noch die Spuren dieser einstigen Aufgabenverteilung erkennen.

Für die Molekularbiologen ist es dank dieser Kenntnisse heute nicht mehr ganz so rätselhaft, wie die RNA überhaupt dazu kam, die Information für die Reihenfolge der Aminosäuren zu codieren. Auf einer weiteren Stufe begann die RNA sich ihre eigenen Proteine herzustellen; zuerst solche, die ihr bei ihrer eigenen Arbeit und Replikation halfen; solche, die es als »Spezialisten« bald zu größerer Perfektion brachten als die RNA selbst.

Erst nachdem die RNA für die Grundlagen gesorgt hatte, konnten DNA und Proteine die Rollen besetzen, die sie heute einnehmen. Mit dem Auftreten der doppelsträngigen DNA, die dank ihres doppelten Informationsgehalts und ihrer stabileren Struktur weitaus besser als Genspeicher geeignet war, entwickelte sich auch ein verbesserter Reparaturbetrieb. Die größere Kopiergenauigkeit der DNA könnte den Umschwung ermöglicht haben. Denn die Selbstreplikation ist eine Art Wettbewerb, bei dem diejenige Mutationssequenz am besten abschneidet, die die günstigste Kombination aus Kopiergenauigkeit, Stabilität und Geschwindigkeit aufweist. Die Fehlerrate der ersten Darwinschen Molekülsysteme wie der RNA begrenzte deren Länge auf lediglich hundert Nukleotide, wie Eigens molekulardarwinistische Experimente belegen. Zur Verlängerung der Gen-Kette mußten Fehlerkorrekturen entwickelt werden; die DNA hatte dabei die Nase vorn. Doch die äußerst genaue Replikation engte den Spielraum von Mutationen auch erheblich ein. Rekombinationsvorgänge, die die Genetiker seit langem untersuchen, glichen diesen Nachteil schließlich wieder aus. Diese genetische Variation blieb der Spielball der Evolution.

Hervorgegangen aus zufälligen Störungen, ein Übersetzungsfehler eigentlich nur, wurden die Mutationen einem Ausleseprozeß unterworfen, der plötzlich keineswegs mehr eine willkürliche Entscheidung ist. Die RNA jedoch verlor ihre zentrale Position und wurde zum »Botengänger« der DNA degradiert. Die Unterteilung in Exons und Introns aber vererbte sie der Doppelhelix, die keineswegs der kompakte Informationsträger ist, für den man sie lange hielt.

Noch heute besitzen zumindest die Eukaryonten, Organismen mit einem echten Zellkern, und damit auch der Mensch, dieses zusammengewürfelte, gestückelte Erbgut; während die Bakterien, deren DNA sich offenbar schneller entwickelt hat, die nicht-codierenden Sequenzen der Introns »hinausgeworfen« haben und dadurch quasi zu »von Ballast befreiten Proteinsynthese-Maschinen« wurden. Demnach sind wir dank jener »gestückelten Gene« und des RNA-

Spleißens den primitiven Vorfahren aller lebenden Organismen ähnlicher als Bakterien.

Doch das sollte uns wenig kümmern. Durch dieses Spleißen der Gene und die Neukombination erhöht sich auch die genetische Vielfalt der Nachkommen; es kommt zu verdoppelten Genen, die nach Ansicht der Biologen die entscheidende Rolle in der molekularen Evolution spielten. So könnten sich viele der heutigen Gene über eine Verdopplung von Urgenen entwickelt haben; das Ergebnis ist stets ein verlängertes Gen, das möglicherweise ein neuartiges Protein codiert. Für die Organismen bedeutet dies, aus alten Funktionen neue zu entwickeln – mit denkbar einfachsten Mitteln im Baukasten-Verfahren.

Der weitere Verlauf der Geschichte ist dann schnell erzählt: Das Leben ist untrennbar an Zellen gebunden, die Schutz vor den Widrigkeiten der Umwelt bieten. Manfred Eigen sieht darin, daß sich das Leben in Zellen organisierte, einen Ausweg aus einem Evolutionsproblem: Bisher bewertete der Darwinsche Wettbewerb lediglich die Strukturen und Moleküle, die sich am besten vermehren konnten, egal welchen Sinn ihre in den Sequenzen verschlüsselte Information ergab. Durch die räumliche Aufspaltung der aus den Hyperzyklen hervorgegangenen selbständigen Mutationen kam es zu einer Auswahl und Bewertung der in den Genen enthaltenen Information. Diese zelluläre Organisation führte zu Konkurrenz der verschiedenen Evolutionsprodukte und unterwarf die Erbinformation selbst einer Bewertung.

Unter den Bedingungen der Früh-Erde gab es also solche Individuen, erste Zellen, die besser zum Überleben und zur Fortpflanzung geeignet waren, so daß ihre Erbanlagen in der nächsten Generation häufiger auftraten. Die herausselektierten Organismen veränderten dann ihre Umwelt, entdeckten die Photosynthese und schufen eine sauerstoffhaltige Atmosphäre. Die Umwelt wiederum veränderte die Selektionsbedingungen – die weitere Evolution des Präkambriums nahm ihren Lauf und bescherte der Wissenschaft die ersten Fossilien.

Stomatolithe, gefaltete horizontale Schichten, die wie gestapelte Pfannkuchen aussehen und aus Bakterien-Ablagerungen entstanden sind, liefern Paläontologen die ersten Anhaltspunkte, wie sich das Leben weiterentwickelte. In den filzartigen Lagen wuchsen vor rund 3,5 Milliarden Jahren *Cyanobakterien,* auch ungenau als Blaualgen bezeichnet, heran. Diese zählen zu den frühesten Lebensspuren auf der Erde und lassen erstmals eine exakte Rekonstruktion der Umweltbedingungen zu, unter denen Lebewesen evoluierten. Jene Zeugen aus der Urzeit, kernlose Einzeller, beherrschten das Leben auf der Erde für die nächste Milliarde Jahre.

Erst seit rund 600 Millionen Jahren, mit dem Beginn des Kambriums, finden sich auch immer häufiger Fossilien mehrzelliger Lebewesen. Spätestens damit entziehen sich die Mechanismen der Evolution nicht länger mehr so hartnäckig unserer Erkenntnis.

Wenn Gene sich neutral verhalten

Der »Faden des Lebens« wurde weitergesponnen; die Vielfalt der Organismen und die genetische Variation nahm im Laufe der Evolution stetig zu. Die Entwicklungen in der molekularbiologischen Forschung haben den Bereich der Geheimnisse aus dieser Zeit inzwischen weitgehend zusammenschrumpfen lassen und die Spekulationen der Kreationisten zum Rückzugsgefecht gezwungen.

Genau hier setzt die »Neutrale Theorie« des Japaners Motoo Kimura an, die in den letzten Jahren mehr und mehr als Konkurrentin zur »Synthetischen Evolutionstheorie« aufgetreten ist. Zu Unrecht allerdings, wie etwa die Evolutionsbiologen Ledyard Stebbins und Francisco Ayala meinen. Denn die wachsenden Einsichten, die sich aus der molekularbiologischen Erforschung der DNA ergeben, stehen nicht unbedingt im Widerspruch zur Darwinschen Denkschule.

Auf den ersten Blick sieht das freilich ganz anders aus: Nach der »Neutralen Theorie« ist nicht nur das Auftreten genetischer Variation dem Zufall unterworfen, sondern auch das Manifestieren solcher Änderungen in einer Population von Organismen. Nicht die Selektion soll hier wirken, sondern wieder allein der Zufall.

Der umstrittene Punkt sind dabei die weitgehend noch unerforschten Reaktionswege von den Genen zu den sichtbaren Merkmalen, die Beziehung zwischen Genen und der individuellen Ausformung. Die Forscher mußten erkennen, daß die genetische Variation viel komplexer als vermutet ist. Neben einzelnen Punktmutationen, dem Austausch einer einzelnen DNA-Base, kommt es zu zum Teil rigorosen Neuordnungen und Zusammenstellungen der Gene, zu regulatorischen Mutationen, die sich auf die »Schalter der Gene« auswirken. Und das Wichtigste: DNA-Abschnitte ohne ersichtliche Aufgabe sind in viel größerem Ausmaß über das Genom der Lebewesen verteilt als zuvor angenommen. Mutationen in diesem Teil zeigen keine Beziehungen zu den Lebensbedingungen der Art; sie wirken nicht auf die »Lebenstüchtigkeit« – die Fitneß – der Biospezies.

Solche anscheinend informationslosen Wiederholungssequenzen ließen bald sogar die These aufleben, die molekulare Evolution verlaufe wohl doch unbeeindruckt von Zufall und Auslese fort, möglicherweise sogar in eine bestimmte Richtung – deterministisch also. Für Evolutionsbiologen, das ist gar keine Frage, ist ein solcher »molekularer Antrieb« ein rotes Tuch.

Die »Neutrale Theorie« verweist nun ebenfalls just auf diese enorme Zahl unterschiedlicher Ausformungen (auf die Variation). Sie schlägt vor, daß die genetischen Unterschiede zwischen verschiedenen Allelen (den im Erbgut doppelt vorhandenen Genen), die sich in der großen Variabilität niederschlagen, keinem Selektionsdruck unterliegen. Sie sind für das Überleben eines Organismus weder förderlich noch hinderlich – mithin *neutral;* allein ein Gleichgewicht zwischen Entstehung (durch Mutation) und Auslöschung (durch Zufall) entscheidet, ob sie in einer Population erhalten bleiben oder nicht.

Den Neodarwinisten bereitet nur letzteres ein wenig Kopfzerbrechen: Für sie beweist die auffällige Variabilität ja gerade, daß noch genügend genetische Unterschiede mit einem Anpassungswert bleiben, selbst wenn viele Gene neutral sind. An dieser Anhäufung genügend vorteilhafter Mutationen kann sich dann allerdings die natürliche Auslese auf der Ebene der Organismen immer noch reichlich austoben.

Neodarwinisten interessiert eher, wie viele der genetischen Unterschiede eines Organismus verglichen mit seinen Verwandten nun wirklich mit Anpassungsvorteilen verbunden sind. Sie räumen durchaus ein, daß es »stille Mutationen« gibt, die das vom Gen bestimmte Protein nicht verändern und neutral bleiben. Andere Mutationen, das genetische Hintergrundrauschen in einer Population, würden aber zweifellos von der natürlichen Auslese ausselektiert.

Im Erbmolekül tickt eine Uhr

Ein weiterer Diskussionspunkt der Evolutionstheoretiker ist die auffällig *konstante Evolutionsgeschwindigkeit.* In einer Säugetierlinie etwa wird alle zwei Jahre ein Nukleotid-Baustein im Genom ausgewechselt. Die Zahl der genetischen Veränderungen bleibt über viele Generationen hinweg bei einem bestimmten Gen und Protein gleich – eine Art molekulare Uhr. Nach der »Synthetischen Theorie«, so jedenfalls verstehen die Neutralisten sie, müßte aber auch ein wechselndes Tempo der Evolution zu beobachten sein. Denn mit Änderungen der Umwelt schwankt von Zeit zu Zeit auch der Selektionsdruck, der auf einer Art lastet.

Auf diesen Tempowechsel zielt auch die Theorie vom »unterbrochenen Gleichgewicht«, dem »punctuated equilibrium«. Anfang der siebziger Jahre erregten die amerikanischen Paläontologen Stephen Jay Gould und Niles Eldredge nicht nur unter ihren Fachkollegen damit Aufsehen. Sie postulierten, daß in der Evolution lange Phasen eines evolutionären Stillstandes mit plötzlichen Evolutionsschüben abwechseln. Wir werden darauf noch eingehen.

Von neodarwinistischer Seite wird den Neutralisten dagegen stets entgegengehalten, daß der ungeheuer lange Zeitraum, über den die Geschwindigkeit der molekularen Evolution ermittelt wird, Schwankungen schluckt und so eine scheinbare Konstanz bewirkt, wo Neutralisten wechselnde Geschwindigkeiten fordern. Ihrer Ansicht nach ist die Konstanz der molekularen Uhr auf die Zufälligkeit der Mutationen und ihre Übernahme in der Population zurückzuführen, da dies stets mit gleicher Häufigkeit ablaufen müßte.

Allerdings überrascht es nicht, daß sich die Evolutionsrate verschiedener Abstammungslinien über Jahrmillionen kaum verändert, solange die Funktion eines Gens auch gleichbleibt. Die Molekül-Uhr tickt nicht überall im »Lebensfaden« immer gleich: Die Evolution läuft langsamer dort, wo direkt die Funktion eines Proteins beeinflußt wird; an anderer Stelle hingegen, die sich nicht gleich auf die Funktionstüchtigkeit der Proteine auswirkt, möglicherweise schneller. So ließe sich auch das Phänomen der »Mosaik-Evolution«, das Auftreten stammesgeschichtlich älterer, quasi antiquierter Merkmale und Eigenschaften neben neuen und modernen erklären.

Für die meisten Moleküle, so Stebbins und Ayala, liegen die Evolutionszwänge zwischen den beiden Extremen einer allzu starren Kopierung und einer schnellen Änderung. Wenn sich Entwicklungslinien an neue Situationen anpassen und Funktionsänderungen nötig machen, dann wird der Austausch infolge der natürlichen Selektion auch zunehmen. Über die Jahrmillionen werden solche Schwankungen dann wieder nivelliert.

Neutralisten mag dies nicht überzeugen; für sie läuft die molekulare Evolution und die der Organismen nach unterschiedlichen Regeln ab. Und davon wird man sie schwerlich abbringen, solange es nicht gelungen ist, die Verknüpfung zwischen Molekül und Organismus eindeutig herzustellen. Bis dahin machen sie für die Vielgestaltigkeit des Lebens nicht Umweltbedingungen und Selektion verantwortlich, sondern molekulare Strukturen.

Doch ebenso wie die neutralen Mutationen einen Beitrag zur genetischen Vielfalt liefern, so tragen auch die Ergebnisse der Neutralen Theorie dazu bei, die Vorstellungen des modernen Darwinismus zu evoluieren. Die Kontroverse geht in der Tat mehr um Gewicht und Bedeutung einzelner Faktoren als um wirklich getrennte evolutionäre Auffassungen, und wie immer der Kompromiß aussehen mag, der sich schließlich ergibt, er wird nicht zu einer Abkehr vom Darwinschen Ansatz führen. Von einem »Jahrhundert-Irrtum« Charles Darwins zu sprechen mag für den Uneingeweihten etwas Sensationelles haben; moderne Evolutionsbiologen freilich, egal welcher Schule sie nun im Detail anhängen, mögen darüber heute nur noch schmunzeln.

Die biologische Evolution – einschließlich der »molekularen Vorgeschichte« – ist, und dies allen bisherigen Anfeindungen zum Trotz, die Folge erblicher Veränderungen, die durch die Darwinsche Selektion etabliert werden. Und dies, wie wir gesehen haben, auch auf der alleruntersten, der chemischen und molekularen Ebene.

Die Molekulartheorie der Evolution hat dabei zweierlei demonstriert: Das Darwinsche Selektionsverhalten ist nicht nur ein ausgesprochen biologisches Gesetz, kein Axiom des Lebens, sondern stellt sich auch in unbelebten Systemen ein, sofern gewisse Randbedingungen erfüllt sind. Zusammen mit dem Prinzip der natürlichen Selbstorganisation des Lebens und den bei der Informationsübertragung unvermeidbaren Abweichungen, den Mutationen, wird die Entstehung der Vielfalt des Lebens so verständlich.

Auch hier gilt, was Konrad Lorenz 1963 schrieb: »Der Naturverständige bedarf nicht des Unerforschlichen, Außernatürlichen, um Ehrfurcht empfinden zu können, und es gibt für ihn nur ein Wunder, und das besteht darin, daß schlechterdings alles auf der Welt, einschließlich der höchsten Blüten des Lebendigen, ohne Wunder im herkömmlichen Sinn zustande gekommen ist.«

Gradualisten contra Punktualisten
Trendwechsel bei den »Dreilappern«

»Deswegen sagt Agassiz, daß, wenn eine neue Lehre vorgebracht würde, sie drei Stufen durchzumachen habe: zuerst sage man, sie sei nicht wahr, dann, sie sei gegen die Religion, und im dritten Stadium, sie sei längst bekannt gewesen.« Diese Beschreibung vom Werdegang einer wissenschaftlichen Theorie, die dem deutschen Embryologen Karl Ernst von Baer zugeschrieben wird, träfe auch auf die paläontologische Theorie des »punctuated equilibrium«, des »gestörten Gleichgewichts«, zu. So äußerten sich vor einiger Zeit noch die beiden Begründer dieser Theorie, Stephen Jay Gould und Niles Eldredge, in einem Beitrag für das angesehene Fachblatt ›Systematic Zoology‹.

Die Punktualisten behaupten, gestützt auf Fossilfunde, daß sich der evolutive Wandel der Organismen nicht kontinuierlich und gleichmäßig vollzogen habe, wie Charles Darwin annahm, sondern daß statt dessen Phasen rasanter morphologischer Neuerungen mit langen stationären Phasen abwechselten. Das plötzliche Auftreten neuer fossiler Arten in den von Paläontologen untersuchten Gesteinen zeige, daß diese in kurzen Evolutionsschüben entstanden sind und sich anschließend oft Jahrmillionen lang kaum veränderten. Die gradualistischen Vorstellungen der Neodarwinisten müßten daher durch die Theorie des »gestörten Gleichgewichts« mit kurzen Perioden intensiven evolutiven Wandels ersetzt werden. Die Evolution, so ihre Schlußfolgerung, macht demnach doch Sprünge.

Diese Anfang der 70er Jahre erstmals vorgetragene Theorie wechselnder Evolutions-Geschwindigkeit wurde tatsächlich – entsprechend von Baers weiser Einschätzung – erst als grundsätzlich falsch und dann als völlig undarwinistisch abgelehnt. Das dritte Stadium schließlich, so die Ansicht von Gould und Eldredge, sei spätestens erreicht worden, als verschiedene Evolutionsbiologen neodarwinistischer Prägung kürzlich äußerten, Punktualismus und die neue Interpretation von Fossilfunden ergänzten die moderne »Synthetische Evolutionstheorie«. Ja, dies sei geradezu die notwendige und logische Konsequenz dessen, was Darwin schon immer gewußt habe.

Nun ist unter Paläontologen und Evolutionsbiologen allgemein die Tatsache unbestritten, daß es eine Evolution und eine objektive Fossilüberlieferung gibt. Wenn Fossilien auch nicht als Beweisstücke im juristischen Sinne gelten, so aber doch als die »einzigen realhistorischen Belege für die stammesgeschichtliche Entwicklung«. Es geht also allein um die Interpretation der Funde und darum, was Forscher mit ihrer Hilfe über die Geschichte des Lebens erfahren können. In einer »gesunden Diskussion«, wie der amerikanische Paläontologe G. G. Simpson das nennt, wird schon seit Georges Cuvier (1769 bis 1832), der als Begründer der Paläontologie gilt, darüber gestritten, wie diese Fakten im einzelnen zu interpretieren sind und welche Erkenntnisse man über den Verlauf der Evolution gewinnen kann. Und daran hat sich seit gut zweihundert Jahren nicht viel geändert.

Angesichts der jüngsten paläontologischen Arbeiten erscheint es nämlich wieder fraglich, ob die Theorie vom »gestörten Gleichgewicht« weiterhin Bestand haben wird. Denn Trilobiten, die Jahrmillionen alten »Lieblingsfossilien« so mancher Paläontologen, so behauptet der junge britische Geologe Peter Sheldon, geben den gradualistischen Vorstellungen Darwins einmal mehr recht.

Das Kuriose dabei: Ausgerechnet die gut erhaltenen Trilobiten des Erdaltertums, und zwar den mitteldevonischen Trilobiten *Phacops rana*, hatte Niles Eldredge als einen der Eckpfeiler des Punktualismus ins Feld geführt. Mit mehreren tausend Arten waren diese *Arthropoden* (Gliederfüßler) aus der Verwandtschaft der Spinnentiere die beherrschende Tiergruppe paläozoischer Meere; besonders zahlreich finden sie sich in den Sedimenten vom Kambrium bis zum Silur; an der berüchtigten Perm/Trias-Grenze vor 225 Millionen Jahren entgingen auch sie nicht einem der großen Massensterben der Erdgeschichte.

Anhand ihrer Fossilien nun lassen sich nach Eldredges Ansicht evolutiver Stillstand und plötzlicher Wandel besonders gut verfolgen. Die Evolutionsschübe, so behauptete der Paläontologe vom Amerikanischen Museum für Naturgeschichte, treten stets zu einer Zeit auf, wenn sich die Arten in verschiedene Linien aufspalten; und zu dieser Speziation kommt es vor allem in isolierten Randgruppen. Das heißt, daß immer dann ein kurzer Ausbruch morphologischer Veränderungen stattfindet, wenn sich von einer vorhandenen Art eine kleine Population abspaltet und eine neue Art begründet. Danach verändert sich diese Spezies kaum noch, bis sie schließlich ausstirbt oder aber sich ihrerseits aufspaltet. Und – so die Anhänger des Punktualismus – allein der Zufall, nicht aber die natürliche Selektion innerhalb von Populationen, bewirke diese evolutiven Veränderungen.

Wenn diese punktualistischen Wechsel aber lediglich zufällig erfolgt sind, so hieße dies auch, daß die Evolution neuer Typen, neuer »Baupläne« wie etwa die eines Wirbeltieres, nicht die Summe und das Resultat von selektiven Veränderungen ist, wie sie Evolutionsbiologen seit Jahrzehnten studieren. Die sogenannte »Makroevolution« wäre tatsächlich, wie verschiedene Biologen immer wieder meinen, etwas grundsätzlich anderes als mikroevolutive Veränderungen, die bereits recht gut untersucht sind. Aber, so sind Neodarwinisten überzeugt, auch große evolutionäre Veränderungen werden durch eine Reihe kleiner Schritte erreicht. Dieses gradualistische »Prinzip der kleinen Schritte«, für das sie den Ausdruck *additive Typogenese* geprägt haben, summiert winzige Veränderungen, bis nicht nur neue Arten, sondern auch neue »Typen« entstehen. Wie sonst, so fragte der britische Evolutionstheoretiker John Maynard Smith in einer Stellungnahme für die Fachzeitschrift ›Nature‹, ist die Anpassung der heute lebenden Organismen an eben ihre spezielle Lebensweise zustande gekommen, wenn nicht durch Anpassung und Selektion?

Die Selektion, meint dazu der Harvard-Professor Stephen Gould, sei eben doch nicht derart durchdringend gewesen, wie Charles Darwin und mit ihm die Mehrzahl der Evolutionsbiologen seitdem angenommen haben. Jegliche Anpassung freilich konnten auch die Punktualisten nicht bestreiten; so schlugen sie im Unterschied zum darwinistischen Denken in Populationen die »Selektion der Art« vor. Nach dieser Überlegung setzt die Auslese nicht an den unterschiedlich gut angepaßten Individuen einer Population an, sondern an den gut oder schlecht an ihre jeweilige Umwelt adaptierten Arten. Individuen, so Maynard Smith, werden beim Punktualismus durch Arten ersetzt, Geburt durch Artbildung, Tod durch Aussterben.

Diesen Streit um Gradualismus oder Punktualismus auszutragen blieb schließlich den Paläontologen vorbehalten. Peter Sheldon hat für rund 450 Millionen Jahre alte Trilobiten, die er in Wales fand, eine Entscheidung getroffen: Er beschrieb jüngst die Millionen Jahre dauernde Evolution ordovizischer »Dreilapper« als gradualistisch. Große Sprünge zu machen, wie sie Eldredge meinte erkannt zu haben, lag den Trilobiten demnach fern. In seiner Dissertation an der Universität Cambridge untersuchte er über 15000 dieser versteinerten Trilobiten von 400 verschiedenen Fundstellen und klassifizierte rund 3500 von ihnen anhand von Merkmalen ihres äußeren Panzers in acht verschiedene Gattungen. In allen acht Gruppen dieser frühen Gliedertiere nahm die Zahl der Körpersegmente im Laufe der untersuchten Periode, zwischen 500 und 435 Millionen Jahren, zu. Dazu muß man wissen, daß die Anzahl der aufeinanderfolgenden Körpersegmente, die den Panzer der Trilobiten aufbauen, im Laufe der gesamten Trilobiten-Evolution demgegenüber immer mehr reduziert wurde; diesen umgekehrten Trend haben bereits die ersten Forscher, die sich mit diesen altertümlichen Spinnen-Verwandten beschäftigten, erkannt. Kurzfristig, das zeigen Sheldons paläontologische Studien einmal mehr, kann es mit der Zunahme der Segmentzahl also durchaus zu einem Richtungswechsel eines evolutiven Trends kommen. Dies gilt, obgleich Biologen eine völlige Umkehr auf einem einmal von einer Organismenart beschrittenen Evolutionsweg als unmöglich ansehen. Haben sich beispielsweise beim Wal erst einmal die Hinterextremitäten im neuen Lebensraum Meer nahezu völlig reduziert, wird sich dieses Organ nicht mehr in gleicher Weise bilden wie zuvor, egal zu welcher Lebensweise Wale einmal übergehen. Diese Regelhaftigkeit galt bisher generell auch für die Trilobiten. Welche Bedeutung der Zu- oder der Abnahme der Segmentzahl dieser Gliedertiere zukommt, wissen die Forscher dabei bis heute nicht. Sheldon konnte daher vorerst nur festhalten, daß in den sich parallel entwickelnden Linien der von ihm untersuchten Trilobiten die Segmentzahl deutlich schwankte, Umkehr eingeschlossen.

Dieser Trendwechsel, daran läßt Sheldon keinen Zweifel, kompliziert die Auseinandersetzung zwischen Punktualisten und Gradualisten zusätzlich. Doch mache man es sich zu leicht, wenn man die allmählichen, schrittweisen Veränderungen im Sinne Darwins als allein in eine Richtung zielend auffaßt. Und da viele Trilobiten-Arten dieses wechselhafte Muster der Segmentveränderung aufweisen, müsse man darin die natürliche Selektion durch die Umwelt als auslösenden Faktor vermuten, so Peter Sheldon. Obgleich auch ihm die funktionelle Bedeutung der zahlreichen Körpersegmente der »Dreilapper« unbekannt ist, hält er die wechselnde Anzahl für eine Anpassung an wechselnde Lebensbedingungen in den frühen erdgeschichtlichen Meeren.

Ebenfalls von grundsätzlicher Bedeutung für die Interpretation sind die morphologischen Unterschiede zwischen den frühesten und den jüngsten Trilobiten-Populationen, mit denen sich Peter Sheldon in Wales befaßte. Sie waren zuvor als ausreichend groß angesehen worden, um die Trilobiten ganz verschiedenen Arten zuzuordnen. In keinem Fall aber konnte Peter Sheldon jetzt, nach der sorgfältigen Untersuchung einer sehr viel größeren Fossilzahl, einen durch »Sprünge« oder Evolutionsschübe verursachten plötzlichen Übergang entdecken. Die meisten Populationen dieser Fossilien faßt Sheldon als Übergänge zwischen bereits bekannten Arten auf.

Und was noch wichtiger ist: Da Sheldon die Fundorte ganzer Populationen untersuchte, erkannte er die große morphologische Variabilität innerhalb einer einzigen Trilobitenart, die in einer geologischen Schicht zu finden ist. Auch solche Trilobiten, die früheren Klassifikationen zufolge noch zu ganz verschiedenen Arten gerechnet wurden, erwiesen sich jetzt als *bloße Varianten* ein und derselben Art.

Es fanden sich bei Sheldons Studie keinerlei Hinweise darauf, daß an einem bestimmten Ort zu einem bestimmten Zeitpunkt gleichzeitig mehrere verschiedene Arten einer Gattung von Trilobiten über den Meeresboden krabbelten. Keine der Gattungen spaltete sich während des untersuchten Zeitraums von drei Millionen Jahren auf; Sheldon erkannte statt dessen anhand der Körpersegmentauszählung seiner fossilen Trilobiten einen parallelen und allmählichen Wandel der Tiere. Das legt eher eine gradualistische Evolution nahe als die sprunghafte Entwicklung hin zu neuen Arten.

Ähnliche Phänomene müssen Paläontologen und Biologen jetzt auch bei vielen anderen Fossiluntersuchungen vermuten. So weisen Wissenschaftler wie der Biologe G. Fryer schon seit geraumer Zeit darauf hin, daß es sich auch bei den Süßwasserschnecken der ostafrikanischen Seen, die seit Anfang der 80er Jahre sehr oft als weiterer Beleg für den Punktualismus angeführt werden, um Tierarten mit großer innerartlicher Variabilität handelt. Es besteht der Verdacht, daß die Paläontologen hier getrennte Arten beschreiben, wo Biologen die heute noch lebenden Vertreter lediglich als ökologische Varianten auffassen. Der Paläontologe P. Williamson hatte 1981 mehrere Arbeiten über fossile Süßwasser-Mollusken aus dem Turkana-Becken in Kenia veröffentlicht, die er und Anhänger des Punktualismus als ein schönes Beispiel für wechselnde Evolutionsgeschwindigkeiten ansehen. Kurze Artbildungsepochen wechselten sich seiner Meinung nach mit lange andauerndem morphologischen Stillstand ab, bei dem sich die Weichtiere (zumindest ihre erhalten gebliebenen Schalen) nicht mehr veränderten – der Idealfall eines »gestörten Gleichgewichts«. Aber ausgerechnet in diesem Fall hat die fossile Spurensuche einen nicht unerheblichen Haken. Denn sowohl die von Williamson studierten Muscheln aus einer Gruppe mit dem schönen Namen *Unionacea* als auch die in Kenia untersuchten Schnecken zeigen bedeutende Variabilität.

Je nach Lebensraum und Umwelt können die Tiere einer *einzigen* Art demnach auf den ersten Blick wie Angehörige *verschiedener* Arten aussehen. Nicht selten lassen sich die Paläontologen, die nicht wie Biologen die Möglichkeit haben, etwa den Weichkörper genau zu untersuchen (der weniger veränderlich ist), dadurch narren.

Schwacher Trost: Derartige Fehler unterlaufen auch den namhaftesten Paläontologen unserer Tage gelegentlich noch, so etwa bei den Süßwasserschnecken *Melanoides* und *Theodoxus*. Just bei diesen Schnecken, an deren Fossilgeschichte Paläontologen ganze Evolutionsabläufe und Artbildungsmechanismen erkannt haben wollen, wiesen Weichtierkundler am Victoriasee Ostafrikas und anhand von Laborexperimenten erstaunliche innerartliche Veränderlichkeiten nach. Hier ist es unmöglich, sicher zu entscheiden, ob die Veränderungen der fossilen Schneckenschalen in den einzelnen Sedimentschichten tatsächlich evolutiven Wandel belegen, wie

Williamson meint. Möglicherweise zeigen die veränderten Schalen ähnlich wie Sheldons Trilobiten-Panzer auch nur die Anpassung an veränderte Umweltbedingungen.

Unvollständig versteinerte Belege für die Evolution ließen auch Gould und Eldredge an einen Wechsel von Stillstand und Wandel denken. Aber ein weiterer Gesichtspunkt kommt hinzu, den die beiden Evolutionsbiologen Stebbins und Ayala in ihrem Essay zur ›Evolution des Darwinismus‹ betonen: »Die Auseinandersetzung mit den Punktualisten verliert an Schärfe, wenn man sich klarmacht, daß sie teilweise einfach auf ein grundverschiedenes Zeitverständnis zurückzuführen ist.«

Die gänzlich anderen Zeiträume, in denen die Paläontologen rechnen – nämlich nach Millionen Jahren –, und die, mit denen die Genetiker der modernen Evolutionstheorie gewöhnlich kalkulieren, sollen Ursache der Mißverständnisse sein, die zur Polarisierung zwischen Gradualisten und Punktualisten geführt hat. Die morphologischen Unterschiede, die während unzähliger Generationen evoluiert sind, erscheinen vergleichsweise abrupt, wenn man sich nur folgendes klarmacht: daß nämlich die Fossilien, die Paläontologen heute in aufeinanderfolgenden geologischen Schichten finden, oft in Abständen von Jahrzehntausenden abgelagert wurden. Der Fossilbeleg erzählt also keinesfalls die ganze Geschichte.

George Gaylord Simpson, der 1984 verstorbene bedeutende amerikanische Paläontologe, auf den die stammesgeschichtliche Erforschung der Pferdeverwandten zurückgeht, bezeichnet deshalb Fossilien nicht ohne Grund als die »Mosaiksteine zur Geschichte des Lebens«. Wichtig ist, sich bei dieser besonders komplizierten Art der »Geschichtsforschung« nicht darüber hinwegtäuschen zu lassen, daß sich keineswegs alles genauso und nicht anders im Laufe der Evolution ereignet hat, wie es heute aus den Fossilien zu lesen ist.

Schon einmal mußten Wissenschaftler, wenn auch zugegebenermaßen einer ganz anderen Fachrichtung, erkennen, daß sie die komprimierte Überlieferung nicht so nehmen dürfen, wie sie heute erscheint, daß aber dennoch wesentliche Teile darin enthalten sind, die es nur richtig zu interpretieren gilt. So beweist etwa das berühmte Buch ›Und die

Bibel hat doch recht‹ des Publizisten Werner Keller über die archäologische Bibelforschung, aber auch die trojanische Sage Homers, daß man Überlieferungen ernst, aber nicht wortwörtlich nehmen muß. Auch dort werden ganze Epochen, ganze Kapitel im Geschichtsbuch des (menschlichen) Lebens zu einer Erzählung komprimiert, so wie hier Zehntausende von Jahren organischen Lebens zu Millimetern in der geologischen Schichtenfolge komprimiert werden.

»Wenn Punktualisten und Gradualisten also einerseits von plötzlichen Veränderungen, andererseits von einer schrittweisen Evolution sprechen«, so werden Stebbins und Ayala nicht müde zu betonen, »meinen sie oft dasselbe.« Die Diskussionen, die unter anderem auch in der Zeitschrift ›Systematic Zoology‹ um eben diese Frage, schrittweiser Wandel oder Sprünge und Stillstand, in den letzten Jahren geführt wurden, deuten allerdings an, daß beide Standpunkte wohl doch nicht so einfach zu vereinigen sein werden.

Sheldons Trilobiten belehren die Punktualisten möglicherweise eines Besseren. Und nachdem zuvor schon an einem weiteren Eckpfeiler der punktualistischen Theorie, den ostafrikanischen Schnecken, gerüttelt worden war, wurde im vergangenen Jahr im angesehenen britischen ›Biological Journal of the Linnean Society‹ dem Punktualismus noch ein anderes stützendes Beispiel entzogen. Auch die Evolution einer eiszeitlichen Landschnecke der Bermudainseln nämlich liefert genaugenommen keinen Hinweis auf ein »gestörtes Gleichgewicht«, wie es Gould und Eldredge postulierten. Und auch hier das Kuriose: Stephen Jay Gould hat selbst über diese Landschnecken der Gattung *Poecilozonites* gearbeitet, deren Untersuchungen sich nun, wie W. L. Brown von der Cornell-Universität erklärt, durchaus auch anders interpretieren lassen.

Nichts sei so tödlich für eine Theorie, so hatte Stephen Gould noch 1986 – vielleicht in ahnungsvoller Voraussicht – gesagt, wie das Widerlegen der stützenden Beispiele. Genau das jedoch widerfährt dem »punctuated equilibrium« jetzt. Peter Sheldons Studien an den Trilobiten tragen sicher einen nicht unerheblichen Teil dazu bei.

Konkurrenz für den Archaeopteryx
War der erste Vogel eine »Ente«?

Das wohl berühmteste Mosaiksteinchen zur Geschichte des Lebens ist zweifelsohne *Archaeopteryx* – der Urvogel. Über ein Jahrhundert lang galt dieses etwa taubengroße Fossil aus dem Solnhofener Plattenkalk als der Stammvater aller Vögel. Erst der Fund des lange postulierten *Proavis* – des »Vor-Vogels« – macht jetzt dem 150 Millionen Jahre alten Archaeopteryx den Rang streitig. Denn der etwa krähengroße Urahne aller Vögel ist rund 75 Millionen Jahre älter als Archaeopteryx selbst. Freilich mehren sich jüngst Stimmen, die von Fälschung sprechen. Und der Proavis-Fund wäre nicht der erste, der zeigte, daß auch die Fossiliensuche durchaus ihre »lasterhaften Seiten« hat.

Archaeopteryx ist nicht nur das bekannteste Fossil schlechthin, es muß auch gleich noch – mehr schlecht als recht allerdings – als Paradebeispiel für evolutionsbiologische und paläontologische Phänomene herhalten; und als ob das nicht schon genug ist, unterstellten einstmals ernst genommene Wissenschaftler zu guter Letzt auch noch, Archaeopteryx sei ebenfalls nur eine Fälschung.

Doch der Reihe nach: Zwei Jahre nachdem Darwins epochales Werk ›Über die Entstehung der Arten‹ erschienen war, 1861, wurde in einem Steinbruch bei Langenaltheim im Fränkischen Jura das erste sogenannte »Londoner Exemplar« des Urvogels gefunden. Da dieses Fossil für Wirbeltier-Fachleute noch heute erkennbare Knochenmerkmale sowohl von Reptilien als auch von Vögeln aufweist, hoben es die ersten Bearbeiter in den hehren Stand eines »connecting link«, eines vielgesuchten Zwischengliedes. Der Ornithologe Erwin Stresemann beispielsweise schrieb, Archaeopteryx sei ein so vollkommenes Bindeglied, daß sich die Phantasie des Paläontologen kaum ein lehrreicheres hätte ersinnen können. *Archaeopteryx lithographica* wurde damit zum ersten Bindeglied, das zwischen zwei heute getrennten systematischen Gruppen vermittelt, und gleichzeitig zum Beleg für Darwins Abstammungstheorie; aber damit auch zum umstrittensten Fossil, wenn es um die stammesgeschichtliche Bedeutung derartiger Funde geht. »Nimmt man den Besitz von Federn als *das* Charakteristikum der Vögel an, so ist *Archaeopteryx* ein, allerdings primitiver, Vogel«, so Professor Erich Thenius aus Wien. »Aber auch bezahnte Kiefer, bekrallte Finger und ein langgestreckter knöcherner Echsenschwanz [sind] erhalten, wie sie für viele der ausgestorbenen Saurier typisch waren«, faßt der Zoologe Paul Bühler die zweifellos überwiegenden Reptilienmerkmale des Urvogels zusammen.

Das typische Skelett eines Reptils, aber die Feder eines Vogels – für moderne Evolutionsbiologen ist dies der schlagende Beweis einer *Mosaikevolution.* Dem Archaeopteryx wird bei diesem Phänomen der Rang als klassisches Beispiel allenfalls vom *Australopithecus,* dem »Südaffen«, streitig gemacht, der bereits Hüftknochen und den Gang des Menschen, andererseits aber noch ein affenartig kleines Gehirn besaß. Auch bei diesem Vormenschen stellte man sich anfangs vor, daß die Übergangsform einfach auf halbem Weg zwischen Affe und dem Homo sapiens liegen würde. »Evolution aber geht nicht notwendigerweise und noch nicht einmal im Regelfall so gleichmäßig vor«, wissen die Evolutionsforscher heute.

Denn beim langsamen evolutiven Übergang von einer Gruppe zur anderen entwickeln sich nicht alle Merkmale eines Lebewesens immer gleich schnell; die Mosaikevolution, ein Begriff, den 1954 als erster der britische Embryologe Sir Garvin de Beer geprägt hat, besagt genau das: Einzelne Teile eines Organismus verändern sich unterschiedlich schnell. Und so betrifft auch die Zwischenstellung des Archaeopteryx zwischen Reptil und Vogel nicht sämtliche Merkmale gleichermaßen. Übrigens belegt de Beers »einziger Ausflug in die Paläontologie« das Sprichwort vom Wald, den Fachleute häufig vor lauter Bäumen nicht sehen: Als Embryologe untersuchte de Beer den Archaeopteryx im Britischen Museum in London und erkannte, was die Paläontologen seit Jahrzehnten umständlich umschrieben: die besondere Form des gemischten Nebeneinanders von alten und neuen Merkmalen, die er dann mit einem Wort so treffend Mosaikevolution nannte.

Heute wird dies als eine ziemlich alltägliche Erscheinung bei der Evolution neuer Tiergruppen angesehen, eine Erscheinung, die zugleich einen Einblick in die »Arbeitsweise«

der Evolution zuläßt. So entwickelte sich auch bei den Hominiden der aufrechte Gang des Menschen recht schnell, während die Zunahme des Gehirns anfangs stark hinterherhinkte.

Die Paläontologen Gould und Eldredge versuchten die augenfällige Konstanz, mit der sich bestimmte sichtbare Merkmale der Organismen über lange evolutive Zeiträume erhalten, mit der Theorie des Punktualismus zu erklären, wie wir gesehen haben. Eine solche Stabilität in der fossilen Überlieferung einiger Merkmale schreiben Biologen heute dagegen eher dem Phänomen einer Mosaikevolution zu.

Demnach ist Archaeopteryx den Federn nach ein Vogel, dem Skelett nach eher ein kleiner Saurier. Auch rund 125 Jahre nach der ersten Entdeckung eines typischen Vogelfederabdrucks im Solnhofener Plattenkalk löst der Urvogel immer noch wissenschaftliche Kontroversen aus. Im Mittelpunkt der Diskussion, die im September 1984 auf einer eigens dafür einberufenen Archaeopteryx-Konferenz in Eichstätt ihren vorläufig letzten Höhepunkt fand, stehen stets die verwandtschaftlichen Beziehungen einerseits und andererseits die Frage, ob der Urvogel nun schon fliegen konnte oder nicht. Sicher ist bislang nur: Von der Faszination für Fossilforscher hat der Archaeopteryx als bedeutender naturhistorischer Beleg seit dem 19. Jahrhundert nichts verloren. Neben den Knochenresten von Frühmenschen stellen die Urvogel-Funde die aufsehenerregendsten und am meisten diskutierten Fossilfunde dar, die bis heute bekannt geworden sind.

Trefflich gestritten wird dabei in der Hauptsache von rund 100 Wissenschaftlern aus aller Welt über ganze sechs Fossilfunde: drei recht gut erhaltene Archaeopteryx-Exemplare, zwei ziemlich zerfallene Überreste des Urvogels und besagten Abdruck einer Archaeopteryx-Feder, allesamt aus dem »lithographischen Schiefer« des Altmühltals in Bayern. Das Verwunderliche angesichts der weltweit bekannten Funde ist allerdings, daß genau jene Solnhofener Plattenkalke, in denen Archaeopteryx vor rund 150 Millionen Jahren eingebettet wurde, eigentlich alles andere als fossilreich sind. Es handelt sich im wesentlichen um Meeresablagerungen, die neben einigen Fischen und Krebsen vor allem Ammonitenfossilien (ausgestorbene Tintenfischverwandte) führen. Der

Archaeopteryx – ein Meeresvogel? Keinesfalls; vielmehr sind die Tiere nach ihrem Tode aus den vermutlich nahe gelegenen Küstengebieten ins Jura-Meer hineingeraten und dort im außerordentlich feinen Kalkschlamm eingeschlossen worden, der die Urvögel sogar mit den filigranen Abdrücken ihrer Schwungfedern bis heute erhalten hat. In weniger als 500000 Jahren lagerten sich diese Meeressedimente ab; wenigstens fünfmal geriet in dieser Zeit ein Urvogel hinein, etwa alle 100000 Jahre einer.

Reich an Archaeopteryx-Funden, ansonsten recht arm an anderen fossilisierten Lebewesen – das genügt, um Paläontologen davon zu überzeugen, daß das damalige Meeresbecken selbst für ausgesprochene Meeresbewohner ein recht ungemütlicher Lebensraum gewesen sein muß; sie vermuten einen extrem hohen Salzgehalt. Ungeeignet, ja tödlich für lebende Wesen, günstig für die Fossilforschung: Denn der hohe Salzgehalt konservierte den Urvogel in jener brillanten Form, in der wir ihn dann entdeckten.

Die Fundgeschichte der Urvögel allein enthält dabei in der Tat genügend Stoff für einen spannenden Roman; oft erzählt, soll sie hier nicht wiederholt werden. Nur soviel: Gerade die Fundumstände des vierten und fünften Archaeopteryx-Fundes spiegeln etwas von den Schwierigkeiten wider, die Wissenschaftler auch heute noch mit dem Urvogel haben. Denn der vierte bekannt gewordene Archaeopteryx ist paradoxerweise eigentlich Nummer eins. Erst 1970 veröffentlicht, betrifft es einen Fossilfund, der bereits 1855 (!) bei Riedenburg im Altmühltal gemacht worden war, also fünf Jahre vor dem ersten Urvogelfeder-Fund und sechs Jahre bevor der Pappenheimer Landarzt Friedrich Karl Häberlein den ersten Archaeopteryx für 700 Pfund Sterling (die Aussteuer seiner Tochter) an das Britische Museum nach London verkaufte.

Es ist eine interessante Überlegung, sich vorzustellen, was Charles Darwin wohl zu einem bereits 1855 bekannt gewordenen »missing link« zwischen Reptil und Vogel gesagt hätte. Obgleich Archaeopteryx seiner Abstammungslehre – wie allerdings auch jeder anders begründeten Theorie einer organischen Evolution – schmeichelt, erwähnte Darwin den Urvogel in seinen späteren Schriften nicht explizit.

Detektivische Arbeit verbirgt sich hinter vielen Tätigkeiten, in diesem Fall hinter der Spurensuche in einem verstaubten Museumstrakt. Das unscheinbare vierte Skelett aus Riedenburg war anfangs als Flugsaurier beschrieben worden und als solchen kaufte das Teyler-Museum im niederländischen Haarlem den Fossilrest auch. Es vergingen 110 Jahre, bis 1970 der amerikanische Paläontologe John H. Ostrom, der sich damals mit Flugsauriern beschäftigte, im Teyler-Museum das fragmentarisch erhaltene Skelett des vermeintlichen Sauriers untersuchte. Bei schräger Beleuchtung, einem Kniff der detailsuchenden Paläontologen, erkannte Ostrom feinste Federabdrücke in den Kalkplatten. Die Knochen des Flugsauriers avancierten so zu Teilen der Hinterbeine und des Handskeletts eines Urvogels.

Falsch bestimmt und spät erkannt – das gilt auch für das fünfte Archaeopteryx-Exemplar, das heute in Eichstätt im dortigen Jura-Museum zu besichtigen ist. Bereits 1951 in einem Steinbruch ausgegraben, gar nicht weit von der Fundstelle des Berliner Exemplars, wurde der Fund erst 1973 als Archaeopteryx erkannt. Der Paläontologe Franz Xaver Mayr hatte das fossile Skelett lange Zeit für die Überreste eines Zwergdinosauriers gehalten, von dem bis auf den heutigen Tag nur ein einziges Exemplar bekannt ist. Und auch hier zeigt sich, daß die Archaeopteryx-Funde ohne die hilfestellenden Federabdrücke als kleine Dinosaurier-Verwandte eingereiht werden würden. Oder mit den Worten des Münchener Paläontologen Peter Wellnhofers: »Wüßten wir nicht, daß die Urvögel befiedert gewesen sind, so hätte man die Skelette von Archaeopteryx wohl kaum für die Überreste von Vögeln, sondern für solche von kleinen, auf langen Hinterbeinen laufenden Sauriern gehalten, die ihre langen Arme dazu benutzt hatten, um Beute zu machen.«

Die Wissenschaft erspart uns nichts. Wir kommen jetzt zur »Knochenarbeit« der Wirbeltierforscher:

Die Federn sind das eine, das Gabelbein ist das andere – zwei wichtige, absolut typische Merkmale der Vögel, die keiner anderen Tiergruppe gemeinsam sind. Diese *Furcula*, wie die Wissenschaft das aus den beiden Schlüsselbeinen verwachsene Gabelbein nennt, ist ein wichtiges abgeleitetes Vogelmerkmal; alle Reptilien und alle anderen Wirbeltiere besitzen dagegen getrennte Schlüsselbeine. Da ihm die hochspezialisierten, luftgefüllten Knochen – die charakteristische

Leichtbauweise – der heutigen Vögel fehlen, ist Archaeopteryx zwar ein Vogel, aber ein sehr ursprünglicher Vertreter dieser Gruppe. Dem Urvogel ist die jüngste Reptilvergangenheit noch überdeutlich in den Knochenbauplan geschrieben. Immerhin stimmt Archaeopteryx in 21 spezialisierten Merkmalen seines Skelettbaus noch mit zweifüßig schreitenden Dinosauriern überein. Die Wissenschaftler nennen diese Reptilienverwandten *Coerulosaurier*, zu denen sie auch den *Compsognathus* zählen. Erinnern wir uns: Als eben so ein Tier war auch das 1951 entdeckte Archaeopteryx-Skelett aus Eichstätt bestimmt worden. Kein Zufall dies, sind die *Coerulosaurier* doch die einzigen Dinosaurier, die ebenfalls Schlüsselbeine haben – im Gegensatz zur übrigen Sippschaft, die sie reduzierten. Und da Archaeopteryx kaum von schlüsselbeinlosen Reptilien abstammen kann, so die messerscharfe Schlußfolgerung der Fossilforscher, sind die *Coerulosaurier* unter den Dinosauriern mit größter Wahrscheinlichkeit die Vorfahren des Urvogels.

Nun ist der Besitz von Schlüsselbeinen aber nicht das einzige Indiz für die *Coerulosaurier*-Abstammung. Paläontologen entdeckten eine Fülle weiterer übereinstimmender Merkmale, die diesen Schluß nahelegen, aber wir wollen uns mit dem Schlüsselbein als Schlüsselmerkmal begnügen und nur noch erwähnen, daß eine ansehnliche Minderheit von Wissenschaftlern die *Coerulosaurier*-Abstammung der Urvögel dennoch ablehnt.

Das sagt zumindest der Reptilien-Experte Alan Charig, und der muß es wissen. Forscher wie er favorisieren eine Reptiliengruppe mit dem Namen *Thecodontier*, was soviel wie »Wurzelzähner« bedeutet, als die Stammgruppe. Aus den beiden Hypothesen um die Abstammung des Archaeopteryx wurden zwischenzeitlich regelrechte Weltanschauungen. Wissenschaft ist so!

Probleme hat Archaeopteryx nicht nur mit seiner Reptilien-Verwandtschaft; seine Flugleistungen als Vogel sind ebenfalls umstritten. Die Wissenschaft erspart uns auch hier nichts: Wieder gibt es zwei Parteien, die wir als die »Baumspringer« und die »Läufer« bezeichnen wollen. Die einen behaupten – und versuchen das natürlich möglichst glaubhaft zu belegen, wie es ihr Geschäft ist –, daß Archaeopteryx auf Bäume kletterte, eventuell mit Hilfe der krallenbewehrten Vorderextremitäten, und von Ast zu Ast sprang. Schließlich lernten die Vorfahren der Vögel von Stamm zu Stamm zu springen und entdeckten dabei den Gleitflug als ihr Metier. Möglicherweise benutzten sie anfangs die bereits befiederten Vorderextremitäten als eine Art Fallschirm, um die Fallgeschwindigkeit zu verringern. Nach der »Läufer«-Theorie waren die Urvögel ähnlich wie ihre *Coerulosaurier*-Vorfahren zweibeinige Läufer, die irgendwann die Entdeckung machten, mit ausgestreckten Vordergliedmaßen vom Boden abzuheben. Auch John Ostrom hielt Archaeopteryx lange für einen flugunfähigen räuberischen Läufer. Denn dem Urvogel fehlt, was jeder Hähnchenesser vom sonntäglichen Braten kennt: Zwischen dem weißen Fleisch der Brust, der Flugmuskulatur, ragt kielartig vorspringend ein Knochenkamm aus dem Brustbein hervor. Beim Archaeopteryx fehlt dieser Kamm und damit die breite Ansatzfläche für eine Flugmuskulatur.

Vom Boden aus in die Luft oder vom Baum aus abwärts, heißt mithin die heftig debattierte Streitfrage um den Archaeopteryx. Die Experten neigen heute überwiegend zur Baumkletterer-Theorie, nicht zuletzt, weil der Gleitflug energetisch und funktionsmorphologisch leichter zu erklären ist und weil sie Krallenstrukturen an des Urvogels Läufen entdeckten, die auffällig denen von Spechten, Baumseglern, Fledermäusen und Eichhörnchen ähneln – alles Tiere, die an Stämmen klettern und sich mit ihren Krallen an Holz und Rinde festhaken können. Einziger Haken dieser Überlegung: Es gab vielleicht gar keine Bäume im Lebensraum des Urvogels!

Während die »Baumkletter«-Hypothese als gewichtiges Argument zwar die Schwerkraft auf ihrer Seite hat, legt das, was man über den Lebensraum des Urvogels bis heute weiß, einen anderen Schluß nahe. Denn: Im tropisch bis subtropischen Klima an der Küste des Jura-Meeres fehlten möglicherweise die Bäume. Der Paläontologe Günter Viohl kommt nach einer Analyse der Palökologie, also der Umweltbedingungen zur Zeit des Archaeopteryx, zu dem brisanten Schluß, daß die wenigen Pflanzenfunde in den Solnhofener Plattenkalken allenfalls für eine halbwüstenhafte Buschvegetation sprechen. Und ohne Bäume kommen vielleicht die Urvögel aus, kaum aber die Verteidiger der »Baumkletter«-These.

So bleibt den Wissenschaftlern vorerst nur die Überzeugung, daß Archaeopteryx kein sehr gewandter Flieger, allenfalls ein geschickter Flatterer war – wie immer sich der Urvogel einst in die Lüfte hob.

In jedem Fall, darüber sind sich dann wieder alle einig, war es nicht der Flug, der dem Archaeopteryx das Federkleid bescherte. Die aus den Hautschuppen der Reptilien entstandene Feder der Vögel diente nämlich bereits den Vorfahren als Wärme- oder Kälteschutz. Als wechselwarme Tiere hatten die Urvögel das Federkleid zur Thermoregulation auch nötig, im Gegensatz zu den Reptilien. Die Evolutionsbiologen sprechen in diesem Fall wieder von einer *Prädisposition:* Die Urvögel brachten das Federkleid quasi bereits als altes Erbe mit, als sie zum Fliegen übergingen, ja die schon vorhandene Befiederung erlaubte es ihnen erst, sich in die Luft zu erheben. Sie wurden damit neben den Flugsauriern zur zweiten »Reptilien«-Gruppe, die den Luftraum eroberten. Denn das Fliegen hat der Urvogel nicht als erster erfunden. Die Pterosaurier hatten dazu lange vor ihm – vor rund 210 Millionen Jahren in der Obertrias – eine Flughaut entwickelt, die sie – wie später auch die Fledermäuse – zum Ruderflug verwandten. Aber das ist eine andere Geschichte.

Wer bis hierhin tapfer durchgehalten hat und von alten Knochen, Theorien und Spekulationen noch immer nicht genug hat, der sei auf den Tagungsband der Eichstätter Archaeopteryx-Konferenz ›The Beginnings of Birds‹ verwiesen; dort kann man auf knapp 400 Seiten den neuesten Stand der Forschung im Detail nachlesen. Nicht zuletzt auch die neuesten Schädeluntersuchungen, die zeigen, daß noch immer nicht schlüssig geklärt ist, ob Archaeopteryx als der *eigentliche* Stammvater der Vögel gelten kann. Dr. Paul Bühler von der Universität in Hohenheim konnte nämlich für den Kieferapparat und die Gehirnkapsel nachweisen, daß die Verhältnisse stark denen der heutigen Vögel ähneln. Vielen Wissenschaftlern ist zwar wohler, wenn sie den »Urvogel« als einen Seitenzweig an der Wurzel der Linie ansiedeln und nicht direkt auf der Evolutionslinie, die dann zu den heutigen Vögeln führt. Doch Bühler sieht gerade darin ein interessantes Ergebnis der Tagung, »daß – im Gegensatz zur weit verbreiteten Meinung unter den Paläontologen des letzten Jahrzehnts – wenige Faktoren dagegen sprechen, der Urvogel stamme von der Hauptentwicklungslinie der heutigen Vögel«. Auch dieser Streit um Seitenzweig oder nicht ist den Wissenschaftlern inzwischen lieb geworden. Daß er zudem noch wichtig ist, werden wir gleich noch sehen.

Erst Feder und Gabelbein ließen Archaeopteryx zu dem werden, was er für die Evolutionsbiologie heute ist – nämlich zum *Kronzeugen der Evolution.* Und wohl genau aus diesem Grunde verstummen nicht die Stimmen, die da behaupten, Archaeopteryx sei eine Fälschung, eine »Ente«.

Prominentester Vertreter dieser These ist der leicht exzentrische Kosmologe Sir Fred Hoyle, der 1984 zusammen mit seinem indischen Kollegen Chandra Wickramasinghe den Archaeopteryx als einen Fall von Fossilienfälschung wieder zum Reptil degradieren wollte. In diesem Streit um den Urvogel flogen nun keinesfalls die Federn, wie so gern behauptet wird; wenige Fachwissenschaftler gingen überhaupt noch auf diese Behauptungen ein. Die unmittelbar betroffenen Paläontologen des Naturhistorischen Museums in London, deren beinahe »heiliges« Archaeopteryx-Exemplar nun derart verunglimpft wurde, mußten aber dennoch Monate recht nutzloser Arbeit investieren, die nichts Neues ergab, um anhand von minutiösem fotografischen Vergleich den Beweis zu führen, daß Platte und Gegenplatte, die den Archaeopteryx umschlossen, tatsächlich millimetergenau zueinander paßten und die Federabdrücke damit echt sind. Archaeopteryx behielt seine Federn, die Paläontologen behielten recht und legten den Fälschungsvorwurf zu den Akten.

Dem kürzlich gefundenen jüngeren Urvogel *Proavis* dagegen ergeht es möglicherweise ganz anders. Denn, so meinen Experten: »Der Fund ist einfach zu schön, um wahr zu sein.«

Der Paläontologe Sankar Chatterjee von der Texas Technology University erregte im August 1986 mit der Nachricht Aufsehen, er habe einen noch älteren fossilen Vogel ausgegraben. Gestützt auf eine Pressemeldung der amerikanischen »National Geographic Society«, machte die Nachricht vom Proavis-Fund die Runde um den Globus. Chatterjee hatte demzufolge 1984 die Fragmente zweier fossiler Vogelskelette in der 225 Millionen Jahre alten Dokkum-Formation in Texas entdeckt. Damit wäre dieser um 75 Millionen Jahre ältere Proavis ein Zeitgenosse der frühen Dinosaurier gewesen und hätte sich zum »Ahnherrn aller Gefiederten« aufgeschwungen.

Obgleich die Skelette nur fragmentarisch erhalten sind, meinte der texanische Fossilkundler nicht nur einen Schädel mit großer, vogelähnlicher Augenhöhle und großer Gehirnkapsel, sondern auch das entscheidende Gabelbein und sogar ein Brustbein mit Kiel als Ansatzstelle für die Flugmuskulatur erkannt zu haben. Und obwohl eine wissenschaftliche Veröffentlichung der Funde noch aussteht, wie Dr. Peter Wellnhofer bemängelt, gab Sankar Chatterjee der neuen Urvogelgattung schon einmal einen Namen: *Protoavis* – der Vorvogel. Er glaubt, daß sein Urvogel noch weitaus vogelähnlicher war als der rund 75 Millionen Jahre jüngere Archaeopteryx. Das ältere Fossil aus Texas verfügt nämlich nicht nur über ein eher zum Fliegen geeignetes Brustbein, sondern – ganz wichtig – auch über zu Flügeln ausgebildete Vordergliedmaßen. Obwohl Federabdrücke nicht entdeckt wurden, könnten winzige Höhlungen entlang der Unterarm- und der Handknochen nach Meinung des Paläontologen Chatterjee auf die Ansatzstelle für Federn hindeuten.

Sollte sich diese Bestimmung als korrekt erweisen, so der Paläontologe und Saurier-Fachmann Dr. John Ostrom von der Universität in Yale, so wird die Stammesgeschichte der Vögel neu geschrieben werden müssen. Auch er war bisher der Ansicht, daß Vögel von Dinosaurier-Verwandten abstammen. Da der Protoavis nun aber ebenfalls bereits in Gesteinen des Alttrias, zur Zeit der ersten Dinosaurier also, auftaucht, wird diese These eher unwahrscheinlich. Wenn die Texas-Urvögel tatsächlich fortschrittlicher gewesen sind als der spätere Jura-Vogel Archaeopteryx, bedeutet dies nach Ansicht Wellnhofers, »daß unsere bisherige Ansicht von der Abstammung der Vögel zu revidieren wäre, daß Archaeopteryx in einer evolutiven Sackgasse endete und zu seiner Zeit schon ein ›lebendes Fossil‹ war«.

Da bereits zu Beginn der Kreidezeit vor 130 Millionen Jahren einige den modernen Vögeln ähnliche Tiere bekannt sind, vermuteten Wissenschaftler schon seit längerem, daß die ersten Vögel älter sein dürften als der Archaeopteryx und daß sie möglicherweise auch weiter entwickelt waren. Der »Urvogel« wäre demnach doch nur ein ausgestorbener Seitenast. Die beiden Protoavis-Funde stützen daher die Vermutung, daß die Zeitspanne zwischen dem Auftauchen des Archaeopteryx im Jura und der weltweiten Entfaltung der Vögel in der Kreidezeit zu kurz gewesen wäre. Nur ganze 10 Millionen Jahre nach Archaeopteryx erscheinen ja bereits ganz erstaunlich »moderne« Vögel in den Ablagerungen der unteren Kreide. Verglichen mit diesen Vögeln, wirkt Archaeopteryx allerdings eher wie eine »lahme Ente«.

Eine »Ente« ganz anderer Art vermutet der Karlsruher Urvogel-Experte und Direktor des Naturkundemuseums Dr. Siegfried Rietschel. Der Stuttgarter Zeitschrift ›Kosmos‹ ließ im Februar 1987 dieser neue Urvogel Protoavis keine Ruhe, der sich zum Ahnherrn aufgeschwungen hat. Ihm drohe eine unsanfte Bauchlandung, so prophezeit das Blatt, denn die Lage der fossilen Protoavis-Knochen in den texanischen Gesteinen und eine anatomische Zeichnung in einem gängigen Fachbuch über Urvögel haben auffällige Ähnlichkeit; und die sei nicht zufällig. Ein simpler Vergleich der Abbildungen in Gerhard Heilmanns Buch ›The Origin of Birds‹ und des Fotos vom Protoavis zeigt: »Ganz offenkundig sind die Knochen des texanischen Fundes praktisch ebenso angeordnet wie Heilmanns Modell-Urvogel.« Rietschel hält den Fund daher für ein Arrangement von Knochen auf einer Schieferplatte. Sein Fazit: »In dieser Weise liegen nach aller Erfahrung keine Vogelleichen auf dem Boden und keine Vogelknochen im Gestein.«

Ob Fälschung oder nicht: Bevor nicht eine detaillierte wissenschaftliche Bearbeitung dieser vermeintlich ältesten Vogelreste vorliegt, so Peter Wellnhofer, wollen die Wissenschaftler diese Funde nicht mit in ihre Fachdiskussion um den Ursprung der Vögel einbeziehen. Vorerst also Zurückhaltung bei der Hoffnung, daß die jüngsten Funde möglicherweise die Frage zu beantworten helfen, ob der Vorfahre aller Vögel nun als ein Bewohner freier Steppengebiete zunächst auf den Hinterbeinen lief und dann erst die Flügel ausbildete oder ob er als Baumbewohner vom Gleit- zum Flatterflug überging. Sicher jedoch ist eins: Die lange andauernde Kontroverse über die Evolution der Vögel ist erneut in Gang gekommen.

Paläontologie, meint John Ostrom, ist wie ein Superpuzzle mit 10000 Teilchen, von dem man nur ein knappes Dutzend kennt. Die Proavis-Fossilien – wenn sie es denn tatsächlich sind – fügen noch eine Handvoll hinzu.

Verwöhnt wurden Paläontologen bisher wahrlich nicht, wenn es um Fossilfunde der allerersten Vogelahnen geht. Um ganze sechs Funde des Archaeopteryx, so haben wir gesehen, streitet sich die Wissenschaft auch heute noch.

Und dennoch: Von solch seltenen Fossilfunden ist die Kenntnis der Stammesgeschichte höherer Gruppen weitgehend abhängig. Der Archaeopteryx-Fund war eine dieser seltenen »Sternstunden der Paläontologie«. Der Urvogel war bislang auch das einzige vogelartige Wirbeltier, das aus dem Jura bekannt wurde.

Grund zur Freude verkündeten deshalb Anfang 1988 die spanischen Paläontologen Sanz, Bonaparte und Lacasa in der Fachzeitschrift ›Nature‹. Sie hatten in den vorangegangenen Jahren in rund 120–130 Millionen Jahre alten Gesteinen – das heißt also immerhin früheste Kreidezeit – in der ostspanischen Provinz Cuenca mehrere fossile Vogelüberreste entdeckt. Einen dieser gut erhaltenen Kreidefunde haben sie seither genauer in lupenbewehrten Augenschein genommen und dabei Erstaunliches gefunden. Denn so wie Archaeopteryx im Sinne einer Mosaikevolution ein Bindeglied zwischen Reptilien und Vögeln ist, so stehen die neuen Funde zwischen dem Solnhofener Urvogel Archaeopteryx und den schon sehr modern wirkenden Vögeln der oberen Kreidezeit.

Aus den wenigen bislang bekannten Fossilien, den Mosaiksteinen zur Geschichte des Lebens, versuchen Taxonomen, die Merkmalsentwicklung von Reptilien bis hin zu den Vögeln abzuleiten. Die neuen spanischen »Las-Hoyas«-Funde tragen dazu einen wichtigen Teil bei, da sie nicht nur zeitlich eine Zwischenstellung einnehmen. Wie Sanz und seine Kollegen berichten, sind die neuen Fossilvögel einerseits nicht mehr so ursprünglich wie Archaeopteryx, andererseits aber in vielen anatomischen Strukturen auch nicht so abgeleitet wie alle übrigen Vögel, die unter dem Ordnungsbegriff *Ornithurae* zusammengefaßt werden.

Zwar zwingen die neuen Vogelfossilien, die bisher nur den Namen *Las Hoyas* nach dem Fundort erhalten haben, die Wissenschaft bislang nicht, ihre bisherigen Vorstellungen über die frühe Evolution der Vögel grundsätzlich zu revidieren, wie das etwa der Proavis-Fund, wenn er denn einer ist, verlangte. Aber, so der amerikanische Ornithologe Joel Cracraft, die Las-Hoyas-Arten tragen Wesentliches zur Klärung der Evolution bestimmter Vogelmerkmale bei und liefern neue Erkenntnisse zur frühen Formenentfaltung der Vögel.

Vor allem weil Archaeopteryx Federn und das typische Gabelbein besaß, wird seine Vogelverwandtschaft heute kaum noch ernstlich geleugnet, obgleich der Urvogel ein Mosaik reptilienhafter und vogelhafter Merkmale in sich vereint. Erinnern wir uns noch einmal: der lange Echsenschwanz, die Krallen an den Vordergliedmaßen und die Zähne im Kiefer – das sind einige wichtige Merkmale, die der Urvogel noch mit seinen Reptilverwandten gemeinsam hat. Die Las-Hoyas-Vögel dagegen besitzen jenen reptilartigen, knöchernen Schwanz nicht mehr. Sie haben ein aus nur noch wenigen Schwanzwirbeln verschmolzenes *Pygostyl,* die sogenannte »Pfaffennase«; es ist dies das spitz zulaufende Körperhinterende – vom weihnachtlichen Gänsebraten gelegentlich bekannt. Damit gleicht auch der Ansatz der Schwanzfedern sehr dem der modernen Vögel; bei Archaeopteryx dagegen setzen die Steuerfedern auf noch recht archaische Weise seitlich an, das eigentliche Pygostyl fehlt.

Aber das ist längst noch nicht alles. Sanz und seine Mitarbeiter fanden mit dem *Coracoid,* einem vogeltypischen Knochen des Schultergürtels, einen weiteren Knochen in charakteristischer Ausprägung, der dem vermutlich noch nicht sehr flugtüchtigen Archaeopteryx in dieser Form ebenfalls fehlt. Diese »Rabenschnabelbeine«, wie sie auch genannt werden, verbinden Brustbein mit Schultergelenk und verleihen dem Vogelkörper die beim Flug nötige Stabilität.

Die Urvogelforscher gingen sogar noch weiter ins knöcherne Detail. Sie erkannten, daß die Las-Hoyas-Vögel wie auch Archaeopteryx noch einen vollständig verwachsenen Beckengürtel, das sogenannte *Synsacrum,* vermissen lassen, ebenso die komplette Verschmelzung der *Metatarsalia* und der *Tarsalia* mit den Metatarsalia. Dazu muß man wissen, daß diese Verwachsung der unteren Fußknochen ebenfalls eine typische Eigenart aller übrigen Vögel ist. Sie fehlt lediglich den frühen Kreidevögeln, die man jetzt in Spanien fand, und dem Archaeopteryx.

Damit repräsentieren die Las-Hoyas-Funde eine bislang

unbekannte Stufe der Vogelevolution. Systematiker stellen sie mithin allen anderen, späteren Vögeln als Schwestergruppe gegenüber; und auch dafür haben sie einen schönen wissenschaftlichen Fachbegriff geprägt: Die Schwestergruppe heißt bei ihnen auch *Adelphotaxon.*

Bei der Untersuchung einzelner Merkmale versuchen die Systematiker durch den Vergleich mit anderen Vogelgruppen die verwandtschaftlichen Beziehungen aufzudecken und natürlich auch möglichst objektiv zu begründen. Daß sie mit den Las-Hoyas-Vögeln nun eine Schwestergruppe zu allen anderen Vögeln gefunden haben, das ist sicherlich eine Feststellung, die für den Uneingeweihten wenig Sensationelles hat, für den Evolutionsbiologen hingegen höchst aufregend ist. Denn dank dieser Vorgehensweise, die den langen Fachnamen *Phylogenetische Systematik* bekommen hat, können Biologen gleichzeitig auch etwas darüber erfahren, wie die Evolution der Vögel abgelaufen ist und was sich eigentlich in den lange zurückliegenden Zeiträumen ereignet hat.

Wenn die jetzt diskutierte phylogenetische – also stammesgeschichtliche – Rekonstruktion der Vogelentwicklung korrekt ist, dann decken die spanischen Fossilfunde zugleich auch verschiedene unerwartete Merkmalsumwandlungen im Laufe der Evolution auf. So deuten bestimmte Knochenstrukturen der Hinterextremität kurioserweise auf ein noch primitiveres Entwicklungsstadium hin, als es Archaeopteryx einnimmt; so etwa das mit dem Schienbein nicht verschmolzene Fersenbein. Weitere detaillierte anatomische Untersuchungen müssen diese Evolutionsmodi jedoch noch genau klären.

Noch auf der Eichstätter Archaeopteryx-Konferenz im September 1984 waren die Mehrzahl der Wissenschaftler zu dem Ergebnis gekommen, daß – im Gegensatz zur weitverbreiteten Meinung unter den Paläontologen des letzten Jahrzehnts – die meisten Fakten dafür sprechen, daß Archaeopteryx auf der Hauptentwicklungslinie zu den heutigen Vögeln liegt und keine »Sackgasse der Evolution« darstellt. Der Zoologe Paul Bühler von der Universität in Hohenheim etwa ist der Ansicht, daß sich die wenigen verbliebenen Merkmale, die für die Seitenzweigtheorie sprechen, als nicht stichhaltig erwiesen haben. Die nur wenig jüngeren Las-Hoyas-Funde aus der frühen Kreide, die bereits zumindest in einigen Strukturen recht moderne Vögel repräsentieren, könnten jetzt jedoch als ein Indiz dafür gewertet werden, daß es auch zur Zeit des Archaeopteryx schon »moderne« Vögel gegeben hat, bei denen sich einzelne ursprüngliche Merkmalskomplexe noch über lange Zeiträume hinweg erhalten haben.

Wenn das so ist, stellen die Urvögel aber tatsächlich einen konservativen Seitenzweig einer früheren Vogelentwicklung dar; denn es ist höchst unwahrscheinlich, daß innerhalb von nur rund 20 bis 30 Millionen Jahren eine derart rapide Evolution stattgefunden hat, die aus einem Archaeopteryx die recht modern wirkenden Las-Hoyas-Vögel werden ließ.

Darin muß das wohl wichtigste Ergebnis der jüngsten Fossilfunde gesehen werden. Erst am Ende der Kreidezeit – vor rund 70 Millionen Jahren – entstand aus diesen Ahnen in einer rasch ablaufenden Anpassung an die Umwelt die große Formenvielfalt der Vögel, wie wir sie heute kennen.

Die Las-Hoyas-Funde bestätigen einmal mehr: Ein Fossil – das ist kein Wunder der Natur, das sofort alle Geheimnisse der Evolution offenbart, sobald man es nur in der Hand hält. Fossilien, das sind lediglich die Teile für eines der faszinierendsten und größten Puzzles, das Wissenschaftler versuchen zusammenzusetzen. Die Geschichte, die die Natur schreibt, läßt sich so – wenn auch oft genug unvollständig – rekonstruieren.

5. Kapitel: Von »lebenden Fossilien« und anderen Möglichkeiten, dem Aussterben zu entgehen

Brückenechse, Perlboot und Quastenflosser
Das Ende des »letzten Sauriers«

Zoologen-Generationen handelten sie als eines der besten Beispiele für ein »lebendes Fossil« – die neuseeländische Brückenechse; eine Tierart, die sich im bewegten Lauf der biologischen Evolution nicht veränderte und noch heute urtümliche Merkmale ihrer Vorfahren vor 200 Millionen Jahren aufweist. Viele solcher Arten gibt es nicht, und so wird jede als ein Geschenk der Natur an die Wissenschaftler angesehen. Doch die neuseeländische Echse, darauf wies der Zoologe Michael Benton hin, genießt einen Ruf, der ihr gar nicht zusteht – und nicht nur ihr.

Die etwas über einen halben Meter lange Echse, die mit dem großen Kopf und einem stacheligen Kamm auf Nacken und Rücken wie eine plump gebaute Eidechse aussieht, hat sich, so dachte man bisher, als einzige überlebende Art aus der Reptilien-Ordnung der Schnabelköpfe, der *Rhynchocephalen,* seit dem Ende des Erdaltertums weitgehend unverändert erhalten. Rhynchocephalier lebten bereits weit verbreitet auf der Erde, als sich die Dinosaurier gerade erst zur beherrschenden Reptiliengruppe aufzuschwingen begannen. Äußerlich mag die *Tuatara,* wie die neuseeländischen Maoris die Brückenechse tauften, zwar einer Agame ähneln, die innere Anatomie weist sie freilich als ein »Museumsstück der Natur« aus. Dank der doppelt gehöhlten Wirbel wie bei einem Fisch, mit Bauchrippen wie ein urtümlicher Panzerlurch und vor allem dank der namensgebenden Knochenstrukturen des Kopfes – einer Knochenbrücke – ähnelt die Brückenechse tatsächlich einem Reptil aus der Trias.

Ein ungewöhnliches Scheitelauge war es in erster Linie gewesen, das dem britischen Zoologen John Edward Gray vom Britischen Museum in London auffiel, als er das erste

Exemplar dieser Reptilien in den Händen hielt. Es war kurz zuvor, 1839, von dem Neuseeland-Forscher Ernst Dieffenbach entdeckt und nach Europa gebracht worden, wo es Gray wegen der großen keilförmigen Vorderzähne als *Sphenodon punctatus* beschrieb, was soviel bedeutet wie Punktierte Keilzahn-Echse.

Für die damaligen Zoologen war das Scheitelauge eine Neuigkeit, denn ein Reptil mit *drei* Augen war bis dahin noch keinem in die Hände geraten. Unter einer durchsichtigen Schuppe auf dem Scheitel, einem eigenartigen »Guckfenster«, vermutete Gray ein augenähnliches Organ. Tatsächlich fanden sich bei näherer Untersuchung eine Art durchsichtige Linse, eine netzhautähnliche Schicht und ein Sehnerv. Heute wissen Paläontologen, daß dieser »dritte Blick nach oben« durch ein Zyklopenauge bei der Mehrzahl der Wirbeltiere während der Trias durchaus nichts Ungewöhnliches war. Ein entsprechendes Loch im Schädel, in dem das sogenannte *Parietalauge* gesteckt haben muß, läßt sich auch an den fossilen Überresten von Ur-Lurchen und Sauriern der Trias nachweisen. Relikte solcher Scheitelaugen finden sich im Schädel der meisten Reptilien, aber eben nur Relikte. Und man sollte es nicht glauben: Auch beim Menschen befindet sich just an der Stelle, wo das einstige Scheitelauge saß, eine von eben diesem ehemaligen dritten Auge gebildete Hormondrüse – die Zirbeldrüse; die vom riesig anwachsenden Großhirn dann in die Tiefe gedrängt wurde. Ein funktionierendes Scheitelauge besitzt heute allein noch die neuseeländische Brückenechse.

Neben diesem Scheitelauge überzeugten Zoologen noch weitere Eigentümlichkeiten davon, *Sphenodon* zu den fossilen und altertümlichsten Reptilien zu stellen, die ihnen aus der Trias- und der Jurazeit bekannt waren. Im Gegensatz nämlich zu allen anderen Schuppenkriechtieren besitzt die Brückenechse zwei ausgeprägte doppelte Knochenbrücken. Diese knöchernen Schläfenspangen, die den Gesichtsteil des Schädels mit der Schläfenregion der Reptilien verbinden, finden sich auch bei den seit 150 Millionen Jahren für ausgestorben gehaltenen archaischen Schnabelköpfen *Rhynchocephala*. Die Brückenechse wurde deshalb ähnlich wie Lungenfisch, Quastenflosser und Schnabeltier zum »lebenden Fossil« gekürt und für einen besonders alten Saurier gehalten. Die Ahnen des uralten Reptiliengeschlechts, so meinen die Zoologen, konnten allein im säugetierlosen Neuseeland – vermutlich durch das Fehlen von biologischer Konkurrenz – unverändert die Zeitläufe überdauern.

Doch *Sphenodon punctatus* hat den jüngsten Untersuchungen zufolge auch Merkmale entwickelt, die sonst bei *Rhynchocephaliern* nicht vorkommen. Angesichts solcher evolutiver Veränderungen aber müßte die Brückenechse ihren Abschied nehmen als »lebendes Fossil«, für das die Paläontologen ja die »Stagnation der stammesgeschichtlichen Entwicklung« forderten.

Zwar ist die eigentliche Gattung *Sphenodon* selbst fossil nicht bekannt, entzieht sich mithin einem direkten Vergleich, aber es erhebt sich die Frage, wie ähnlich die Tuatara den anderen fossilen Sphenodontiern, die es durchaus gibt, ist. Denn – so weiß man seit kurzer Zeit – diese angeblich so urtümlichen Echsen besitzen verschiedene wichtige Körperstrukturen gar nicht mehr, die man an den fossilen eidechsenähnlichen Verwandten der Brückenechse fand. Diese betrifft beispielsweise den Bau und die Lage der Vorderzähne.

Die frühsten fossilen Sphenodontier erschienen in der oberen Trias, vor etwa 225 Millionen Jahren. Einige dieser zwischen 15 bis 35 cm großen Tiere hatten mehrfache Zahnreihen im Gaumen, andere dagegen weniger Zahnreihen, dafür aber lange Schnauzen. Bei den meisten dieser frühen Brückenechsen waren die Zähne mit dem Kieferknochen verschmolzen und damit ähnlich den Zahnverhältnissen bei der heutigen Brückenechse. Bei anderen jedoch waren die Zähne in einer Furche im Kiefer verwurzelt wie bei vielen lebenden Eidechsen. Für Wirbeltier-Wissenschaftler sind das wichtige Unterschiede, denn die Zähne zeigen den Zoologen, daß die ausgestorbenen Schnabelköpfe zum Teil Insektenfresser, aber teilweise auch Pflanzenfresser gewesen sind.

Unter den Sphenodontiern des Jura, vor rund 144 bis 208 Millionen Jahren, finden sich gar marine Formen mit einer Körperlänge von 1,50 m, aber auch kleine, landlebende Arten mit weniger als 20 cm Körperlänge. Die Ahnen der Brückenechsen aus der Jura- und Kreidezeit zeigen schließlich, wie verschiedenartig die Sphenodontier des *Mesozoikums* (das Erdmittelalter mit den Epochen Trias, Jura, Kreide) waren. Die Formenvielfalt reichte von geradezu winzigen, insektenfressenden Reptilien über mittelgroße pflanzenfressende Tiere bis hin zu einigen spezialisierten Formen mit mariner Lebensweise.

Michael Benton und D.I. Whiteside wiesen in ihren Untersuchungen nach, daß Sphenodon im Grunde keinerlei primitive Merkmale, die nur für diese fossilen Echsen typisch sind, aufweist. Sie hatten die anatomischen und morphologischen Merkmale der Brückenechse mit den ihnen am nächsten stehenden, seit der Kreide ausgestorbenen Verwandten verglichen und fanden mindestens 20 weiterentwickelte Bauplanmerkmale bei *Sphenodon punctatus,* die darauf hindeuten, daß diese Art in den letzten 100–200 Millionen Jahren doch nicht unverändert überlebte.

Fazit: Die Brückenechse kann demnach *nicht* als letzter Überlebender einer ausgestorbenen Tiergruppe gelten. Dies bekräftigt bereits früher geäußerte Zweifel, ob es »lebende Fossilien« – an sich ist schon der Begriff ein Paradoxon – überhaupt gibt. Die Brückenechse ist damit nicht mehr unumstritten im Rang des altertümlichsten lebenden Reptils. Vielmehr ist sie ähnlich den Schildkröten und Krokodilen, die gleichfalls auf ein ehrwürdiges Alter zurückblicken, gegenüber ihren mesozoischen Verwandten evoluiert.

Als ein Fossil kann man das Tier in Vorwegnahme des drohenden Endes allenfalls wegen des winzigen neuseeländischen Bestandes bezeichnen; denn die Art steht nach Ansicht von Experten nicht zuletzt aufgrund der begrenzten Verbreitung unmittelbar vor der Ausrottung. Das mit rund 60 cm größte Reptil Neuseelands, das früher auf beiden Hauptinseln weit verbreitet war, wurde von den Maoris, die unter Fleischmangel litten, stark dezimiert. Wegen der außergewöhnlich späten, vermutlich erst nach 20 Jahren eintretenden Geschlechtsreife und der bis zu 15 Monate langen Entwicklungszeit der Eier konnten die Brückenechsen die Verluste nicht ausgleichen.

Die langsame Entwicklung ist auch der Grund dafür, daß sich dieser Vertreter einer einst auf allen Kontinenten lebenden, noch in Trias und Jura häufigen Reptiliengruppe nur auf Neuseeland halten konnte, denn dort fehlen echsenfressende Schlangen, Säuger und andere Feinde. Heute existieren nur noch Restbestände der unter strengem Schutz stehenden Brückenechse auf einigen Inselchen in der Plenty-Bucht und in der Cook-Straße, wo die nachtaktiven Tiere in einer eigenartigen Wohngemeinschaft in den Nisthöhlen von Sturmvögeln leben.

Nautilus und Neopilina

Ein Widerspruch in sich – denn Fossilien sind stets die Überbleibsel längst verstorbener Tiere und Pflanzen – und aus diesem Grund in Anführungszeichen gestellt, prägte Charles Darwin die Bezeichnung »living fossil«. Er hat diesen Begriff, erklärt uns Erich Thenius, »erstmalig für den ostasiatischen Tempelbaum *(Ginkgo biloba)* verwendet, der sich als Angehöriger der rezenten Nacktsamer *(Gymnospermen)* von den übrigen Arten durch die Wuchsform, Beblätterung, Blütenbildung und die Art der Fortpflanzung beträchtlich unterscheidet«. So wie der Ginkgo ist auch die Brückenechse der einzige Vertreter einer einst im Mesozoikum weitverbreiteten Organismengruppe. Typisch für solche »Museumsstücke der Natur« ist neben den altertümlichen Merkmalen, die auch über lange Zeiträume hinweg nur geringfügig und sehr langsam evoluierten, daß sich ihr Vorkommen vielfach auf Schrumpf- oder Relikt-Areale beschränkt (gleichwohl hat es der Ginkgo heute als beliebter Parkbaum zu weiter Verbreitung gebracht). Zudem stehen sie im System der heutigen Fauna und Flora meist isoliert, wie Professor Thenius betont, da ihre nächsten Verwandten längst ausgestorben sind.

Dies trifft mustergültig auch für den *Nautilus* zu. Nautilus – das ist ein in einer Art »Schneckenschale« steckender Tintenfisch, der zusammen mit Sepien, Kalmaren und Kraken zu den *Cephalopoden*, den Kopffüßern, gerechnet wird. Das »Perlboot«, wie dieser Tintenfischverwandte der Tiefsee wegen seiner schönen, perlmutthaltigen Schale auch heißt, ist ein erdgeschichtlicher Durchläufer par excellence. Seit rund 450 Millionen Jahren bekannt, überlebte er nahezu unverändert – so dachte man – seine gesamte Sippschaft, die geschlossen vor etwa 150 Millionen Jahren ausstarb. Heute gilt die Gattung Nautilus mit den fünf oder sechs Arten, die vor allem im südwestlichen Pazifik vorkommen, als letzter

Überrest der ehemals in den Meeren verbreiteten Gruppe schalentragender Tintenfische mit dem deutschen Namen Ammonshörner, genauer, der Nautiloideen. Die Forschungen der Paläontologen ergaben, daß diese Weichtiere mit der harten Schale in ihrer Blütezeit mit rund 17000 Arten die dominierende Tiergruppe der Weltmeere waren. Heute beschränkt sich das Vorkommen auf ein Gebiet vor den Philippinen, reicht südwärts bis Indonesien und ostwärts über Neukaledonien und die Fidschiinseln bis Samoa.

Die Evolutionsbiologie hat sich oft Gedanken gemacht, warum diese formenreichen Lebewesen ausstarben und warum allein Nautilus als »lebendes Fossil« diesem Massensterben entkam. Eine bekannte und oft wiederholte Erklärung ist, daß der Tintenfisch mit der rotgebänderten Außenschale – übrigens der einzige heute lebende, außen beschalte Cephalopode – nur in der Tiefsee als letztem Refugium überleben konnte. In Meerestiefen von 150 bis 300 Metern, wo sich die ökologischen Bedingungen weniger rasch ändern als in anderen Lebensräumen, überlebten diese stammesgeschichtlichen Dauertypen. Relativ gleichbleibende ökologische Nischen sind die Ausnahme auf unserem Planeten – die Tiefsee aber, so glauben viele Wissenschaftler, bietet mit ihren vergleichsweise konstanten Lebensbedingungen Rückzugsgebiete für »lebende Fossilien«. Eine optimale Anpassung an solche ökologische Nischen ließ Nautilus, den letzten beschalten Tintenfisch, und *Neopilina,* den »Ur-Mollusk«, und auch den Quastenflosser die wechselhafte Erdgeschichte unbeschadet überdauern. Die Tiefsee sollte so etwas wie eine Oase im »Trubel des Lebens« bleiben.

Doch wie es mit bekannten Dingen oft so geht: Sie stimmen nicht. Biologen und Paläontologen, so berichtete Dr. Peter Wellnhofer kürzlich, entdeckten, daß Nautilus ein hochspezialisiertes Tier ist. Denn die Anpassungen an extreme Lebensräume erfordern erst einmal spezielle Anpassungen und damit evolutive Entwicklung. So vermutet auch der Stuttgarter Paläontologe Professor Bernhard Ziegler, daß Nautilus ziemlich stark und einseitig spezialisiert sein dürfte; die Kenntnis seiner Morphologie und Biologie sei aber für das Verständnis der gesamten Nautiloideen und Ammonoideen unerläßlich.

Äußerlich zwar kaum verändert, zeigt das Perlboot dann

auch weitgehend nur in seiner gekammerten Schale altertümliche Merkmale. Nautilus-Forscher, die 1986 im amerikanischen Philadelphia zusammenkamen, zweifeln nun daran, ob der berühmte Nautilus wirklich so urtümlich ist. Diskutiert wird, inwieweit die abgeleiteten Merkmale im Weichkörper des Nautilus auch den fossilen Formen zukamen. Weniger bekannt, dafür aber richtiger ist nämlich, daß dieser gekammerte Tintenfisch in physiologischer Hinsicht als sehr modern angesehen werden muß.

Auch an den letzten Überlebenden einer speziesreichen Sippe nagte demnach der Zahn der Zeit. Zu dieser Erkenntnis kamen die Wissenschaftler, nachdem es ihnen endlich gelungen war, die in größerer Meerestiefe lebenden Kopffüßer im Aquarium zu halten, sie sogar zur Vermehrung zu bringen und zudem ihre Lebensweise im Meer mit Hilfe von Tauchbooten und Unterwasserkameras zu erforschen. Wie die ›Naturwissenschaftliche Rundschau‹ berichtet, hat eine Forschergruppe um den Paläontologen W. Bruce Saunders bisher etwa 3000 Nautilusse gefangen, markiert und dann wieder freigelassen. Als die markierten Tiere nach Jahren erneut gefangen wurden, zeigte sich, daß Nautilus über hundert Kilometer im Jahr wandern kann, daß die Tiere nicht nur – wie bisher geglaubt – nachtaktiv sind, daß sie erst im Alter von zehn Jahren geschlechtsreif werden und danach durchschnittlich noch vier Jahre leben und sich mehrmals fortpflanzen. Damit unterscheiden sie sich von den übrigen Tintenfischen, die meist nur ein oder zwei Jahre alt werden und die sterben, nachdem sie ihre Eier abgelegt haben. Die Ursache für das langsame Wachstum der Perlboote könnte der enorme Wasserdruck sein, dem die Tiere in 150 bis 300 Meter Tiefe ausgesetzt sind: Er verlangsamt offenbar den Zellstoffwechsel.

Auch an die räuberische Lebensweise ist Nautilus angepaßt. Die Wissenschaftler nennen dabei stets das Nervensystem, das neben chemischen auch visuelle und taktile Reize verarbeiten kann, und vor allem das Lochkamera-Auge ohne Linse, mit dem Nautilus zwar erst auf wenige Zentimeter Entfernung einigermaßen sieht, aber mit dem er immerhin kleine Krebse und Fische erbeuten kann. Martin J. Wells von der Universität in Cambridge, der sich mit der Fortpflanzung von Nautilus beschäftigt hat, vermutet in dem Dasein als Räuber auch die Erklärung dafür, daß Nautilus große, aber nur wenige Eier legt, aus denen schon relativ große und entwickelte Jungtiere schlüpfen. Nur so sind sie der komplizierten Ernährungsweise gewachsen.

Wie Wells durch den Vergleich mit fossilen Ahnen der heutigen Perlboote herausfand, war das nicht immer so. An Unterschieden im Schalenbau läßt sich erkennen, daß die Jungen fossiler Nautilusse – und somit auch deren Eier – deutlich kleiner als die ihrer heutigen Nachfahren waren, meldet ein Bericht im Magazin ›Geo‹. Aufmerksame Evolutionsbiologen werden sich angesichts dieses Phänomens natürlich daran erinnern, daß größere Eier und eine extrem langsame Entwicklung auch bei anderen Tiefseetieren bekannt sind; und Studien an Nacktschnecken in den eisigen Meeren der Antarktis, wo ihnen Frau Dr. Heike Wägele von der Universität in Oldenburg auf der Spur war, zeigten auch hier, daß die Eier eine lange Entwicklungsdauer haben: Die Jungschnecken schlüpfen zum Teil erst nach 2 Jahren aus der dicken Eihülle, während die Nacktschnecken in wärmeren Meeren kleine Schwimmlarven ausbilden, die schnell heranwachsen.

Einmal geschlüpft, wachsen *Nautilus macromphalus* und seine Verwandten, die heute tiefere Meeresräume bewohnen, dagegen nur noch recht langsam, allenfalls um eine Kammer pro Jahr nämlich.

Diesen Kammern der Nautilus-Schale haben die Wissenschaftler schon immer ihre besondere Aufmerksamkeit gewidmet. Mit dem gekammerten Gehäuse – Wissenschaftler nennen diesen Kammerapparat *Phragmokon* – reguliert das Perlboot nämlich seinen Auftrieb, so wie Fische das mit ihrer Schwimmblase tun. Das Tier selbst sitzt in der letzten, der äußersten Kammer seines Kalkgehäuses, einer regelrechten »Wohnkammer«; eine Art Hautschlauch, der sogenannte Sipho, zieht sich aber durch die zahlreichen Kammern bis in die erste, die zugleich älteste. Durch Auspumpen des Wassers aus der vordersten Kammer durch eine Art verstellbaren Trichter bewegt sich Nautilus fort, und zwar nach dem Rückstoßprinzip wie auch andere Tintenfische. Kurzfristig spurtet der eigentümliche Kopffüßer dabei mit Geschwindigkeiten von rund 25 cm pro Sekunde davon – für einen geologischen Greis gar nicht übel.

Im Vergleich zu den modernen Tintenfischen aber, die alle ein Innenskelett tragen, wirkt ihre in einer Ebene aufgerollte Schale altertümlich. Doch das Gehäuse dient Nautilus als raffinierter »hydrostatischer Apparat«, wie die Experten sagen. Mit diesem gasgefüllten Kammersystem reguliert das Perlboot, ob es aufsteigt oder absinkt. Durch Absondern von Gas – überwiegend Stickstoff – kann der Nautilus wie ein Unterseeboot sinken und durch Einpumpen wieder steigen. Wohl nach diesem Vorbild im tiefen Meer nannten die Amerikaner ihr erstes atombetriebenes Unterseeboot »Nautilus«. Sie haben aufwendige Computersimulationsstudien zum Tauchverhalten des Nautilus unternommen und mußten erkennen, daß das Gehäuse- und Kammersystem eine perfekte Anpassung an die Lebensweise des Kopffüßers ist. Erst bei einer Meerestiefe von 800 Meter, also einem Druck von 80 atü, würde das geradezu papieren wirkende Gehäuse eingedrückt werden. Jede noch so kleine Veränderung am Gehäuse könnte das Perlboot buchstäblich aus der Bahn werfen und in eine evolutive Sackgasse driften lassen. Kein Wunder also, daß die Außenschale über Jahrmillionen unverändert blieb. Ein »lebendes Fossil« ist Nautilus deshalb aber noch lange nicht.

Professor Erich Thenius, der den »lebenden Fossilien« besondere Aufmerksamkeit gewidmet hat, räumt dann auch ein, daß bei dem evolutionären Auf-der-Stelle-Treten nicht sämtliche Merkmale altertümlich sind. »Dennoch aber muß hier festgestellt werden, daß sich die Gattung Nautilus, die gegenwärtig mit einigen wenigen Arten auf ein Schrumpf-Areal beschränkt ist und im System der rezenten Kopffüßer isoliert steht, seit Jahrmillionen nicht oder nur sehr wenig verändert hat.«

Doch das – soviel weiß man jetzt – ist nicht richtig. Genetische Untersuchungen ergaben, daß die heute lebenden Nautilus-Arten erst in den letzten ein bis fünf Millionen Jahren auseinander hervorgegangen sind, legt man die für andere Tierarten gültigen genetischen Änderungsraten zugrunde. »Stehen die Nautiliden damit am Beginn einer neuen Differenzierung?« fragen sich die Forscher jetzt; und auch wenn dies unbeantwortet bleiben muß, so wird eines klar: Wenn sich die Nautilus-Arten erst in erdgeschichtlich jüngster Zeit entwickelten, so spricht dies ganz klar gegen die

These, die Evolution dieser Tintenfische, die vor 450 Millionen Jahren so erfolgreich begann, hätte vor 150 Millionen Jahren bereits aufgehört.

Der Molekularbiologe Dr. David Woodruff von der University of California, dem diese erstaunlichen Ergebnisse zu verdanken sind, war von folgender Überlegung ausgegangen. Sollten die Nautilusse tatsächlich keine evolutionäre Entwicklung mehr durchgemacht haben, dann müßten alle fünf oder sechs heute noch lebenden Arten des Perlbootes genetisch sehr, sehr ähnlich sein. Also untersuchte er die Erbsubstanz dieser Nautilusse und kam schließlich zu dem Ergebnis, daß die häufigste Art, *Nautilus pompilius,* in ihren 21 Genen außerordentlich variabel ist, variantenreicher als beispielsweise das genetische Material des Menschen. Eine Population im Meer vor den Fidschiinseln könnte aufgrund dieser genetischen Verschiedenheit sogar als eigene Art abgetrennt werden, zumindest aber als neue Unterart. Trotz der vermeintlichen Beweise, so läßt sich in der Tat folgern, ist die Evolutionsstop-Theorie falsch: Nautilusse haben sich physiologisch und genetisch sehr wohl weiterentwickelt.

Auch hier also das Aus für ein »lebendes Fossil«. Ergeht es den anderen klassisch gewordenen »erdgeschichtlichen Oldies« nun vielleicht ähnlich, wenn die Forschung sie nur genauer in Augenschein nimmt? Der Lebensraum Tiefsee hat dies früher erfolgreich beim Nautilus verhindert; und auch das angeblich so altertümliche, den Napfschnecken ähnliche Tiefsee-Weichtier *Neopilina galathea* konnte sich auf diese Weise bislang erfolgreich den neugierigen Studien der Biologen entziehen.

Erstmals 1952 während einer Tiefsee-Expedition mit dem Forschungsschiff ›Galathea‹ – daher der Artname – im Pazifischen Ozean in rund 3500 Meter Tiefe entdeckt und an die Oberfläche befördert, gibt es den Wissenschaftlern auch heute noch einige Rätsel auf. Denn auch Neopilina wird zu einer längst ausgestorbenen Tiergruppe gestellt: Ein Napfschaler mit Namen Pilina ist den Paläontologen nämlich aus dem Silur bekannt, und das ist immerhin rund 440 Millionen Jahre her. Da diese frühen Schneckenartigen seit etwa 350 Millionen Jahren ausgestorben sind, fällt Neopilina die undankbare Rolle als »living fossil« zu. Und auch als Modell des »Ur-Mollusken«, des ältesten Weichtier-Vorfahren, unter Fachleuten heftig umstritten, spielt der Tiefseebewohner eine noch ungeklärte stammesgeschichtliche Rolle.

Der Fisch, den die Zeit vergaß

Auch die Tiere mit dem wohlklingenden Namen *Latimeria chalumnae* gelten als Vertreter einer altertümlichen Organismengruppe, die sich dem Konkurrenzdruck durch höher evoluierte, leistungsfähigere Formen entzogen haben. Sie wichen ebenfalls in einen extremen Lebensraum aus und nahmen eine spezielle Lebensweise an, die ihnen so schnell keine andere Art nachmachte. Auch sie wurden im Laufe der Erdgeschichte von Flachmeerbewohnern zu Tiefseeformen. Oder wie es ein Fachmann ausdrückte: »Das ökologische Abtauchen der heutigen Latimeria zeigt, wie schwierig es für einen ›Oldie‹ ist, angesichts der Stachelflosser-Invasion noch ein Plätzchen zum Überleben zu finden.«

Die Rede ist vom Quastenflosser, der an der Steilhangzone ozeanischer Inseln in Tiefen bis zu 800 m lebt. 1938 entdeckt, gilt dieser Hohlstachler als Vertreter einer Fischgruppe, von der man bis dahin angenommen hatte, daß sie am Ende des Erdmittelalters vor rund 65 Millionen Jahren ausgestorben war, zusammen mit den Sauriern und vielen anderen Organismen dahingerafft, so wird spekuliert, durch die Kollision der Erde mit einem Meteoriten oder Kometen, der eine globale Katastrophe ausgelöst hat.

Von der spannenden Entdeckungsgeschichte erzählt der wissenschaftliche Name, den die Zoologen dem Quastenflosser gaben, bereits einen guten Teil. Die Zoologin Frau Dr. Courteney-Latimer hatte als Kuratorin des Museums in East London, Südafrika, das Glück, daß ihr im Dezember 1938 ein seltsamer, kräftig beschuppter Fisch angeboten wurde, den die Mannschaft eines Fischdampfers vor der Mündung des Chalumna-Flusses an der Küste Südafrikas aus rund 75 Meter Tiefe lebend heraufgeholt hatte; und dieser Fisch war anders als jene, die die Fischer sonst fingen. Deutlich fielen seine auf beinartigen Stümpfen sitzenden Flossen auf. Obwohl das Tier bereits halb verwest war, erkannte – oder besser ahnte – Frau Latimer die Bedeutung des

Fanges, sorgte für eine notdürftige Präparation und schickte das Tier auf die Reise ins Britische Museum nach London. Dort wurde der tote, anderthalb Meter große und stahlblaue Fisch zur Sensation. Nicht viel perfekter wäre die Sensation für die Zoologen nämlich gewesen, wenn Frau Latimer ihnen einen frisch erlegten Dinosaurier präsentiert hätte; auch die starben bekanntlich vor 65 Millionen Jahren ohne Nachfahren aus. Der Gruppe der *Crossopterygier*, der Quastenflosser, aber erging es da besser.

Der wiederentdeckte Quastenflosser kam zwar nicht, wie anfangs vorgeschlagen, in den Genuß, auch noch ein gesuchtes Bindeglied zwischen Fisch und Amphibium zu sein, aber das wäre dann wohl auch zuviel der Ehre gewesen. Doch im Rennen um die Stammform der Landwirbeltiere lag die Gruppe der Quastenflosser während der wechselhaften Wissenschaftsgeschichte nicht selten ganz weit vorn. Aus den merkwürdig gestielten Urflossen, die wie Gliedmaßen abstanden, leitete beispielsweise auch der amerikanische Paläontologe Alfred S. Romer seine Theorie über den Ursprung der vierfüßigen Wirbeltiere ab; heute weiß man, daß nicht alle Quastenflosser des Erdmittelalters in die direkte Vorfahrenreihe der Vierfüßer gehören. Vom »lebenden Fossil« wurden die Zoologen in dieser Hinsicht erst recht enttäuscht. Denn bedauerlicherweise gehört die Latimeria, so erklärt Erich Thenius, »dem stammesgeschichtlich unbedeutenden Stamm der *Coelacanthida* (Hohlstachler) an ... und nicht jenem der Rhipidistia, also den eigentlichen Ahnen der Tetrapoden (Vierfüßer)«.

Die Quastenflosser-Sippe teilt sich nämlich in zwei Gruppen: die Coelacanthier und die Rhipidistier. Die vor den Komoren lebende Latimeria steht da unglücklicherweise auf dem falschen Zweig. Aber zum Trost: Auch die Coelacanthier zeigen wichtige Merkmale der landbewohnenden Wirbeltiere. So berichtete der deutsche Neuroanatom Bernd Fritzsch im Mai 1987 darüber, daß auch das innere Ohr der Latimeria eher dem eines Vierfüßers als eines Fisches ähnelt. Das mag uns dann zufriedenstellen.

Damals »das bedeutendste zoologische Ereignis des Jahrhunderts« und für Evolutionsbiologen eine »Sternstunde« besonderer Art, vergingen Jahrzehnte, bis 1952 wieder ein Quastenflosser auftauchte. Angler vor den Komoren zogen

Kombessa, wie der Hohlstachler auf den Inseln heißt, an einer einfachen Leine an die Oberfläche. Die sporadischen Funde bescherten den Wissenschaftlern über die Jahre hinweg aber doch nach und nach genauere Kenntnisse zum Alltag dieser Tiere. So herrscht heute kein Zweifel mehr daran, daß die Quastenflosser lebendgebärend sind. Das muß man nun wohl genauer erklären: Im abgelegten Ei befindet sich ein bereits weit entwickelter Embryo. Wie die Untersuchung der Geschlechtsorgane ergab, produzieren die Weibchen schalenlose und vergleichsweise große Eier von etwa neun Zentimetern Durchmesser, die im Körper des Weibchens befruchtet werden, nicht erst – wie bei den übrigen Fischen – bei der Ablage. Die Jungen entwickeln sich dann vom Ei zum Embryo innerhalb des Eileiters der Mutter und werden erst nach einer Tragzeit von vermutlich 13 Monaten geboren. Sie schlüpfen also im Augenblick der Eiablage, wie auch die Jungen der heimischen, lebendgebärenden Mooreidechse *Lacerta vivipara.* Einziges Problem für die Quastenflosser-Forscher, nicht aber für die Quastenflosser selbst: Es ist unverständlich, wie sich die Fische eigentlich paaren und wie es zur Begattung kommt; denn den Männchen der Crossopterygier fehlen wie allen anderen Fischen die externen Kopulationsorgane, die eine innere Befruchtung erleichtern würden.

Nun, dieses Problem der Fortpflanzung wie verschiedene andere auch, mit denen sie in ihrem neuen Lebensraum Meer konfrontiert wurden, scheinen die »Urflosser« dennoch bewältigt zu haben.

Erst kürzlich hat der Quastenflosser erneut von sich reden gemacht. Diesmal wurde es nicht nur zum »Happening« für Fachleute; das Magazin ›Geo‹, finanziell am Erfolg beteiligt, ließ seine Leserschaft exklusiv am Abenteuer Forschung teilhaben, als es erstmals gelang, den legendären Quastenflosser in freier Natur zu beobachten und buchstäblich in den dunklen Alltag der Quastenflosser hineinzuleuchten. Und die Freiwasserdokumente korrigieren erneut unsere Vorstellungen über das Verhalten dieses Geschöpfes.

Im Januar 1987 bewegte sich *Latimeria chalumnae* mit aufreizend langsamen Flossenbewegungen, aber quasi im Trab vor den Kameras des Meeresbiologen Dr. Hans Fricke vom Max-Planck-Institut für Verhaltensphysiologie in Seewiesen.

Mit Hilfe eines Tauchbootes hatte er den Quastenflosser nach vergeblicher, wochenlanger Suche in 200 Meter Tiefe vor den Komoreninseln des Indischen Ozeans aufgespürt. Und so sensationell, wie schon die erste Entdeckung dieser Fischart 1938 gewesen war, so sensationell waren jetzt auch die Bilder und Filmaufnahmen, die den letzten überlebenden der ansonsten für ausgestorben gehaltenen Tiergruppe zeigten.

Gewöhnlich nicht höher als in rund 160 Meter Wassertiefe leben diese nachtaktiven Tiere tatsächlich – wie vermutet worden war – an den Abhängen der untermeerischen Steilhänge, wo sie auf Nahrungssuche gehen; möglicherweise unter Zuhilfenahme eines Elektrosensors, der den rund 80 Kilogramm schweren Fischen in der ewigen Dunkelheit Beute aufspüren hilft. Allein dieser extravagante Sinn des Quastenflossers könnte eine Spezialisierung bedeuten, die seine Vorfahren nicht besessen haben.

Die nämlich kamen im marinen Flachwasserbereich, ja zum Teil sogar im Süßwasser vor; Latimeria aber machte den Abgang in die Tiefsee; und dies – wie die erstmaligen Beobachtungen im natürlichen Lebensraum jetzt nahelegen – nicht ohne die entsprechenden Anpassungen an spezielle Umweltverhältnisse. Vom evolutiven »Auf-der-Stelle-Treten« also auch hier keine Spur, selbst wenn die Bewegungen der vielen Flossen der Quastenflosser heute fast im Zeitlupentempo vor sich gehen. Die Frickeschen Aufnahmen, zuerst 1987 bei einem Vortrag auf dem Zoologenkongreß in Ulm vorgeführt, zeigen, wie die Tiere gleichsam in Trance im Meer driften und betont langsam ihre Brust- und Bauchflossen durchs Wasser bewegen. »Schwingt die rechte Brustflosse nach vorn, schwingt die linke zurück; gleichzeitig wird die linke Bauchflosse nach vorn und die rechte zurückbewegt«, schildert Hans Fricke den Vierfüßer-Takt. Diese besonders bemerkenswerte Vierfüßerkoordination – der sogenannte »Kreuzgang« der Flossen – könnte seinen frühsten Verwandten vermutlich bereits im Devon den Schritt an Land erleichtert haben.

Doch mit dem Quastenflosser als »lebendes Fossil« sind wir nach diesem Exkurs in die Paläontologie nun endlich wieder bei heute lebenden Tieren angelangt; beinahe zumindest, denn angesichts der langen geologischen Zeiträume, mit denen wir es eben noch zu tun hatten, ist das Quagga – um das es im folgenden gehen soll – quasi gerade erst vor einem winzigen Augenblick ausgestorben. Jetzt will man es wiederbeleben.

Aus der Vergangenheit zurückgeholt
Gen-Isolierung beim Quagga

Daß immer mehr Tiere und Pflanzen aussterben, wofür in jüngster Zeit der Mensch die Verantwortung trägt, ist eine traurige Tatsache. Einmal ausgestorben, verschwindet eine Tierart unwiederbringlich von der Erde. Doch amerikanischen Biochemikern gelang es kürzlich immerhin, das genetische Material einer vor rund 100 Jahren ausgerotteten südafrikanischen Unterart des Steppenzebras, des Quaggas, »wieder zu beleben«. Schlüssel zu diesem wissenschaftlichen Durchbruch war einmal mehr die Gentechnologie. Mit Hilfe modernster Methoden konnten kleine Teile der genetischen Struktur wieder vermehrt werden.

Die Geschichte der Quaggas ist kurz: Dieses Zebra, *Equus quagga quagga*, wie es mit wissenschaftlichem Namen heißt, durchzog einst die weiten Steppengebiete im südlichen Afrika. Noch im 18. Jahrhundert waren es riesige Herden. 1785 wurde die Art erstmals wissenschaftlich beschrieben. Quaggas zeigen die für Zebras typische Streifung nur an Vorderleib, Brust, Hals und Kopf, während der hintere Teil des Körpers einfarbig ist und die Beine weiß sind.

Dank dieser eigentümlichen Färbung hatten die ersten Beobachter den Eindruck, einer kuriosen Chimäre aus Pferd und Zebra begegnet zu sein, und rechneten das Quagga zu den Pferden, nicht zu den eigentlichen Zebras. Der seltsame Name »Quagga« übrigens stammt aus der Sprache der Hottentotten und wurde später von den Engländern übernommen; angeblich soll er das laute, bellende Wiehern der Tiere nachahmen.

Nachvollziehen freilich läßt sich das nicht mehr, denn das Ende der Quaggas kam schnell; nicht einmal hundert Jahre dauerte es von der Entdeckung bis zur Ausrottung: Die Buren machten gnadenlos Jagd auf die Tiere, um die von ihnen als Land- und Minenarbeiter beschäftigten Hottentotten mit Fleisch zu versorgen. Zudem ließen sich die Häute der Quaggas zu Getreidesäcken verarbeiten. Bald blieben nur noch Restbestände der einstmals für unerschöpflich gehaltenen Zebra-Herden übrig. Eine verheerende Dürre um 1877 trug zusätzlich zum Untergang der Quaggas bei, bis dann

Großwildjäger 1878 die letzten Tiere erlegten. Kurz darauf, im August 1883, starb schließlich im Zoo von Amsterdam das letzte in Gefangenschaft gehaltene Quagga – und damit die Art.

Doch die Quaggas verschwanden nicht spurlos: Was übrigblieb, waren neben wenigen Fotos eines lebenden Quaggas zahlreiche Museumsstücke. Insgesamt existieren noch 23 vollständige Quagga-Felle, die heute von Museen in aller Welt aufbewahrt werden. Auch sind ein halbes Dutzend Skelette und rund ein Dutzend Schädel erhalten.

Aber das allein genügt freilich lange noch nicht. Erst als der Museums-Präparator Reinhold Rau an einem Quagga-Fell des Südafrikanischen Museums in Kapstadt kleine Mengen von Gewebe und Blutgefäßen entdeckte, kam die Sache ins Rollen. Rau bewahrte die Reste auf, vielleicht weil er ahnte, daß einmal die moderne Biochemie es ermöglichen würde, Rückschlüsse auf die Beschaffenheit der Zellsubstanz zu ziehen. 1980 dann erhielt er den entscheidenden Anstoß aus Mainz: Dort sollten die im Naturhistorischen Museum vorhandenen Quaggas neu präpariert werden. Es handelte sich dabei um eine einmalige Quagga-Familie mit einem männlichen und einem weiblichen Tier sowie einem Fohlen. Dieses Trio sollte aus den vorhandenen Skeletten und Häuten der Tiere als Schaustücke neu geschaffen werden. Beim Bearbeiten mußte man die Felle ebenfalls von noch anhaftendem Muskelgewebe und Blutgefäßen reinigen.

Nachdem Reinhold Rau auch diese Mainzer Gewebereste, die bis dahin unscheinbaren und deswegen ignorierten Überbleibsel einer ausgestorbenen Tierart, erhalten hatte, machte er sich auf die Suche nach einem interessierten Biochemiker. Nach lange erfolgloser Suche schließlich nahm sich der Amerikaner Oliver Ryder von der Forschungsabteilung der Zoologischen Gesellschaft in San Diego, Kalifornien, zusammen mit einigen Kollegen von der Universität in Berkeley der Analyse der Gewebeteile an. Rau schickte seine Proben in die USA, wo sich herausstellte, daß die primitive Art der Konservierung im vorigen Jahrhundert ihre Vorteile hatte. Denn die Zellsubstanz zu untersuchen war bei den etwa 140 Jahre alten Häuten überhaupt nur möglich, weil die Felle vor der ersten Präparation lange in Salz eingelagert worden waren. Durch das Fehlen moderner Gerbungsmethoden blieben nämlich größere Gewebepartien übrig, und nur so konnte sich die biologische Struktur der Nukleinsäure erhalten. Ähnlich günstige Umstände vermutet der britische Genetiker Alec Jeffreys dann auch bei Insekten, die, im Bernstein eingeschlossen, überdauerten, und bei den Mammuts im ewigen Eis Sibiriens.

In den kalifornischen Forschungslabors extrahierten Ryder und seine Kollegen zunächst die störenden Proteine aus den Zellresten und versuchten dann, von den so gereinigten Proben kleine Mengen der Erbsubstanz zu gewinnen. Und tatsächlich gelang es ihnen, aus nur 0,7 Gramm des längst toten Materials die DNA zu isolieren, wenn auch in verschwindend geringen Mengen: Sie erhielten gerade zehn Nanogramm; aber für Molekularbiologen, gewohnt, sich mit winzigsten Mengen zu begnügen, ist das schon ausreichend. Beim Vergleich dieser DNA mit dem Erbmaterial eines Bergzebras *(Equus zebra)*, eines entfernten Verwandten der Quaggas, zeigte sich dann eine auffällige Ähnlichkeit.

Aus bestimmten Teilen der *Desoxyribonucleinsäure*, wie die DNA mit vollem Namen heißt, vermochte das Team um Russell Higuchi und Oliver Ryder sogar die Sequenz, also die Abfolge der einzelnen Basen, zu bestimmen, die wie die Sprossen einer Leiter die beiden Stränge der Nukleinsäure verbinden und aufbauen. Diese Sequenz der Quagga-Gene aus insgesamt 229 Nucleotidpaaren, eben jenen Leitersprossen, unterschieden sich lediglich in 12 Basen von der korrespondierenden Sequenz des Bergzebras. Aus der Art und Weise dieser geringfügigen Differenzen folgerten die Wissenschaftler, daß es keine oder nur geringfügige »Post-mortem-Modifikationen« der Zusammensetzung des genetischen Materials gegeben hat, also keine Veränderungen, die erst nach dem Tode eintraten. Auch konnten die Forscher bei diesem Sequenzvergleich ausschließen, daß sie es – wie anfangs befürchtet – nur mit DNA von Pilz- oder Bakterienverunreinigungen zu tun hatten, die vielleicht nachträglich erst in die Gewebereste an den Quagga-Fellen gelangt waren. Dies jedoch war nicht der Fall: Ryder, Higuchi und Wilson hielten tatsächlich Gene der ausgestorbenen Quaggas in den Händen.

Aber das ist noch nicht alles: Auf dem Wege der Klonierung – einer gentechnologischen Methode, bei der genetisch einheitliche Muster des Erbgutes eines Organismus erzeugt werden – gelang es sogar, die geringe Menge an vorhandener Quagga-DNA wieder zu vermehren. Dadurch hatten die Forscher die Möglichkeit, diese Gene in Versuchsreihen mit der DNA auch aller übrigen heute noch lebenden Zebras zu vergleichen, etwa mit dem Steppenzebra *Equus quagga.* Denn die Abstammung der Zebras ist wissenschaftlich immer noch umstritten und läßt sich nur durch einen biochemischen Vergleich klären. Brachte man einsträngige Proben der Erbsubstanz verschiedener Zebra-Arten zusammen, dann verschmolzen die DNA-Kettenmoleküle fast vollständig miteinander; diese weitgehende »Hybridisierung«, wie die Molekularbiologen sagen, ist ein deutlicher Hinweis auf die enge Verwandtschaft. Und je mehr Kettenglieder der Doppelhelix DNA zusammenpassen, desto ähnlicher ist die Erbsubstanz zweier Tiere.

Aus den molekularbiologischen Analysen folgt der für die Evolutionsbiologie wichtige Schluß, daß Bergzebra und Quagga vor rund drei bis vier Millionen Jahren aus einem gemeinsamen Vorfahren hervorgegangen sind. Und das Schöne daran: »Dies deckt sich mit Ergebnissen aus der Fossilgeschichte der Gattung Equus«, wie die ›Naturwissenschaftliche Rundschau‹ berichtet. »Die Untersuchungen von Higuchi dürften zum ersten Mal bewiesen haben, daß es möglich ist, von ausgestorbenen Tieren die Sequenz einer DNA zu bestimmen.«

Indes ist in Afrika ein anderer Verwandter der Steppenzebras, das Grevy-Zebra *(Equus grevyi),* in Gefahr auszusterben und damit den Quaggas zu folgen. Möglicherweise können die Biochemiker bald nur noch an ausgestorbenen Tieren arbeiten; denn soviel steht fest: Eine ausgestorbene Art als solche »wiederherzustellen« ist auch mit Hilfe der Gen-Technologie weiterhin unmöglich. Dennoch – die Chance einer bereits bei anderen Tierarten erprobten Rückzüchtung läßt Wissenschaftler aus Südafrika nicht mehr los. Genetisches Material des Quaggas in den Händen zu halten war dabei der erste wichtige Schritt, denn erst durch den DNA-Vergleich erhärtete sich die Vermutung um die nahe genetische Verwandtschaft des Quaggas mit dem Steppenzebra, die bislang umstritten war.

Damit waren die Biologen der Evolutionsgeschichte der Quaggas auf die Spur gekommen. Und für die jetzt wieder diskutierte Rückzüchtung dieser Zebrarasse – die züchterische »Wiederbelebung« einer einst vom Menschen ausgerotteten Art, nicht etwa die gentechnologische – ist die sichere Rekonstruktion der Entwicklungsgeschichte der gesamten Zebra-Sippe auch unerläßlich. Für die Wissenschaftler ging es dabei vor allem um die Frage, ob das Quagga nun biologische Unterart oder Art ist. Und – Theorie hin, ausgestorbene Tierart her – diese Frage ist tatsächlich wichtig. Mit »Steckenpferdreiterei« einiger weniger Experten oder »Elfenbeinturm-Forschung« – wie man leicht meinen könnte – hat dies beileibe nichts zu tun. Denn wäre das Quagga eine eigenständige Art, gegenüber dem Steppenzebra *Equus quagga* also durch natürliche Fortpflanzungsschranken getrennt, ließen sich ernsthaft auch keinerlei Kreuzungsexperimente durchführen. Das wissenschaftliche Verständnis dessen, was eine Biospezies ist, verböte dies. Kann das Quagga dagegen als Unterart des Steppenzebras bestätigt werden, wie die biochemischen Vergleiche jüngst nahelegen, hätte das für Systematiker mehr als nur die Befriedigung, daß die wissenschaftliche Bezeichnung *Equus quagga quagga* korrekt gewählt war. Vielmehr: So eröffnet sich auch die Möglichkeit, eine ausgestorbene Tierart wieder aufleben zu lassen. Wie, dazu kommen wir gleich.

Warum Zebras Streifen haben
Kleine Fliege, große Wirkung

Wie stark die Wechselwirkungen auch bei Großtieren mit kleinsten Vertretern ihrer belebten Umwelt sind, zeigt das Beispiel der afrikanischen Pferdefamilie, Untergattung Echte Zebras. Die Frage, warum Zebras Streifen haben, ist dabei nur scheinbar banal. Die Streifen, so glaubten Zoologen lange Zeit, dienen der Tarnung vor Freßfeinden in der vor Hitze flimmernden Luft der flachen Steppe Afrikas. Allein die Zebrastreifen, die Verkehrsüberwege kennzeichnen, sollten dieser Erkenntnis widersprechen. Denn das Streifenmuster der Zebras ist so auffällig, daß es sogar für Fußgängerüberwege auf unseren Straßen verwendet wird. Allenthalben dient es den Wildtieren in Afrika zu einem gänzlich anderen Zweck – zur Tarnung. Freilich nicht gegen die vielen Raubtiere der Steppe wie Löwen und Hyänen, sondern gegen kleine Insekten mit dem Namen *Glossina,* als Überträger von Schlafkrankheit und Nagana-Seuche besser bekannt als *Tsetsefliege.*

Diese Fliegen mit den kopfgroßen Komplexaugen ernähren sich vom Blut der Großsäuger, wobei sie ihre Opfer über mehrere Meter zielsicher von einem Ausguckposten im Buschwerk ansteuern. Aufmerksam geworden durch den Befund, daß unter den afrikanischen Wildtieren die Zebras überraschend geringe Befallsraten durch die Erreger *Trypanosoma* aufweisen, kam der Zoologe Jeff Waage auf die Idee, daß das Streifenmuster der Zebras zur Abwehr dieser Stechfliegen und eben nicht zur Tarnung vor Großraubtieren dient. Denn selbst der Mensch hat normalerweise keine Schwierigkeiten, diese Pferde auf jene Distanzen zu erkennen, innerhalb derer Zebras Angriffe von großen Raubtieren zu befürchten hätten. »Da die Sehschärfe der Löwen und Hyänen wohl kaum schlechter sein dürfte und zudem Gehör und Geruch weitere Hilfsmittel bei der Jagd nach Beute darstellen«, erscheint es Dr. Josef Reichholf von der Zoologischen Staatssammlung in München, der sich kürzlich mit dieser Frage auseinandersetzte, höchst fraglich, »ob das Streifenmuster den Zebras gegenüber diesen Feinden wirklich irgendwelche Vorteile bringt.« Zudem vermißt er solche

Tarnmuster wie die der Zebras nicht nur bei anderen Beutetierarten vergleichbarer Körpergröße, sondern auch bei den übrigen Pferdeverwandten außerhalb der Tsetse-Gebiete in Afrika.

Daß die These von Jeff Waage keineswegs eine vage Hypothese ist, zeigen Attrappenversuche. Der englische Zoologe stellte schwarze, weißbemalte und schwarzweiße Fässer im Busch auf, setzte die Fässer unter Strom und fing die getöteten Insekten auf. Ergebnis dieses elektrisierenden Verfahrens: Die wenigsten Fliegen fanden sich in den schwarzweißen Fässern. Na bitte – das Streifenmuster des Zebras als natürlicher Schutz gegen die Krankheiten bringenden Tsetsefliegen. Die nämlich fallen am liebsten über sich langsam bewegende Körper her; während dabei dunkle Tiere erheblich häufiger und heftiger gepiesackt werden, verringert das schwarzweiße Streifenmuster die Angriffe merklich. Offenbar attackieren die Plagegeister zwar alle übrigen Pferdeverwandten der Gattung Equus, besonders Hauspferde *(Equus caballus)*, verschmähen jedoch das Blut der Zebras. Und das, obwohl gerade die den Stechfliegen eine ideale Zielscheibe bieten. Denn anders als die Wiederkäuer Gnu, Büffel, Gazelle und Antilope, die in kurzer Zeit relativ große Mengen Nahrung verschlingen, um sie dann ungestört in Deckung wiederzukäuen, grasen die Pferdevertreter dauernd im offenen Gelände, da sie eine geringe Verdauungseffizienz durch höhere Freßraten ausgleichen müssen.

Auch Dr. Reichholf sieht in den kleinen Blutsaugern die Verursacher der auffällig-unauffälligen Zebrazeichnung. »Falls diese Interpretation zutrifft, würde sie einen Schlüssel zum Verständnis der Evolution der Zebras liefern und den Mechanismus erklären, der dieses ganz ungewöhnliche Muster hervorgerufen hat.« Nur die Tsetsefliegen als Überträger der Blutparasiten erfüllten Reichholfs Ansicht nach die speziellen Selektionsbedingungen, unter denen eine derart präzise Musterung hervorgebracht und erhalten werden konnte. Angesichts der Massenwirkung der blutsaugenden Insekten in der Steppe führen schon kleinste Abweichungen von dieser Schutzzeichnung zu vermehrten Tsetse-Attacken und damit zu verstärkter Infektion. Die geringe individuelle Variation und die Unterschiede der Musterung bei den drei Zebra-Arten sind dann lediglich sekundäre Effekte. Die individuelle Ausprägung der Streifen ermöglicht den Tieren zwar, sich untereinander zu erkennen; was aber nicht zu ihrer Entwicklung geführt haben kann, da dazu eine Beschränkung auf den Kopfbereich ausgereicht hätte – wie beim Quagga.

Nur die enge Wechselwirkung zwischen Fliege und Zebra macht deren Evolution verständlich. Eine einfache Längszeichnung der laubfressenden Ahnen im Oligozän (vor rund 30 Millionen Jahren) kann bei Pferden als ein sogenanntes »Primitivmerkmal« verstanden werden; ein einfaches Streifenmuster als altes Erbe der ursprünglich waldbewohnenden Säugetiere, das einst zum Auflösen der Körperkonturen gedient haben mag, wie es uns heute noch der Tiger vorführt. Diese Längszeichnung der einstigen Wald- und Buschlandbewohner lieferte den Ansatzpunkt für das »optische Auflösen«, lieferte das »Rezept«, unter dem Druck der Blutsauger in den afrikanischen Steppen und Savannen einen optimalen Schutz zu entwickeln.

Wichtige Indizien steuern zudem die ausgestorbenen Quaggas bei. Sie haben die mit Tsetsefliegen verseuchten Gebiete Afrikas im Laufe ihrer Evolution erfolgreich Richtung Süden durchwandert und hinter sich gelassen. Außerhalb dieser Zone in den trockenen Kapgebieten konnten sie sich dann den Luxus erlauben, ihre Streifung auf Kopf und Hals zu reduzieren. Dagegen hat das heute fast ausgerottete Kap-Bergzebra *Equus zebra zebra*, das in den Bergregionen des Kaplandes beheimatet ist, seine Streifung behalten. Vermutlich begünstigten die häufigen Niederschläge in diesen Regionen, in die die Bergzebra-Rasse vielleicht erst in jüngster Zeit abgedrängt wurde, das Vorkommen von Stechfliegen und ließ des Zebras Streifen mithin unentbehrlich bleiben.

Trotz dieser noch offenen Frage meint Dr. Reichholf, den Verlauf der Evolution der Zebras skizzieren zu können: Ausgehend vom nordamerikanischen Kontinent, wo die Hauptentwicklung der Pferde stattfand, gelangten sie über Asien nach Europa und Afrika. Bis zu dieser Zeit ihrer weitesten Verbreitung im Pleistozän – vor rund zwei Millionen Jahren – sind sie dem Selektionsdruck durch Trypanosomen, die von den Tsetsefliegen übertragen werden, mit einiger Sicherheit nicht ausgesetzt gewesen. Erst in Afrika kam es dann zur Co-Evolution mit den Blutparasiten.

Ein bißchen Taxonomie hilft uns von hier ab weiter: Die auch für Fachleute – zugegebenermaßen – komplizierte Systematik der Zebras unterteilt sie in drei Gruppen, die Berg-, Steppen- und Grevy-Zebras, die möglicherweise drei verschiedene Einwanderungswellen anzeigen. Morphologisch unterscheiden sich diese Arten zum Teil erheblich. So erscheint das Grevy-Zebra in der Kopfform am meisten »eselartig«, während die beiden anderen Arten einen mehr »pferdeartigen« Eindruck machen. Und so wird beispielsweise auch beim Grevy-Zebra, das eine viel engere Streifung als die beiden anderen Arten besitzt, das Streifenmuster während der Foetal-Entwicklung erst erheblich später angelegt als bei Berg- und Steppenzebra. »Dieses Grevy-Zebra kommt in den nordöstlichen Regionen des Zebravorkommens in Afrika vor«, so Dr. Reichholf, »und kann als jüngster Einwanderer betrachtet werden«, denn es ist der sogenannte »Einwanderungspforte« nach Asien am nächsten benachbart.

Dagegen sind Berg- und Steppenzebra in einer früheren Einwanderungswelle weiter nach Ost-, Südost- und Südafrika vorgedrungen. Einige dieser Unterarten, die genug Zeit hatten, sich bis zum Kap auszubreiten, legen ihr Streifenmuster ontogenetisch (in ihrer Individualentwicklung) so früh an, daß die Streifen sehr breit auseinanderweichen; dazwischen entwickelt sich zusätzlich ein sogenannter »Schattenstrich«. Er hat die Aufgabe, die Wirksamkeit eines Streifenmusters, bei der eine Mindestbreite der Streifen nicht überschritten werden darf, zu erhalten. Die Attrappenversuche, die bereits in den 60er Jahren durchgeführt worden waren, stützten diese These. Der erwähnte teilweise Verlust der Streifung beim Quagga im südlichen Afrika, wohin sich auch während feuchterer Perioden die Tsetsefliege nicht ausbreitete, ließe sich demnach tatsächlich auf das Erlöschen des Selektionsdruckes zurückführen.

Die am weitesten nach Süden vorgedrungenen Pferde sind nach Reichholfs Theorie auch die stammesgeschichtlich ältesten Einwanderer, so als ob sie für den weitesten Weg auch die meiste Zeit benötigten. Nach dem in der Evolutionsbiologie häufig zitierten *Parsimony-Prinzip*, dem Prinzip der sparsamsten Interpretation, die mit den wenigsten Annahmen auskommt, gibt es tatsächlich auch keinen Grund gegen die Erklärung, daß die am weitesten im Süden lebenden

Pferde die ältesten sind. Reichholf sagt darüber: »Die zeitliche Sequenz der Anlage der Streifenmuster – je weiter nach Süden, desto früher – während der Foetal-Entwicklung deckt sich mit dem Konzept, daß diese Musterbildung durch eine Art ›biologischer Filtermechanismus‹ erzeugt worden ist, der von der massenhaften Einwirkung blutparasitenübertragender Stechfliegen herrührt.« Alles klar?

Es war die Fliege und nicht der Löwe!

Und noch etwas: Die heute durch den Menschen in den reichen und ausgedehnten Weidegebieten der afrikanischen Steppen und Savannen eingeführten Nutztiere, vor allem Rinder und Pferde, produzieren erheblich weniger als die dem ökologischen System angepaßten Wildtiere, die – wie im Falle der Zebras deutlich wird – durch die starke Wechselwirkung mit den Tsetsefliegen einen hochspezialisierten Selektionsprozeß durchlaufen haben. Vielleicht ist dies eine Erklärung dafür, daß sich besonders Zebras später als zu wenig plastisch in ihrem Verhalten erwiesen, um ähnlich wie Wildpferd und -esel domestiziert zu werden. Und die kleinen *Glossina*-Fliegen sind auch der Grund dafür, daß es nur in Afrika »Tigerpferde« gibt: Dort wurden die kleinen Plagegeister zum Motor für die Evolution eines ungewöhnlichen Streifenmusters.

Nun, immerhin könnte es so gewesen sein. Und auch wenn eine plausible Deutung allzugern als kausale Erklärung hingenommen wird, führt uns Reichholfs Theorie von des Zebras Streifen zurück zu den Quaggas und zum Problem der Rückkreuzung. Nimmt man, wie der Münchener Mammaloge, einen Übergang des Färbungsmusters und eine Streifenreduktion nach Süden hin an, wäre das Quagga das Endprodukt einer in Richtung Kap verlaufenden Wandlung im Laufe der Equus-Evolution. Tatsächlich zeigen ja die ostafrikanischen Zebras die bekannte voll ausgebildete schwarzweiße Streifung, während dieses Zebramuster südlich des Sambesi vor allem an den Beinen abnimmt, die Färbung mehr ins Gelbliche geht.

Der australische Zoologe P.C. Groves wies dann 1985 zusätzlich darauf hin, daß die Quaggas und das Steppenzebra im südlichen Verbreitungsgebiet doch nicht zusammen vorgekommen sind. Von einem solchen *sympatrischen* Vorkommen aber war man bislang stets ausgegangen und hatte mithin den Schluß gezogen, daß Quagga und Steppenzebra zwei eigenständige Arten sind. Denn eine eherne Regel der Evolutionsbiologie besagt: Kommen zwei Formen sympatrisch vor, so müssen sie in der Fortpflanzung isoliert sein und folglich zwei getrennten Arten angehören. Wären sie es nicht, so käme es zu Bastarden, und die nicht völlig getrennten Gen-Pools der beiden gemeinsam lebenden Formen würden im Laufe der Evolution allmählich zu einem einzigen verschmelzen.

Groves erkannte nun, daß in einem 1840 erschienenen Buch alte geographische Angaben zur Verbreitung der Quaggas bis heute falsch interpretiert worden waren. Demnach kamen Steppenzebra und Quagga durchaus nicht sympatrisch vor. Während das Verbreitungsgebiet von *Equus quagga quagga* südlich des Flusses Vaal und nördlich des heutigen Oranje-Oberlaufes lag, liegt das der Nominatform *Equus quagga* weiter nördlich; es wird nach Süden hin begrenzt vom Vaal und vom unteren Oranje-Fluß. Mit anderen Worten: Das Quagga ist als geographische Rasse, quasi als der südlichste »Vorposten«, des Steppenzebras *Equus quagga* anzusehen.

Das Ende der Geschichte ist dann schnell erzählt: In der im Südwesten Afrikas gelegenen Etoschapfanne und im südöstlichen Zululand kommen heute gelegentlich Steppenzebras vor, denen an den Hinterbeinen die Streifung fehlt – ähnlich den ausgestorbenen Quaggas. Die Steppenzebras, die nach den jüngsten biochemischen Untersuchungen und nach den Studien des Zoologen Groves als nächste Verwandte des Quaggas dingfest gemacht worden sind, stellen daher durchaus einen geeigneten Gen-Pool dar, aus dem heraus man *Equus quagga quagga* unter Umständen rückkreuzen könnte, indem man stets die »quaggaähnlichsten« Steppenzebras miteinander paart.

»Die Art spielt«, so betont der Harvard-Professor und Zoologe Ernst Mayr immer wieder, »eine ungemein wichtige Rolle in der Evolution.« Und wäre das Quagga eine eigenständige Biospezies, wären auch die Einwände führender Wissenschaftler gegen Kreuzungsexperimente berechtigt. Denn ein Tier einer anderen, wenn auch verwandten Art ist mit ihm nicht wirklich genetisch eng verbunden; möglicherweise weist es nur dank der fehlenden Tsetsefliegen in einigen Gebieten Südafrikas weniger ausgeprägte Streifung auf. Bei einer Unterart dagegen ist die genetische Verwandtschaft ungleich größer. Die Einkreuzung fremder Gene, besser: Gene fremder Zebra-Arten, kann somit unterbleiben. Die Steppenzebras liefern mit ihrem Gen-Pool, der gesamten genetischen Erbschaft dieser Zebraart, vielleicht ausreichend Erbsubstanz, um daraus »quaggaähnliche« Tiere zu züchten.

»Diese Sachlage«, so berichtet die ›Naturwissenschaftliche Rundschau‹ Anfang 1988, »hat zur Bildung einer Arbeitsgruppe geführt, die sich die Rückzüchtung des Quaggas zum Ziel gesetzt hat. Ihr gehören unter anderem Wissenschaftler des Südafrikanischen Museums und der Universität Kapstadt ... an.« Ausgewählte Zebras aus der Etoschapfanne und aus dem Zululand, so notiert der Berichterstatter, sollen auf eine Farm gebracht werden, wo erste Züchtungsversuche geplant sind.

Das »Quagga Experimental Breeding Programme« ist geboren – ob nun aber demnächst auch Quaggas geboren werden?

Teil III: Unsere Brüder im Meer

Die menschliche Evolution unterscheidet sich grundlegend von der der Wale und Delphine. Der Mensch machte gleichzeitig eine intelligente *und* körperliche Entwicklung durch, bei der seine manuellen Fähigkeiten stets weit im Vordergrund standen; mit seinen Händen verstand er schließlich, Werkzeuge nicht nur zu gebrauchen, sondern sie auch eigenhändig herzustellen. Unsere Vorfahren benutzten ihre Intelligenz dazu, um sich dank dieser Fähigkeiten evolutive Vorteile zu erwerben.

Ganz anders die *Cetaceen*, die Wale im Meer. Diese Meeressäuger gingen einen prinzipiell anderen Weg. Sie nutzen weitgehend ihr Gehirn zu differenzierter Arbeit; ihre Vordergliedmaßen dienen ausschließlich der Fortbewegung. Alles andere bewerkstelligen sie mittels eines überaus faszinierenden Gehirns: ihr ausgeklügeltes und für uns Menschen ebenso rätselhaftes wie staunenswertes Orientierungssystem, ihre Kommunikation, vor allem aber ihre Gesänge. Mit ihren Liedern drücken sie möglicherweise sogar ihr »Gefühlsleben« aus – wenn man die Empfindungen dieser hochintelligenten Tiere in Analogie zum Menschen so umschreiben darf.

Bis heute ist es uns nicht gelungen, diese Lieder zu entschlüsseln. Und vielleicht sind wir gerade wegen dieser prinzipiell anders verlaufenden Evolution auch gar nicht in der Lage, die komplexe und komplizierte Wal-Verständigung überhaupt zu entschlüsseln; eine Botschaft der »Kopfarbeiter« aus dem Meer, die wir »Handarbeiter« buchstäblich nicht »begreifen« können.

6. Kapitel: Eine Wal-Trilogie

Beethoven vor Bermuda
Auch Wale komponieren Hits

Daß nicht nur Vögel, sondern auch Wale singen, haben schon die Walfänger vergangener Zeiten gewußt. Durch den Rumpf ihrer hölzernen Schiffe, die einen guten Resonanzboden abgaben, hörten sie die eigenartigen und doch so faszinierenden Gesänge der Meeressäuger, ein Konzert aus Brummen und tiefen Schnarchern, vermischt mit Geräuschen wie von knarrenden Scheunentoren und schreienden Möwen. Wahre Meister dieser Unterwasser-Kommunikation sind die Buckelwale vor den Bermudas.

Nachdem in den 50er Jahren mit Hilfe von Unterwassermikrophonen erstmals niederfrequente Laute im Meer aufgenommen worden waren, legte sich 1957 das amerikanische Zoologen-Ehepaar Katherine und Roger Payne von der Zoologischen Gesellschaft in New York in einem Segelboot vor den Bermudas auf die Lauer, um dem Musizieren von Buckelwalen zu lauschen. Die dabei entstandenen Aufnahmen der Gesänge gingen um die Welt und wurden sogar – zusammen mit anderen irdischen Tönen – als Grußbotschaft für Außerirdische in einer Raumsonde durchs All geschickt.

Schon bald fiel Roger Payne bei der Analyse der Wal-Gesänge auf, daß die langen Strophen immer wieder neue Elemente enthielten. Diese Veränderungen, so glaubte man lange Zeit, erklärten sich durch die Vergeßlichkeit der Buckelwale, die nur während der Fortpflanzungszeit im Winter singen, ihre Lektion aber wieder vergessen, während sie sommers in den kalten arktischen Gewässern auf Nahrungssuche gehen.

Daß Wale aber tatsächlich ausgesprochen begabte Komponisten sind, die Jahr für Jahr einen neuen Hit kreieren, das entdeckten die Paynes, nachdem sie über zwei Jahrzehnte lang den Gesang der Buckelwale, die im Frühjahr auf dem Weg aus den tropisch-warmen Gefilden an den Bermudainseln vorüberwandern, auf Tonband aufgenommen hatten und die Gesangs-Entwicklung über diesen Zeitraum minutiös verglichen. Dabei stellten sie fest, daß die gesamte Population eines Jahres stets denselben Song brummt, bis in einem der nächsten Jahre ein neuer Hit auftaucht. Wale sind bisher die einzigen Tiere, von denen eine solche *Weiterentwicklung von Gesängen* bekannt ist. Beim Komponieren stehen die Buckelwale auf ihre Art Beethoven und den Beatles offenbar in nichts nach.

Während der beinahe jährlichen Expeditionen zu den Bermudas, die von der New Yorker Zoological Society finanziert wurden, nahmen die Forscher insgesamt 163 Gesänge der Buckelwale auf. Diese Unterwassergeräusche, die die längsten, langsamsten und lautesten tierischen Laute sind, wurden von einem Boot aus mit Hydrophonen – empfindlichen Unterwassermikrophonen – registriert. Einige hundert Stunden dieser Aufnahmen haben die Paynes dann in mühevoller Kleinarbeit auf sogenannten Sonagrammen analysiert, um Unterschiede oder Gemeinsamkeiten festzustellen.

Die Geräusche, die in einem Frequenzbereich von 30 und 4000 Hz (Schwingungen pro Sekunde) liegen, variieren von einfachen bis zu komplexen Tönen, zwischen hohem Quieken und tiefem Brummen. Wie bei den »Gassenhauern« der menschlichen Musikszene, so singt auch bei den Buckelwalen stets die gesamte Population die aktuellen »Schlager«. Zum Singen, so berichteten die Paynes, finden sich die Wale in regelrechten »Song sessions« zusammen. Diese Trios oder Quartetts singen oft stundenlang ohne Unterbrechung, jedoch niemals unisono.

Die Gesänge wie aus einer anderen Welt, die die Wale bis zu 16 Minuten lang ohne Pause vortragen, weisen eine ganz bestimmte Struktur auf, vergleichbar der von Vogelgesängen, wobei sich einzelne Themen abwechseln. (Mit größerer Bandgeschwindigkeit abgespielt, hören sich die sonst so mysteriösen Wallaute übrigens tatsächlich wie Vogelgezwitscher an.) Doch anders als der relativ konstante Vogelgesang, ändert sich der Walgesang im Laufe der Zeit, und zwar bereits innerhalb einer Gesangsperiode. Dabei sind Wale sehr kreativ: Ihnen fällt ständig etwas Neues ein, oft schon von Woche zu Woche. Bestimmte Elemente, charakteristisch in Rhythmus und Geschwindigkeit, bleiben nur wenige Jahre erhalten, bevor sie durch andere ersetzt werden. Die offenbar sehr musikalischen Wale variieren wie ein Komponist die Themen ihres Gesangs außerdem auch von Jahr zu Jahr, bis sie aus bekannten und neu »erfundenen« Elementen ein völlig anderes Lied entwickelt haben. Aus alt mach neu! Das Lied bleibt »in«, bis auch dieser Gesang wieder von einem neuen Song abgelöst wird. Nach 13 Jahren waren nur noch fünf Prozent aller Themen erhalten, während aus dem jeweils vorangegangenen Jahr meist 63 Prozent der Leitmotive wiederverwendet wurden. Als besonders wichtig auch für Walohren erweisen sich dabei die von Jahr zu Jahr wechselnden Rhythmen.

Allzu »begeistert« scheinen die Wale von ihren alten Liedern übrigens nicht zu sein: Sie singen alte Themen nämlich viel langsamer als die neuen. Allerdings muß es so etwas wie »Evergreens« geben: Einige wenige Themen halten sich sieben oder acht Jahre, während andere schon im nächsten Jahr vergessen sind.

Wale, die zweimal jährlich zwischen ihren Nahrungsgründen in den Eismeeren und den tropischen Gewässern, in denen sie sich paaren und auch ihre Jungen zur Welt bringen, hin- und herwandern, singen fast ausschließlich während der Fortpflanzungszeit. Die Gesänge der Buckelwale in den beiden getrennten Wintergebieten vor Hawaii und in der Karibik unterscheiden sich zwar in den einzelnen Tönen und Elementen, weisen aber – wie ein Vergleich zeigte – die gleiche auffällige Struktur auf. Auch die Buckelwale, die im November in den Gewässern rund um Hawaii eintreffen, beherrschen noch exakt dieselben Melodien, die ein halbes Jahr zuvor zu hören waren.

Ein amerikanisches Team von Biologen und Ozeanographen hatte dennoch verschiedene Dialekte in den unterschiedlichen tropischen Fortpflanzungsgebieten der Buckelwale festgestellt. Während die Aufnahmen von zwei nordpazifischen Populationen, und zwar von Hawaii und von der Küste Kaliforniens weitgehend identisch waren, sangen die Buckelwale des Atlantischen Ozeans in den gleichen Jahren andere Lieder. Der Gesangstyp zweier Walpopulationen im Nordatlantik glich sich dabei ebenfalls wieder; die Aufnahmen vor den Kapverdischen Inseln und aus der Karibik unterschieden sich dagegen deutlich von den Liedern der pazifischen »Meistersinger« unter den Walen. Und einen dritten Dialekt entdeckten die Walforscher bei Buckelwalen rund um das Inselreich Tonga auf der südlichen Hemisphäre.

Dieser globale Gesangs-Vergleich zeigt, daß es zusätzlich zu den auffälligen jährlichen Modetrends bei den Wal-Liedern auch noch ausgeprägte Gesangs-Unterschiede zwischen den in getrennten ozeanischen Becken lebenden Buckelwalen gibt. Isolierte Populationen erfinden demnach offenbar ihre eigenen Hits, während jeweils im Atlantik und im Pazifik getrennt die neuesten Songs ausgetauscht werden.

Da die Gesänge an die Paarungszeit und an die Fortpflanzungsgebiete gebunden sind, dient die jeweils gültige Gesangsversion, so vermutet das Ehepaar Payne, vielleicht dem Partnerzusammenhalt und der Kontaktaufnahme, festigt also nicht nur bereits bestehende Bande, sondern knüpft auch neue. Wer da der kreativste Liedermacher ist, hat eventuell die besten Aussichten auf die Gunst eines Weibchens. Ob dabei lediglich das Männchen seiner Angebeteten ein Ständchen bringt oder auch das Weibchen singt, das ist bis heute weiterhin unklar.

Völlig rätselhaft ist nach den Worten Roger Paynes außerdem, *warum* die Buckelwale ihre Gesänge überhaupt über Jahre hinweg verändern. Schließlich sind diese omnibusgroßen Meeressäuger die einzigen Lebewesen neben dem Menschen, von denen solch drastische und irreversible Veränderung als Teil des normalen Verhaltensrepertoires einer ganzen Population bekannt geworden ist. Vielleicht, so könnte man vermuten, haben auch die Buckelwale ganz einfach irgendwann einmal einen »Ohrwurm« satt und komponieren kurzerhand einen neuen Song.

Warum die Riesen stranden
Die Echo-Orientierung der Meeressäuger

Als ein Beispiel kollektiven Selbstmordes im Tierreich betrachten einige Wissenschaftler das rätselhafte Anstranden ganzer Walherden. Ein Bremerhavener Tierpräparator hat genauer hingeschaut. Und er fand eine viel einfachere Erklärung.

Denn Rätsel genug ranken sich um die Wale und Delphine und umgeben die »Wunderkinder des Meeres« seit der Antike mit dem Flair des Geheimnisvollen. Oft genug sind die Wal-Forscher nicht über das Stadium der Hypothesenbildung hinausgelangt. Die abenteuerlichen Spekulationen drehen sich dabei vor allem um die Frage, *weshalb* Wale immer wieder auf flache Strände geraten und dort verenden, obwohl sie über ein extrem leistungsfähiges Sonar-Orientierungssystem verfügen. So strandete beispielsweise im Dezember 1984 zwischen der nordfriesischen Insel Pellworm und der Hamburger Hallig ein 20 m langer und 40 t schwerer Finnwal im flachen Wattenmeer, der dann im Husumer Hafen zur Schau gestellt wurde – lediglich eines von vielen Beispielen der letzten Jahre.

Die anatomischen Untersuchungen des Tierpräparators Günter Behrmann vom Nordseemuseum des Instituts für Meeresforschung in Bremerhaven versuchten Klarheit in das nebulöse Phänomen zu bringen. Bislang vermuteten Wissenschaftler in der »Melone« – einem muskel- und fetthaltigen Wulst am Vorderkopf der Wale – die Antwort: Das kugelförmige fetthaltige Gewebe zwischen Stirn und Schnauze soll als eine Art »akustische Linse« wirken. Sie dient den Tieren dazu, die hochfrequenten Sonarlaute, die für uns unhörbaren Ultraschallsignale der Tiere, beim Aussenden scharf zu bündeln, damit sich deren Echo zur Orientierung der Meeressäuger eignet. Günter Behrmann wies nach, daß diese Vorstellung wohl falsch ist. Seiner Ansicht nach dient der fetthaltige Wulst der Wale als wirksamer Nasenverschluß, der beim Tauchen der Meeressäuger deren Ertrinken verhindert. Aber Behrmanns Ergebnisse werfen auch ein neues Licht auf das mysteriöse Stranden der hochintelligenten Tiere.

Immer wieder geraten gleich ganze »Schulen« von Walen oder Delphinen auf den flachen Strand und verenden dort, in einer »Todesfalle, der sie aus eigener Kraft nicht wieder entrinnen können«, wie die Hamburger Meeresbiologin Petra Deimer dies dramatisch schildert. »Ihre Körper sind zu schwer, um die eigene Last, die dem spezifischen Gewicht des Wassers angepaßt ist, zu tragen. Obwohl sie Lungenatmung haben, müssen die Tiere an Land ersticken.«

Oft genug und mit beängstigender Regelmäßigkeit berichten die Zeitungen daher von den meist vergeblichen Rettungsversuchen. Das rätselhafte Verhalten ließ findige Köpfe schließlich an Selbstmord der durch die zunehmende Meeresverschmutzung geplagten Meeressäuger denken, die in diesem verdreckenden Lebensraum nicht länger mehr leben wollen. Sehr viel schlüssigere Erklärungen hatten seriöse Wissenschaftler bislang auch nicht parat. Sie versuchten das scheinbar grundlose Stranden abwechselnd mit Unachtsamkeit der Tiere oder mit dem Versagen ihrer Echo-Lokation auf sandigem Meeresboden zu erklären. Andere wieder glauben, daß das Erdmagnetfeld, mit dem sich die Wale angeblich ähnlich wie Zugvögel orientieren sollen, sie gelegentlich in die Irre leitet. Angesichts des großen Gehirns und des hohen Intelligenzgrades der Cetaceen halten viele Zoologen dies wiederum für unwahrscheinlich; sie vermuten eher Krankheiten, die die Sonar-Orientierung der Wale behindern.

Das waleigene Sonar – der Name steht als Kürzel für *sound navigation and ranging* – ist eine Art akustisches Unterwasser-Radar; es ähnelt dem Echolotsystem in der Schifffahrt und gibt den Forschern gleichfalls Rätsel auf. Neben der Kommunikation untereinander produzieren die Tiere noch eine andere Art von Lauten: die sogenannten *clicks,* eine ununterbrochene Reihe von hochfrequenten Sonarlauten, die der Orientierung dienen. Während die Tonhöhe der Sonarlaute bis zu 220000 Hertz erreichen kann, liegen die Verständigungslaute in viel niedrigeren Frequenzbereichen.

Zweifellos hat wohl keine andere Fähigkeit der Zahnwale in den letzten Jahrzehnten so große Beachtung gefunden wie eben diese Echo-Orientierungssignale. Sie ermöglichen den Delphinen, sich auch im trüben Wasser, in völliger Dunkelheit und über weite Distanzen zu orientieren. Die Präzision der Sonarlaute reicht so weit, daß Delphine noch in der Lage sind, den unterschiedlichen Durchmesser kleiner Kugeln unter einem Zentimeter zu erkennen, wo das menschliche Auge längst versagt!

Damit sind die *Cetaceen,* wie Wale und Delphine wissenschaftlich heißen, sozusagen zu den »Fledermäusen des Meeres« geworden; denn auch Fledermäuse orientieren sich mit Hilfe des Ultraschalls, und das – wie das neueste paläontologische Befunde belegen – schon seit 50 bis 45 Millionen Jahren. (Der Paläontologe M.J. Novacek hatte nachweisen können, daß bereits die Fledermäuse des Eozäns, die in Nordamerika und in der Grube Messel bei Darmstadt gefunden wurden, ein Echo-Ortungssystem besessen haben.) Der Frequenzbereich der Fledermäuse endet allerdings bei etwa 100 Kilohertz. Zahnwale, zu denen neben dem Pottwal *Moby Dick* und dem Schwertwal *Orca* auch Tümmler und Delphine gehören, verfügen über ein breiteres Spektrum an Schallwellen, wobei nur die tieferen Frequenzen für den Menschen wahrnehmbar sind. (In diesem Bereich liegen auch die faszinierenden Gesänge und Lieder der Buckelwale; die allerdings zu den Bartenwalen gehören, neben den Zahnwalen die zweite große Gruppe der Wale. Die Schallwellen, die sie aussenden können, liegen mit rund 20 Hertz ausgesprochen tief; sie sind die tiefsten Töne im Tierreich.)

Bereits seit Mitte des Tertiärs (vielleicht seit rund 35 Millionen Jahren), so vermuten die Walforscher, haben die Delphine ihr Sozial- und Kommunikationssystem entwikkelt. Diese ausgeprägten Verhaltensweisen korrespondieren mit einem hochentwickelten Gehirn und einem enormen *Cephalisationsgrad.* »Mit diesem Begriff«, so erklärt der Walkundler Giorgio Pilleri, »definiert die Wissenschaft unter Berücksichtigung der Gehirnkomplexität das Verhältnis von Gehirn- zu Körpergewicht.« Bei Delphinen liegt dieses Verhältnis auf dem Niveau der Menschenaffen wie Gorilla und Schimpanse und dem des Menschen. Pilleri billigt den Delphinen neben ihrer hohen Intelligenz sogar ein »differenziertes Bewußtsein« zu: »Sie erklären vor allem das komplexe Sozialverhalten der Tiere, deren ausgeprägte Individualität, das hochdifferenzierte Verhalten der Umwelt gegenüber, deren Hilfeleistungen, Spieltrieb und Gelehrigkeit – was alles dazu beigetragen hat, daß Delphine oft als unsere ›Brüder im Meer‹ bezeichnet werden.«

Möglicherweise haben die Wale und Delphine ihre Fähigkeit zur Echo-Orientierung bereits von ihren noch landlebenden Vorfahren erhalten und mit ins Meer genommen, wo sie das Ortungssystem während einer Millionen Jahre dauernden Evolution zur Perfektion brachten. Dies schließen Evolutionsbiologen aus der Untersuchung von fossilen Walschädeln. Denn wie die Funde von *Cetaceen*-Schädeln aus dem Tertiär erkennen lassen, haben die Gehirne bei den Zahnwalen bereits zu dieser Zeit Größen erreicht, wie sie den Wissenschaftlern von heute lebenden Arten bekannt sind. Das Wahlgehirn ließ demnach bereits damals die Orientierung im Lebensraum Meer und die soziale Kommunikation mit Lauten zu. Mit dem Gehirn des Menschen, darauf weisen die Evolutionsbiologen Gerd und Heidi von Wahlert hin, sind diese großen Delphin-Gehirne freilich nicht direkt vergleichbar. Bei ihnen dient sehr viel der Hirnsubstanz dem Hören. Diese akustische Orientierung aber sei viel aufwendiger als die optische, was die Zahl der benötigten Gehirnzellen betrifft.

Überraschend war für Biologen vor einigen Jahren die Entdeckung, daß aber auch viele andere Meeresbewohner, etwa Schwimmkrebse, ganz beträchtlich Krach unter Wasser machen. Die von ihnen erzeugten Schallintensitäten verursachen eine Art »Hintergrundlärm« im Meer, vor dem sich die Wale verständigen und orientieren müssen. Deshalb liegen Zahnwale mit ihren Lauten möglicherweise weit oben im Ultraschallbereich, während sich die Bartenwale für ein anderes »akustisches Fenster« entschieden und den niederfrequenten Bereich zur Verständigung nutzen. »Es sieht fast so aus, als ob die *Cetaceen* auf diese Weise den störenden Hintergrundgeräuschen aus dem Wege gehen«, meint dazu der Frankfurter Walkundler Professor Helmut Oelschläger.

Doch nun zum Stranden der Wale. Wir wissen, daß sich die Zahnwale mit einer raschen Folge von Klicklauten in ihrer Umgebung akustisch zurechtfinden, gleichzeitig Beute orten und sicher ergreifen können. Der feine Sonarstrahl kann dabei bis zu Pfenniggröße gebündelt werden. Das zeigen viele Experimente, die die Delphinforscher anfangs selbst nicht glauben wollten. Und zur Verständigung mit ihren Artgenossen dienen den Zahnwalen dann zusätzlich noch modulierte Pfeiftöne, die man etwa in Delphinarien gut hören kann.

Nun existiert zwar eine Fülle wissenschaftlicher Literatur über die von Walen erzeugten Laute, doch bisher ist ungeklärt, *wie* die hochfrequenten Ultraschallsignale eigentlich erzeugt werden. Zwei gegensätzliche Theorien, und die »Melonen-These« ist dabei die eine, streiten um die Vorherrschaft. Inzwischen weiß man immerhin, daß die zurücklaufenden Echos, also die von einem angepeilten Objekt reflektierten Schallwellen, von Delphinen tatsächlich mit Hilfe des Unterkiefers aufgenommen und in das äußerst gehörempfindliche Innenohr der Tiere weitergeleitet werden; eine Theorie, die etwa der Berner Neuroanatom und Delphinologe Professor Giorgio Pilleri noch vor Jahren als sehr spekulativ angesehen hatte.

Bisher suchte man jedoch vergeblich nach einer anatomischen Struktur im Walkopf, die als »Sender« dieser Laute in Frage kommt. Da der Kehlkopf der Wale im allgemeinen keine Stimmbänder hat, muß hier ein anderer Mechanismus der Lautbildung vorliegen. Walforscher vermuten schon seit langem, daß es sich bei den Ultraschallsignalen um Schwingungen in den Weichteilen des Kopfes handelt, die durch Luftbewegungen verursacht werden. Nach einer Theorie von P.E. Purves aus dem Jahre 1967 wird der Schall in einem stark spezialisierten Kehlkopf, der eine Art Ventil aufweist, gebildet und über die Schnauze nach vorn abgegeben. Nach der Hypothese, die Ken Norris und William Evans Anfang der 70er Jahre dagegen vortrugen, entstehen die Schwingungen im auffällig differenziert ausgebildeten nasalen Gangsystem und in den Nebenhöhlen der Nase. In beiden Fällen aber soll die sogenannte »Melone« die Schallwellen bündeln und aussenden. Die Stirn- und Schnauzenknochen dienen dabei, so die Theorie, als eine Art Reflektor und verhindern gleichzeitig auch das Abstrahlen des Eigenschalls nach hinten. Dadurch hört der Delphin sich nicht ständig selbst funken, sondern nur noch das Echo.

Der Präparator Günter Behrmann am Institut für Meeresforschung in Bremerhaven konnte aber kürzlich – zumindest für Delphine – nachweisen, daß diese »Melone« in der Hauptsache dem Nasenverschluß der Meeressäuger dient.

Bei der Präparation an drei Großen Tümmlern mit dem schönen lateinischen Namen *Tursiops truncatus* zeigte auch das über der Muskulatur liegende Fettgewebe keinerlei Struktur, die eine Bündelung der Sonarstrahlen ermöglicht. Für alle im Wasser lebenden Säugetiere ist es lebenswichtig, ihre Atemwege so abzuschließen, daß kein Wasser eindringen kann. Während beispielsweise Robben ihre Nase durch aktive Nasenmuskelbewegung während des Tauchens geschlossen halten müssen, verschließt sich die Nasenöffnung bei den *Cetaceen* weitgehend passiv: Der Wasserdruck sorgt dafür, daß weiche und elastische Muskulatur wie eine Art Stopfen in die Nasenlöcher gedrückt wird. Sie öffnen sich erst wieder durch aktive Muskelkontraktion. Bei diesem sehr effektiven Nasenverschluß sind, das zeigen Behrmanns Untersuchungen, immerhin sechs verschiedene Muskeln beteiligt, die – in einzelnen Muskelpaketen angeordnet – durch Bindegewebe voneinander getrennt sind. Zur anatomischen Untersuchung trug Behrmann Muskel für Muskel auf dem Delphinkopf ab, zeichnete und fotografierte die Einzelschritte und stellte aus selbsthärtender Knetmasse ein Modell der Nasenmuskulatur her, um die Funktionsweise besser zu studieren. Dank eines komplizierten Zusammenspiels aller Muskeln bildet sich beim Tauchen eine reißverschlußähnliche Verzahnung, die die durch den Schädel nach oben führenden Atemwege in den Nasenhöhlen hermetisch abriegelt.

Am lebenden Tier kann man sehen, daß sich dabei die »Melone« äußerlich verändert. Diese ständige Verformung entsteht je nach Atemtätigkeit durch die darunterliegenden Muskeln, so daß sich die »Melone« sicherlich kaum noch zur Fokussierung eignet. Außerdem wirken am Nasenverschluß der Wale und Delphine die Nasennebenhöhlen mit, deren Funktion Behrmann an zwei der verendeten Delphine untersuchte. Mit Hilfe einer einfachen steuerbaren Luftpumpe simulierte er die Atembewegungen bei den Tümmlern. Das Ergebnis: Die Nasensäcke nehmen beim Ausatmen die Nasenverschlußmuskeln auf, die bei Walen im Laufe der Evolution aus der umgewandelten Lippenmuskulatur terrestrischer Säuger hervorgegangen sind. Dabei wird das auf dem Kopf liegende Blasloch im Innern einem Kamin vergleichbar rund und glatt. Vernähte Behrmann diese wichtigen Nasensäcke dagegen, entstanden an der Nasenlochwand Falten durch die nun nicht mehr einziehbaren Lippen und Wülste und beeinträchtigten die normale Atemtätigkeit, da sich das Blasloch nicht vollständig öffnete. Diese Tubularräume sind also entscheidend für die Beweglichkeit der Nasenmuskulatur und für den Nasenverschluß verantwortlich. Aufgrund der glatten Nasenöffnung beim Ausatmen können Delphine also bestenfalls Zischlaute, nicht aber ihre keckernden Töne in den Nebenhöhlen erzeugen; denn die sind dann ja weitgehend verschlossen.

Nicht nur das bekannte Keckern, sondern auch die Sonarlaute entstehen demnach im Rachenraum und nicht im nasalen Gangsystem. Die in den Luftsäcken im oberen Bereich des Gaumens befindlichen Membranen werden durch die hin- und herbewegte Atemluft aus der Lunge zum Schwingen gebracht und erzeugen die Klicklaute, mit deren Hilfe sich die Wale orientieren. Während des Tauchens können die Wale so im Wasser laufend Töne erzeugen, ohne Luft holen zu müssen.

Und damit wäre auch das Walstranden erklärbar: Über die Atemwege in die Luftsäcke aufgenommene Krankheitskeime – wegen ihres feuchtwarmen Milieus ein idealer Nährboden – könnten das Orientierungsvermögen erheblich beeinträchtigen. Entzündet sich nur *ein* Luftsack, was bei den gestrandeten Walen häufiger festgestellt wurde als eine beidseitige Erkrankung, können die Tiere aufgrund mangelnden Navigationsvermögens in seichtes Wasser geraten und stranden. Wenn es sich dabei um ein erkranktes Leittier handelt, könnte ein Herdentrieb eine ganze Gruppe anstranden lassen. Schließlich »funkt« immer nur das Leittier zur Orientierung, um einen »Partyeffekt« sich überlagernder Sonarlaute zu vermeiden. Bei einem kranken Führer aber wird dies der Herde zum Verhängnis. Aufgrund des bekannten engen Sozialverbandes bei Walen und Delphinen folgen alle Tiere einer Walherde dem Leittier – Familiensinn bis in den Tod.

Wenn's dem Wal zu heiß wird
Was tun mit dem »Blubber«?

Eine oft tödliche Gefahr für den Menschen, der unter Wasser taucht, die Caisson- oder Taucherkrankheit, meistern Wale und Delphine offenbar mit Leichtigkeit. Doch auch für diese Meeressäuger, deren sanftes Wesen und Intelligenz bekannt sind, treten beim Tauchen Probleme auf. Zwei amerikanische Wissenschaftler, John Kanwisher und Sam Ridgway, die wissen wollten, wie die Wale damit fertig werden, beobachteten, daß Delphine zwar bis zu sechs Minuten unter Wasser bleiben können, aber nur für drei Minuten Sauerstoff zur Verfügung haben. Die restlichen drei Minuten überstehen sie praktisch ohne Atemluft, und das bei Tauchtiefen von bis zu 300 Metern – für das Landtier Mensch eine unvorstellbare Leistung!

Als Landlebewesen stößt der Mensch beim Tauchen auf erhebliche physiologische Gefahren, nicht allein wegen des mangelnden Sauerstoffs: Beim zu schnellen Aufstieg aus größeren Tiefen zur Oberfläche perlt der während des Tauchens in den Zellgeweben gebundene Stickstoff durch die rasche Druckentlastung aus. Dabei bilden sich unzählige kleine Bläschen, ähnlich den Kohlensäurebläschen beim Öffnen einer Sprudelflasche. Diese Stickstoff-Bläschen verstopfen unsere Blutgefäße; wichtige Körperorgane werden nicht mehr mit Blut versorgt. Schwindel, Atemnot und Ohnmacht sind die Folgen. Um dem vorzubeugen, dürfen Taucher nur langsam und stufenweise aufsteigen; nur dadurch kann der allmählich frei werdende Stickstoff über die Lungen entweichen.

Wie nun entgehen Delphine und erst recht die Wale dieser Gefahr, die dem Menschen bereits in geringen Tiefen droht? Pottwale beispielsweise können tiefer als 1000 Meter und länger als eine Stunde tauchen, ohne Probleme beim Aufstieg zu haben. Ihre kleineren Verwandten, die Delphine, reichen an diese Tiefen zwar nicht heran, doch übertrifft deren Tauchleistung von mehreren hundert Metern die des Menschen immer noch bei weitem.

Bisher vermuteten die Forscher, daß dafür einige physiologische Besonderheiten der Tiere verantwortlich sind. So haben Wale – bezogen auf ihr Körpergewicht – etwa zwei- bis dreimal mehr Blut als der Mensch. Auch können sie wesentlich mehr Sauerstoff im Blut und im Gewebe speichern; sie verfügen über leistungsfähigere Gefäßsysteme, ein kräftigeres Herz, das eine schnellere Zirkulation des Blutes ermöglicht – insgesamt also über eine Menge Vorteile beim Tauchen.

Denn wichtig ist vor allem das schnelle Austauschen des verbrauchten, also sauerstoffarmen Blutes gegen frisches und sauerstoffreiches. Dies muß in den wenigen Sekunden geschehen, die einem Delphin beim Auftauchen bleiben, bevor er wieder unter Wasser verschwindet.

Doch mit diesen bekannten Fakten begnügten sich die beiden amerikanischen Walkundler nicht; sie machten eine Reihe von Experimenten. Die amerikanische Marine, die seit Jahrzehnten mit Delphinen arbeitet, kam den beiden Forschern zu Hilfe. Deren Trainer nämlich hatten gerade einen Großen Tümmler, eine vor den Küsten Amerikas vorkommende Delphinart, darauf dressiert, auf den Ton eines Summers hin zu tauchen und so lange unter Wasser zu bleiben, bis ein zweiter Summer ertönte und das Kommando zum Auftauchen gab. Das Wichtigste dabei aber: Tuffy, so der Name des Delphins, hatte gelernt, nach jedem Tauchgang in einen Trichter auszuatmen, der an der Wasseroberfläche neben einem Boot der Forscher angebracht war. Dadurch konnten die Biologen Tuffys Atemluft nach verschieden langen Tauchgängen analysieren. Das Ergebnis: Der Sauerstoffgehalt in den Lungen des Delphins – normalerweise beträgt er 21 Prozent – war nach drei Minuten bereits auf ganze zwei Prozent abgesunken, dem Delphin stand also schon nach der Hälfte seiner maximalen Tauchzeit praktisch kein Sauerstoff mehr zur Verfügung.

Während Tuffy nach zwei Minuten kaum eine Verschnaufpause benötigte, mußte der Delphin nach längerem Tauchen einige Minuten an der Oberfläche verbringen, um wieder Sauerstoff zu »tanken«. Bei solch anstrengenden Versuchen wurde der Delphin sichtlich ungeduldiger, endlich das Kommando zum Auftauchen zu hören. Man kann es ihm nachfühlen; und noch verständlicher wird dies, wenn man weiß, daß sich Delphine ihre Atemluft offensichtlich nicht einteilen. Das gesamte Körpergewebe ist während eines Tauchganges recht bald mit Sauerstoff unterversorgt, auch das empfindliche Gehirn. Deshalb tauchen Delphine freiwillig wohl auch nie länger als etwa zwei Minuten.

Erstaunlicher noch war dann aber das Tieftauchvermögen des Delphins Tuffy: Wieder wurde ein Summer an einer Leine vom Boot aus in unterschiedliche Tiefen herabgelassen. Diesmal war es Tuffys Aufgabe, den Summer mit der Nase auszuschalten, sobald er tief unter Wasser ertönte. Gleich darauf bekam der Delphin das Signal zum Auftauchen und atmete wieder in den Trichter aus. Ohne Probleme schaffte Tuffy 150 Meter und kehrte zum Boot der Walkundler zurück, um drei Fische als Belohnung zu fordern. Eine Erholungspause an der Oberfläche aber brauchte der Tümmler, wenn er das Signal in 300 Meter Tiefe abgestellt hatte; eine beachtliche Leistung, denn immerhin herrscht in 300 Meter Wassertiefe bereits ein gewaltiger Druck von 30 Atmosphären, der die Lungen des Delphins vollständig hätte zusammenpressen müssen. Eine am Summer in der Tiefe montierte Kamera zeigte dann in der Tat, daß Tuffys Brustkorb dort unten stark eingedrückt wirkte. Dem Tieftauchkünstler Tuffy schien dies dennoch nicht zu schaden.

Um nun die Anfälligkeit des Delphins für die Taucherkrankheit zu testen, wollten die amerikanischen Biologen die genaue Stickstoffmenge nach jedem Tauchgang bestimmen. Zu diesem Zweck dressierten die Marine-Trainer Tuffy darauf, nach einer Tauchserie, bei der der Delphin insgesamt mehr als 20 Minuten in etwa 50 Meter Tiefe verbrachte, auf eine Art Plastik-Floß zu schwimmen. Dort konnten die Biologen dem Delphin eine feine Kanüle durch die Speckschicht stechen, um aus dem Muskelgewebe eine Gasprobe zu entnehmen und die gelöste Stickstoffkonzentration des Blutes direkt nach dem Tauchen zu messen. Was die beiden Wissenschaftler fanden, stellte sie vor weiteres Rätselraten: Die Muskulatur des Delphins war derart mit Stickstoff übersättigt, daß es bei einem Menschen mit Sicherheit zur Taucherkrankheit gekommen wäre. Wie das Tier es trotzdem schafft – wir wissen es immer noch nicht. Die Wale der Ordnung *Cetacea* vertragen offensichtlich wesentlich höhere Stickstoffmengen als der Mensch. Wo bei ihm der Stickstoff seines Atemgases zu narkoseähnlichen Störungen des Bewußtseins führt – dem sogenannten »Tiefenrausch«, der ihn zu leichtsinnigen Tauchmanövern verleitet –, da erzielen Wale Tieftauchrekorde.

Auch von den Weddell-Robben der Antarktis wurden kürzlich ähnliche Paradestücke gemeldet, die die Tauchphysiologen weiterhin um die Geheimnisse der Meeressäuger rätseln lassen.

Alles, was Walforscher bislang zusammengetragen haben, entspricht dem, was Evolutionsbiologen von einem gut angepaßten Tier erwarten, das im Meer überlebt und sich noch dazu die für Säugetiere energetisch aufwendige Lebensweise leisten kann. Viele anatomische Untersuchungen der Walkundler geben einen Hinweis darauf, wie diese Anpassung an das Wasserleben vor sich gegangen sein könnte.

Folgendes Szenario läßt sich zeichnen: Zunächst haben die Tiere bei ihrem »Gang ins Wasser« versucht, mit Hilfe der Oberlippe die Nasenöffnungen zu verschließen, um Nahrung auch aus dem Wasser aufnehmen zu können. Dieser Übergang zum Wasserleben soll sich während des Alttertiärs – vor rund 65 Millionen Jahren – im Bereich der westlichen Tethys abgespielt haben. Die *Tethys,* das war ein riesiger äquatorialer Ozean zwischen Südeuropa und Indien, eine westöstlich verlaufende ozeanische Verbindung zwischen Atlantik und Indik – sozusagen ein Vorläufer des heute wesentlich kleineren Mittelmeeres. An den Ufern der in die Tethys einmündenden Gewässer lebten zu dieser Zeit landlebende Ur-Raubtiere, die *Creodonten,* die vermutlich noch nicht besser an das Leben im Wasser angepaßt waren als etwa die heutigen Flußpferde. Aufgrund von Fossilfunden nimmt man an, daß sich die Vorfahren der Wale entweder direkt aus diesen großköpfigen Wesen entwickelt haben – oder aber von den Ur-Huftieren abstammen.

Diesen frühsten Huftieren gaben die Zoologen den Namen *Condylarthra;* über sie sind die Zahnwale und die Bartenwale zum Beispiel mit den Pferden verwandt. Und Pferde verfügen ebenso wie viele der heute lebenden Landraubtiere über eine Gesichtsmuskulatur, die die Oberlippe anheben und damit sogar einen Teil der Nasenlöcher überdecken kann. (Man mag sich dies bei einem Pferd bei passender Gelegenheit einmal ansehen.) Vermutlich besaßen auch die ersten walartigen Tiere eine ähnliche mimische Muskulatur; bei ihnen soll sich im Laufe der Evolution dann der Oberkiefer verlängert haben, wobei die Nasenlöcher nach hinten wanderten. Sie liegen heute bei den Walen und Delphinen auf der Stirn; die ebenfalls aquatisch lebenden Robben und Seehunde, die aber einen anderen evolutiven Weg gegangen sind, haben ihre Nasenlöcher dort gelassen, wo sie üblicherweise sitzen, nämlich vorn an der Nase. Bei den Walen verlängerte sich mit den Knochenlamellen der Schnauze auch die darüber liegende Oberlippe samt dazugehörender Muskulatur, um die Nasenlöcher auch weiterhin abdecken zu können; all dies – wohlverstanden – in einem unendlich langen Zeitraum von mehreren Millionen Jahren. Die Wale mußten demnach erst einmal »lernen«, ihre Nasen sorgfältig abzudichten, bevor sie ins Wasser gehen konnten, um einen neuen Lebensraum zu besetzen.

Die skizzierte Hypothese über die Evolution der Wale und deren Nasenverschlußmuskulatur hat nur einen Haken: Sie läßt sich bisher nicht belegen, da die Weichteile nur sehr selten fossilisiert werden und die Forscher mit Walfunden aus der fraglichen Zeit nicht eben üppig versorgt sind.

Erfahrene Zoologen sehen derweil einen anderen wichtigen evolutionsbiologischen Zusammenhang, diesmal mit den allerfrühsten Säugetier-Verwandten der *Cetaceen.* Wer schon einmal – möglichst unter Wasser – einen Delphin beobachten konnte, dem ist vielleicht aufgefallen, daß die Fluke von oben nach unten schlägt. Mit dieser Fluke, wie die Schwanzflosse bei den Walen heißt, bewegen sich auch die omnibusgroßen Planktonfresser wie Blauwal und Finnwal gemächlich durch die Ozeane. Anders als bei den Fischen schlägt die Fluke beim Wal nicht von rechts nach links und zurück; eine Schlängelbewegung ist den »Flossenengeln« also nicht möglich. Und das hat auch seinen Grund: Wale stammen von ursprünglich baumlebenden *(arboricolen)* Säugetiervorfahren ab. Im Erdmittelalter, dem Mesozoikum, war dieses versteckte Baumleben die einzige ökologische Nische, so glauben Biologen, um angesichts der Vorherrschaft der Reptilien zu überleben. Im Baum entstand die für alle Säuger übliche Biegung der Wirbelsäule von oben nach unten, die wir etwa beim Lauf eines Pferdes und bei einer Katze auf dem Dachgiebel oder Fenstersims ebenso beobachten können wie bei schwimmenden Walen. Sich auf einem Ast in schlängelnder Weise fortzubewegen war für Säuger nicht eben günstig; allzu leicht verlor man zuerst die Balance und dann den Halt. Die vertikale Biegung der Wirbelsäule dagegen beließ den Körperschwerpunkt stets über dem Ast. Selbst Wale, so entfernt verwandt sie nunmehr mit jenen baumlebenden Tierformen auch sein mögen, können das alte Säugererbe bis heute nicht leugnen.

Einmal in die Meere vorgedrungen, machte die im Laufe der weiteren Evolution ständig verbesserte Fähigkeit, lange und tief zu tauchen, den Walen dann zunehmend das reiche Nahrungsangebot auch tieferer Wasserschichten zugänglich.

Eine weitere verblüffende Besonderheit, mit deren Hilfe die Tiere in dem für sie anfangs recht ungewöhnlichen Lebensraum überlebten, ist der Wärmehaushalt der Wale. Wie gelingt es den Walen und Delphinen, im unterschiedlich warmen und kalten Wasser eine konstante Körpertemperatur zu halten? Zwar mögen sie ihren »Schritt zurück ins Meer« im tropisch warmen Äquatorialmeer Tethys gewagt haben, doch heute leben und ernähren sie sich vornehmlich in eisigen Meeren. Diese bescheren vor allem den Planktonfressern unter den Walen – den Bartenwalen – einen weitaus reicher gedeckten Tisch als die warmen Meere. Ihre Fähigkeit, in eisigen Gefilden zu überleben, ist um so erstaunlicher, als man erwartet – und als Landtier nur zu gut nachvollziehen kann –, daß der Körper im Wasser leicht auskühlt. Während Landlebewesen sich dagegen mit einem Fell oder durch aktive Bewegung schützen, glaubte man, daß bei Waltieren die isolierende Speckschicht diese Aufgabe übernimmt.

Erstaunlicherweise aber kann, so die beiden Wissenschaftler John Kanwisher und Sam Ridgway, gerade dieser Speck sogar zuviel des Guten bedeuten. Denn die Wale und Delphine schwimmen fast ununterbrochen, und während dieser aktiven Bewegung kann der dadurch beschleunigte Stoffwechsel der Tiere einen Wärmestau im Körper verursachen. Nach Ansicht der Physiologen bleibt die Temperatur nur deshalb konstant, weil das zirkulierende Blut die wärmeisolierende Speckschicht umgeht. Das Blut fließt – vor allem in den Flossen – nahe der Oberfläche, wo wesentlich mehr Wärme nach außen abgegeben werden kann. So schafft diese *unterschiedliche Durchblutung* den nötigen Temperaturausgleich. Beim Menschen übrigens geschieht dies auf ganz ähnliche Weise: Ist ihm zu warm, wird ebenfalls mehr Blut zur Körperoberfläche transportiert, wodurch das gerötete, erhitzte Aussehen entsteht; ist ihm dagegen zu kalt, erscheint er »blau vor Kälte«, da das Blut in die körperinneren Regionen zurückfließt.

Etwas anderes aber ließ den Forschern keine Ruhe: Eine einfache Rechnung zeigt, daß bei einem kleinen Delphin wie beispielsweise dem in der Nordsee lebenden Schweinswal *(Phocoena phocoena)*, der eine für Säuger typische Körpertemperatur von 37 Grad Celsius besitzt, die Temperaturdifferenz zur Umgebung (in arktischen Gewässern bis zu minus 2 °C) fast 40 Grad beträgt. Man müßte meinen, dies stellt die Tiere vor unlösbare Schwierigkeiten bei der Wärmeerzeugung und der Isolierung.

Probleme aber hatten bislang nur die Biologen. Sie standen vor dem paradoxen Sachverhalt, daß der Schweinswal nach ihren Berechnungen in kalten Gewässern seine Eigenwärme gar nicht behalten kann – obgleich er genau dort lebt. Die Daten zur Stoffwechselaktivität ließen sich mit denen landlebender Säuger nicht in Einklang bringen. Nach aufwendigen Versuchen, bei denen Kanwisher und Ridgway den Wärmehaushalt an gefangenen Delphinen überprüften, stellte sich schließlich heraus, daß der Grundumsatz der Delphine tatsächlich zwei- bis dreimal höher liegt als bei gleichgroßen Landsäugern. Und das bedeutet nichts anderes, als daß die Delphine dreimal soviel Nahrung fressen müssen und dreimal häufiger atmen müssen als andere Säuger. Dies ist der Preis für das Leben im Meer!

Doch das ist noch nicht alles: Die Biologen rechneten ihre Ergebnisse auf einen Wal mit tausendfach höherem Körpergewicht um; bei gleichem Stoffwechselumsatz bräuchte solch ein Wal nur eine etwa zwei Millimeter dicke Speckschicht. Tatsächlich aber besitzt zum Beispiel ein Finnwal ein zwanzig Zentimeter dickes Fettpolster. Er hätte folglich selbst im eisigen Eismeer noch Schwierigkeiten, sich Kühlung zu verschaffen!

Während der Schweinswal sich also bewegen muß, um gegen das kalte Wasser gefeit zu sein, hat der große Bruder weit mehr Speck, als zur Isolation überhaupt erforderlich wäre. Wozu aber dient diese als »Blubber« bezeichnete Fettschicht der großen Wale, wenn nicht zur Isolation? Bislang war die Beantwortung dieser Frage stets daran gescheitert, daß es so gut wie unmöglich ist, direkte Messungen bei einem etwa 40 Tonnen schweren Tier durchzuführen. Die beiden amerikanischen Walkundler behalfen sich damit – gestützt auf anatomische Untersuchungen –, die Wärmeproduktion eines Wals zu errechnen. Ihr Ergebnis: Das Fettgewebe verleiht dem Tier nicht nur Auftrieb; zusätzlich ist der Blubber eine derart große Nährstoffreserve, daß der Wal während seiner jahreszeitlichen Wanderung in nahrungsarmen Gewässern der Tropen allein davon leben kann.

Auf einer norwegischen Walfangstation entnahmen die Wissenschaftler zusätzlich noch die Lungen eines Finnwals und bestimmten deren Volumen, indem sie das Organ künstlich mit Druckluft füllten und über einen Gasmesser entleerten. Beim Finnwal beträgt das Atemvolumen rund 2000 Liter pro Minute. Die Biologen konnten daraus die Stoffwechselrate ermitteln. Hier zeigte sich, daß auch die Werte des Finnwals – wie schon beim Schweinswal – außerhalb der für landlebende Säuger gültigen Spanne liegen. Diese Werte sind durch die sogenannte »Maus-Elefant-Kurve« festgelegt; darin ist das Gewicht jedes Säugetieres im Verhältnis zu der Intensität seines Stoffwechsels aufgetragen. Bei allen bisher untersuchten Säugetieren war dieses Verhältnis immer gleich, so daß man die Faustregel aufstellte: Je kleiner ein Tier, desto größer ist – im Verhältnis – sein Energiebedarf. Dies ist zum Beispiel der Grund dafür, daß die nur 2 Gramm schwere Etrusker-Spitzmaus – das »Fliegengewicht unter den Insektenfressern« – nahezu ununterbrochen fressen muß. Aus dem Gewicht eines Tieres kann man daher normalerweise sofort auf seinen Stoffwechsel zurückschließen. Nur die Wale spielen da nicht mit: Legt man das Gewicht des Finnwals zugrunde, so zeigt sich, daß ein Wal eine geringere Stoffwechselaktivität besitzt als ein Faultier!

Erst diese niedrige Rate und die Fähigkeit, Nahrungsdepots in Form von Fettpolstern anzulegen, macht die großen Wale unabhängig. Nur so können die Bartenwale während ihrer Wanderungen um den Globus bis zu sechs Monate ausschließlich vom »Eingemachten« leben, um ihre Jungen in warmen tropischen Gewässern zur Welt zu bringen – Tausende von Kilometern entfernt von den nahrungsreichen Eismeeren. Bestes Beispiel dafür sind die sanften Grauwale des Pazifiks oder die singenden Buckelwale vor den Bermudas.

Ganz anders als die kleinen Schweinswale, deren höhere Stoffwechselrate sie zu regelmäßiger Nahrungsaufnahme zwingt und ihnen daher weniger Zeit für lange Wanderungen läßt. So also kommt es zu dem sehr unterschiedlichen Wanderverhalten der Walarten.

Nur dank ihrer physiologischen Anpassungen spielen die Wale und Delphine in der obersten Spitze der Nahrungspyramide des ozeanischen Ökosystems eine vergleichbare Rolle wie der Mensch auf dem Lande. Leider, so müssen wir unverändert feststellen, droht der Mensch auch heute noch, viele der hochintelligenten Walarten – »seine Brüder im Meer« – brutal auszurotten.

7. Kapitel: Idealisten und Forscher, Jäger und Geschäftemacher

Jedem Seehund sein eigenes Radio
Wanderung im Wattenmeer

So ganz ungefährlich war es nicht, was der Wildbiologe Wolfgang John da unternahm, um die Wanderungen des Seehundes im niedersächsischen Wattenmeer zu erforschen. Mit einem kleinen Sportflugzeug kurvte er oft stundenlang über der Küste, um immer wieder Seehunde aufzuspüren und ihre Liegeplätze auf den Sandbänken zu notieren. Und das vor allem im Winter und auch bei schlechtem Wetter. Während eines ähnlichen Unternehmens war bereits der Kieler Wildbiologe Dr. Eberhard Drescher bei einer Robbenzählung vor der Küste Englands ums Leben gekommen.

Seehund-Forschung in Niedersachsen hat Tradition: Der Rückgang des Bestandes an der gesamten Nordseeküste seit Anfang der 60er Jahre führte nicht nur dazu, daß die Bejagung – mit reichlicher Verzögerung – seit Mitte der 70er Jahre generell eingestellt wurde, sondern war auch Anlaß zur Vergabe von Forschungsaufträgen und zur Einrichtung zweier Seehund-Aufzuchtstationen (in Norden und in Büsum).

Der diplomierte Forstwirt Wolfgang John, der 1979 von einem zweijährigen Forschungsaufenthalt in Indien an das Institut für Wildbiologie in Göttingen zurückkehrte, fand so das Thema seiner Doktorarbeit und leistete Pionierarbeit. Er begann seine über fünf Jahre dauernde Freilandstudie, als der Seehund-Bestand in der Nordsee ständig weiter zurückging und niemand so recht wußte, warum.

Soviel aber war klar: Wollte man die Seehunde erfolgreich schützen, mußte man erst einmal ihre Gewohnheiten erforschen. Lediglich von den ganz jungen Tieren vermutete man bis dahin, daß sie nach der Entwöhnung sehr wanderfreudig sind und das Wattenmeer von den Niederlanden bis Dänemark durchstreifen. Gänzlich unbekannt war, wo sich die erwachsenen Seehunde aufhalten und ob sie auch den Winter im Wattenmeer verbringen. Neben anderen ökologischen und ethologischen Fragen untersuchte John daher auch das sogenannte »Raumnutzungsverhalten« von Seehunden.

Schwierigkeiten gab es zunächst bei der Finanzierung des Projekts, das John anfangs aus eigener Tasche bezahlte, bis dann verschiedene Organisationen – unter anderem auch der World Wildlife Fund (WWF) – sowie die EG-Kommission mit einem Umwelt- und Forschungsprogramm die Mittel zur Verfügung stellten.

Leicht machten es ihm auch die Seehunde anfangs nicht. Denn allein die Tiere mit einem Netz zu fangen war bei ihrer Wachsamkeit eine zeitraubende und aufwendige Angelegenheit. Zuerst markierte John die Rücken der Seehunde mit bunter Lackfarbe, um die Tiere dann im Wattenmeer vom Flugzeug aus wiederzuerkennen und ihre Streifzüge verfolgen zu können. Doch bald stellte sich heraus, wie schwierig es war, die markierten Tiere im über 2000 Quadratkilometer großen Watt überhaupt wiederzufinden. Der Forscher mußte sich also auf die Suche nach einer besseren Methode machen. Bei einem Aufenthalt in den USA entdeckte er dann ein geeignetes Verfahren – die Radiotelemetrie, die er nun in der Bundesrepublik erstmals auch an einem Meeressäuger wie dem Seehund erprobte. Die Wildbiologen arbeiten dabei mit Radiosendern, die in regelmäßigen Intervallen von etwa einer Sekunde einen Piepton verbreiten, der von einem speziellen Empfänger aufgenommen werden kann und der es so möglich macht, die Tiere gezielt wieder aufzufinden.

Solche Sender ließ sich John anfertigen. Doch damit waren die Probleme noch nicht gelöst. Denn auch die amerikanischen Forscher wußten bis dahin nicht, wie sie die Sender befestigen sollten; man konnte sie den Tieren nicht einfach etwa auf den Rücken schnallen oder an den Hinterflossen, ihren Antriebsorganen, befestigen, da sie dies beim Schwimmen oder Liegen auf den Sandbänken in ihrer Bewegungsfreiheit zu sehr beeinträchtigt hätte. Versuche mit einem regelrechten Geschirr waren aus diesem Grund zuvor in den Niederlanden gescheitert und das Versuchstier eingegangen.

Schließlich kam John die rettende Idee: Er klebte die 60 Gramm schweren und streichholzschachtelgroßen

UKW-Sender, die er zuvor in eine kleine Felltasche eingenäht hatte, *Phoca vitulina* einfach auf den Kopf. Erstes Versuchstier war ein Seehund aus der Aufzuchtstation in Norden, der sich tatsächlich schnell an den Sender gewöhnte. So war es möglich, die Seehunde sogar im Wasser zu orten, wenn die kleine Antenne beim Auftauchen über Wasser ragt. Der freigelassene Pflegling aus Norden allerdings verschwand, ohne daß sich ein »Funkkontakt« hätte herstellen lassen, später spurlos im Wattenmeer – wohin, das bleibt bis heute sein Geheimnis.

In zwei aufeinanderfolgenden Winterhalbjahren fingen John und seine Helfer dann insgesamt 14 Seehunde und rüsteten sie auf diese Weise mit Sendern aus. Dazu wurde den Hunden zuerst einmal mit einem Fön das Fell am Kopf getrocknet, um die Sender mit einem Spezialkleber dauerhaft befestigen zu können. Nach etwa 20 Minuten wurden die Tiere wieder freigelassen, die fortan ihre Pieptöne übers Wattenmeer sandten. Die modifizierte Sender-Anbringung und Ummantelung mit einem Felltäschchen kann John bei zukünftigen Telemetriestudien auch an anderen *Pinnipeden* – den Flossenfüßern – nachdrücklich empfehlen. Bis zu neun Monaten lieferten sie dem Biologen wichtige Informationen über die Wanderbewegung der Seehunde zwischen Ems und Elbe. Erst beim Haarwechsel der Hunde im September oder Oktober fielen die aufgeklebten Sender ab und gingen unrettbar verloren.

Da jeder Seehund auf einer anderen Frequenz piepte, konnte John die Tiere bei den regelmäßigen Kontrollflügen im Wattenmeer sofort identifizieren. Dabei halfen ihm besonders die Piloten des Fliegerclubs in Norden; zwar besitzt John auch selbst eine Fluglizenz, doch während der langen Suchflüge hatte er genug mit dem Einpeilen der Seehunde auf den Sandbänken zu tun. Dazu waren an der Flugzeugunterseite zwei Antennen angebracht, senkrecht und parallel zur Flugrichtung. Sie ließen sich abwechselnd einschalten und gaben so – Prinzip Kreuzpeilung – die Richtung der Radiosignale an, die je nach Flughöhe und Betriebsdauer eine Reichweite von 4 bis 12 Kilometer hatten. Durch gezielte Flugmanöver konnte sich der Wildbiologe so an sein Peilobjekt »herantasten«, wobei ihm die Stärke des Signals Auskunft über die Entfernung gab. Zudem verfügte der

Empfänger über ein Sender-Suchlaufsystem wie bei einem besseren Autoradio, das eine selektive Vorwahl beliebiger Frequenzen erlaubte, die dann automatisch durchlaufen werden und einrasten, sobald das Signal einer Frequenz aufgefangen wird.

Erst durch diese recht aufwendige Sendermarkierung erkannte John, daß die Seehunde im Winter nicht – wie bisher geglaubt – in die offene See abwandern. Vielmehr erhalten sie ihre Bindung an das Wattenmeer und suchen je nach Witterung immer wieder dieselben Außenwatt-Sandbänke auf. John verknüpfte verschiedene meterologische Daten mit diesen Beobachtungen und erkannte, daß im Winter Windstärke und Temperatur im und außerhalb des Wassers darüber entscheiden, ob ein Seehund lieber im Wasser oder an Land zubringt. Wer hier zur falschen Zeit Seehunde sucht, bekommt nur wenige Tiere zu Gesicht und damit einen falschen Eindruck ihres Bestandes und ihrer Verhaltensweisen.

Dank der Telemetrie weiß man heute auch, daß die Seehunde festgelegte Streifgebiete haben. Diese Aktionsräume variieren zwischen 110 und 130 Quadratkilometern und weisen bestimmte, regelmäßig frequentierte Sandbänke als Aktivitätszentren auf. Wattenmeer-Seehunde nutzen den verfügbaren Raum also offensichtlich nur ausschnittsweise. Daß sich die Tiere im seewärtigen Wattenrand während der kalten Jahreszeit häufiger finden lassen, spricht für eine saisonale Verschiebung der Streifgebiete und der Aktionszentren und deutet zudem auf eine Nutzung der dem eigentlichen Wattenmeer vorgelagerten Flachwasserzone als Nahrungsrevier hin.

Aber gerade die Weibchen müssen ihre Aktionsräume von 50 bis 100 Quadratkilometern im Sommer immer wieder verlassen, wenn sie an ihren traditionellen Liegeplätzen durch den Menschen zu sehr gestört werden. Kurz vor der »Setzzeit«, der Geburt der Jungen, ziehen viele der Hündinnen ostwärts in ruhigere Gebiete ab, wie Johns Studien zeigen, und bringen ihre Jungen auf den Watten zwischen den Flußmündungen von Ems und Elbe zur Welt.

Zwar gab es 1987 im gesamten Wattenmeer wieder 7100 Seehunde, wie die letzten allsommerlichen Zählungen aus der Luft ergeben hatten. Doch nicht zuletzt als Folge der zunehmenden Störungen überleben nur 35 bis 40 Prozent der Seehunde eines Geburtenjahrganges das erste Lebensjahr. Den neugeborenen Seehunden fehlen oft ausreichend lange Ruhe- und Säugephasen auf den Sandbänken, wenn sie durch herannahende Segelboote oder Watt-Ausflügler allzu häufig ins Wasser getrieben werden.

Auch angesichts der rund 2000 Seehunde, die John allein im niedersächsischen Wattenmeerbereich feststellte, muß man allerdings davon ausgehen, daß sich während der Niedrigwasserzeiten – während der die Zählungen vom Flugzeug aus durchgeführt werden – immer nur ein wechselnd großes Kontingent des realen Bestandes auf den Sandbänken findet. Dies, so der Wildbiologe John, stelle jede populationsökologisch nötige Bemühung, den Totalbestand von *Phoca vitulina* exakt zu ermitteln, vor grundsätzliche Probleme. John hat daher auch versucht, die offenkundigen Schwankungen des sichtbaren Bestandes vor dem Hintergrund der jeweiligen Witterungsbedingungen im Wattenmeer begreiflich zu machen.

Trotz der offensichtlichen »Ortstreue« der Seehunde bilden sie im niederländisch-deutsch-dänischen Wattenmeer eine einzige in sich geschlossene Population, auch wenn einzelne Tiere die erheblichen Distanzen zu benachbarten Populationen – etwa im Kattegat und an der englischen Ostküste – überbrücken können. Dafür spricht allein schon die mit jährlicher Regelmäßigkeit auftretende Durchmischung durch die Jungtiere. Ohne einen ständigen Zustrom von Jungtieren aus dem weniger störbelasteten schleswig-holsteinischen Wattenmeer hätten sich beispielsweise die niedersächsischen Seehundbestände gar nicht erholen können.

Auch die reduzierte Bejagung macht sich in dem seit 1980 beschleunigten Anstieg der Population bemerkbar, da die früher zu intensiv bejagten Jungtiere, die erst nach 4 bis 6 Jahren geschlechtsreif werden, erst jetzt ihrerseits den Bestand verstärken. Es ist heute unbestritten, daß die falsche Jagdstrategie der Vergangenheit die Hauptursache für den gebietsweise dramatischen Rückgang der Seehunde war. Damals wurden, ohne genaue Bestandserhebungen durchgeführt zu haben, zuviele Tiere zur Jagd freigegeben und überwiegend Jungtiere geschossen. Diese selektive Bejagung schwächte das »reproduktive Potential« des Bestandes, wie der Wildbiologe John dies nennt. Zudem wurde ausgerechnet während der Säugeperiode gejagt, in der die Störungen für die Seehunde besonders gefährlich sind.

Diese Befunde müssen bei der Einbeziehung der Seehunde in das Schutzkonzept des neugegründeten »Nationalparks Wattenmeer« ebenso berücksichtigt werden wie die Ergebnisse von Johns Untersuchungen zum Raumnutzungsverhalten. Zunächst sollte die Seehund-Population an der Nordseeküste langfristig gesichert werden – dazu gehört beispielsweise die rigorose Abschirmung der bekannten Aufzuchtzentren während der kritischen Setz- und Säugeperioden im Sommer –, bevor man sich wieder den »Luxus der Seehundjagd« erlaubt oder auch nur ins Auge faßt. »Denn«, so Wolfgang John unmißverständlich, »angesichts der Chance, über den ›Nationalpark Wattenmeer‹ auch einen effektiven Schutz der Seehunde zu erreichen, darf die Seehundjagd zur Zeit sowieso kein Thema sein.« Und nach dem katastrophalen Seehundsterben 1988, von dem sich die Bestände an der Nordseeküste erst jetzt allmählich erholen, verbietet sie sich erst recht.

Ein Nickerchen beim Tauchen
Bei den See-Elefanten Südkaliforniens

Die See-Elefanten Südkaliforniens, *Mirounga angustirostris*, sind nicht nur die größten Robben, sondern gehören wohl auch zu einer der am besten untersuchten Tierpopulationen. Burney Le Boeuf von der Universität von Kalifornien in Santa Cruz spürte zwei Jahrzehnte lang auf der Insel Ano Nuevo in der Monterey-Bucht dem Verhalten dieser Meeressäuger nach und hat dabei eine Reihe erstaunlicher, zum Teil rekordverdächtiger Eigenarten entdeckt.

Vor allem die Paarungsstrategie der Robben mit den aufblasbaren, verlängerten Nasen hatte ihn von Anfang an interessiert; er erkannte ihr Fortpflanzungsverhalten als »longterm painstaking work«, als eine langwierige, unermüdliche Anstrengung nicht nur der Männchen. Diese konkurrieren untereinander in jedem Jahr aufs neue um einen Strandabschnitt und damit um einen Harem. Nur wer solch ein Strandterritorium für einige Zeit erobern kann, hat nämlich überhaupt erst die Chance, mit den Weibchen zu kopulieren. Den wenigsten Männchen aber gelingt es für längere Zeit, ihren Besitzanspruch erfolgreich zu verteidigen; viele paaren sich niemals.

Die Weibchen dagegen haben eine lange Fortpflanzungszeit und werfen regelmäßig ein Junges pro Jahr. Bereits einen Monat nach der Geburt der Jungen, wenn sich die erwachsenen See-Elefanten erneut gepaart haben, kehren die Weibchen ins Meer zurück, um Nahrung zu suchen, bevor sie dann zum Fellwechsel wieder nach Ano Nuevo kommen.

Dem Zoologen Le Boeuf gelang es nun erstmals, just diese wichtige Phase im Jahreszyklus der Robben zu studieren, die bisher wegen der marinen Lebensweise unbekannt geblieben war. Um das Verhalten der See-Elefanten während der Zeit im Meer aufzudecken, rüstete Le Boeuf insgesamt acht Weibchen mit speziellen Geräten aus. Diese Apparate, die während der Tauchphasen Dauer und Tiefe registrierten, funktionieren in etwa so wie die Flugschreiber an Bord eines Flugzeuges, die als eine Art »Gedächtnis« des Flugzeuges die wichtigsten Flugdaten aufzeichnen. Der Tiefenmesser der See-Elefanten war auch so eine »black box«; er bestand dabei äußerlich aus wenig mehr als einer abgedichteten Blechbüchse, in der sich ein Hebel über einen fotografischen Film bewegt. Je nach Druck und Dauer, mit der die Büchse in der Tiefe zusammengedrückt wurde, entstand ein bestimmtes Strichmuster. Diese Registrierapparatur – sozusagen der »Tauchschreiber« der Robben – leimten Le Boeuf und seine Helfer den zuvor gefangenen und gewogenen See-Elefanten-Weibchen zwischen den Schultern auf das Fell. Ein gleichfalls eingebauter Radiosender vermeldete den Wissenschaftlern, wenn die Tiere nach rund 70 Tagen wieder an Land zurückkehrten. Auch dies ähnlich den Flugschreibern, die sich nach einem Flugzeugunglück sogar noch in 6000 Meter Meerestiefe unter ihrem stahlgepanzerten Gehäuse wenigstens dreißig Tage nach dem Absturz mit einem Ultraschallsignal melden und ihren Standort verraten. Mit Hilfe des Radiosenders also konnten auch die Tiefenmesser der Robben nach beendeter Nahrungssuche im Ozean geborgen und die Weibchen erneut gewogen werden.

Die Auswertung aller entwickelten Filme aus den Tiefenmessern bescherte den Zoologen dann ein ungewöhnliches Bild der Aktivität der See-Elefanten in bisher unbekannten Zonen ihres Lebensraumes. Das erste für die Forscher überraschende Ergebnis war, daß die Tiere durchschnittlich weniger als 15 Prozent der gesamten Zeit an der Meeresoberfläche verbracht hatten und daß sie längere Zeit in großen Tiefen, immerhin zwischen 350 und 650 Metern, tauchten. Damit verhielten sie sich gänzlich anders als die übrigen *Pinnipeden,* die zuvor mit vergleichbaren Methoden untersucht worden waren. Seehunde etwa verbringen die meiste Zeit an der Oberfläche und tauchen nur gelegentlich zum Fressen wenige zehn Meter ab. Die größte von einem See-Elefanten bei dieser Studie erreichte Tauchtiefe aber lag bei 816 Metern und ist damit um das Doppelte tiefer als der bisherige Tauchrekord, den die Weddell-Robben hielten.

Das registrierte Tauchverhalten dieser Robbenart war bei den acht mit Sendern ausgerüsteten Weibchen stets gleich. Sobald sie die Küste verlassen hatten, tauchten sie so tief wie möglich, wobei sie dem Relief des Meeresbodens folgten. Wenn sie den offenen Ozean erreicht hatten, gingen die See-Elefanten auf eine bestimmte Tiefe herunter, blieben dort für längere Zeit und stiegen rasch wieder auf. Diese Tauchmanöver wurden mehrmals hintereinander wiederholt. Le Boeuf nimmt daher an, daß die See-Elefanten während der Tieftauchphasen fressen und wiederholt zum selben Fischschwarm abtauchen. Bei anderen Tauchgängen blieben die See-Elefanten entweder mehr oder weniger exakt an der tiefsten Stelle ihres Abstieges, oder aber sie kamen sofort wieder nach oben. Im Durchschnitt tauchten die Weibchen fast dreimal pro Stunde, wobei sie jeweils knapp 19 Minuten unten blieben; lediglich drei Minuten waren die Meeressäuger dagegen zwischen den Tauchgängen an der Wasseroberfläche. Damit hielten sie sich über 85 Prozent der Zeit unter Wasser auf.

Von Studien an anderen Robbenverwandten – und auch von den Walen, wie wir gesehen haben – wissen Biologen, daß sich die Tiere beim Tauchen einer Sauerstoffunterversorgung aussetzen. Da sie nicht atmen können, müssen die Muskeln schließlich *anaerob*, also ohne Sauerstoff, arbeiten; dabei wird Milchsäure produziert, die an der Oberfläche wieder abgebaut werden muß. Deshalb steht die Tauchdauer der meisten Robben auch in einem deutlichen Zusammenhang mit der Atemperiode an der Oberfläche.

Bei See-Elefanten ist das offenbar anders. Sie richten sich wie schon die Delphine und Wale keineswegs nach den Kenntnissen der Physiologen und verbringen auch nach den längsten Tauchgängen nicht mehr Zeit an der Oberfläche. Le Boeuf vermutet mithin, daß See-Elefanten nur selten ihren gesamten Sauerstoff-Vorrat beim Tauchen aufbrauchen. Offenbar »planen« sie ihre Tauchgänge so, daß sie stets innerhalb dieser Reserven bleiben. Die kalifornischen Forscher konnten beispielsweise anhand ihrer Tiefenmesser-Filme rekonstruieren, daß die Weibchen immer dann besonders schnell abgetaucht waren, wenn sie tiefer als 400 Meter gingen, so daß ihre Aufenthaltsdauer dort unten trotz der größeren Tiefe etwa gleich lang war.

Damit liefern die See-Elefanten ein weiteres Beispiel für das »Monardsche Prinzip der Konkurrenz-Vermeidung«. Nur durch ihr eigenwilliges Tauchverhalten ist es den See-Elefanten nämlich möglich, sich ihre Nahrung in einer Tiefe zu beschaffen, die anderen Robbenarten und Meeressäugern nicht mehr zugänglich ist. Sie gehen damit der Konkurrenz anderer Meerestiere weitgehend aus dem Weg. Le Boeuf glaubt zudem, daß Haie, die Hauptfeinde der See-Elefanten, für das merkwürdige Tauchverhalten mitverantwortlich sein könnten. Denn die Haie patrouillieren meist in den flachen Küstenregionen, seltener in tieferen Zonen, so daß die entlang dem Meeresboden abtauchenden Weibchen auf diese Weise auch den Haien aus dem Wege gehen.

Und möglicherweise sparen die See-Elefanten beim Tieftauchen sogar Energie. Auch von anderen Robben weiß man, daß ihre Körpertemperatur und ihr Stoffwechselumsatz beim Tauchen zurückgeht, da weitgehend nur noch lebenswichtige Organe (etwa das Gehirn) mit Blut versorgt werden, andere – wie der Magen – dagegen kaum.

Die gewagteste These Le Boeufs aber ist, daß See-Elefanten sogar während ihrer Tieftauchmanöver schlafen! Bei See-Elefanten an Land ließ sich nämlich beobachten, daß sie dort während des Schlafs nicht atmen; sie nehmen statt dessen einen Atemzug, schlafen dann jeweils für etwa zehn Minuten ein und atmen so lange nicht mehr, bis sie kurz darauf wieder aufwachen. Le Boeuf hält es für gänzlich unwahrscheinlich, daß dieses Verhalten unter Wasser völlig aufgegeben wird. Denn dort, wo sie sowieso nicht zu atmen vermögen, könnten diese Meeressäuger dann sogar besonders effektiv schlafen, vor allem die *Mirounga*-Weibchen.

Denn leicht haben es auch die See-Elefanten-Mütter nicht. Die jetzt entdeckte ungewöhnliche Tieftauch-Strategie der See-Elefanten wird nach Ansicht von Burney Le Boeuf besonders angesichts der aufwendigen Jungenaufzucht verständlich. Während dieser Zeit verliert, wie die Wägungen der acht Weibchen ergaben, die Mutter die Hälfte ihres Körpergewichts, das sie dann beim ersten Aufenthalt im Meer nach dem Entwöhnen rasch wieder ersetzen muß. Wenn sie nach rund zwei Monaten zum Wechsel des Haarkleides erneut an Land kommen, haben die Tiere immerhin bereits die Hälfte dieses Verlustes wieder ausgeglichen.

Doch nur dadurch, daß sie fast ununterbrochen und tief tauchen, zudem während eines Tauchganges gelegentlich »ein kleines Nickerchen« machen, können See-Elefanten Nahrungskonkurrenten und Feinden gleichermaßen ausweichen und so zu ihrem Speck auf den Rippen kommen.

Unter dem Deckmantel der Wissenschaft
Delphine sterben für ein Thunfischbrötchen

Wale und Delphine sind überaus faszinierende und hochintelligente »Wunderkinder des Meeres«. Sie stehen nicht nur ihren Artgenossen bei Gefahr bei, helfen bei der Geburt der Jungen, jagen und spielen gemeinsam; sie helfen sogar Menschen und retten sie vor dem Ertrinken oder vor Haien – ein im ganzen Tierreich einmaliges Verhalten. Viele dieser erstaunlichen Episoden, bei denen Delphine unserer ihnen völlig fremden Art beistanden, sind berichtet worden.

Der Mensch derweil beweist gerade an den Walen mit besonderer Brutalität seine ganze Rücksichtslosigkeit gegenüber seiner Umwelt. Da werden auch heute noch Jahr für Jahr Hunderte von Walen mit einer Sprengkopfharpune, die im Körper der Tiere explodiert, gejagt, um einen längst dem Untergang geweihten Industriezweig noch einige weitere Jahre notdürftig am Leben zu erhalten. Und dies auch auf die Gefahr hin, nun noch die letzten Walarten auszurotten; denn über die genauen Bestandszahlen auch dieser Arten vermag niemand schlüssig Auskunft zu geben.

Die jüngste Perversion dieses unrühmlichen Kapitels im Umgang mit der Natur heißt »Deckmantel Wissenschaft«. Schon früher war es kein Geheimnis, daß die »Internationale Walfang-Kommission« (IWC), die einmal im Jahr die Fangquoten für Wale festsetzt, ursprünglich lediglich dazu diente, die Fänge gleichmäßig auf die beteiligten Fangnationen zu verteilen. Ähnlich wie auch internationale Fischereiabkommen die Fischindustrie und nicht den Fisch schützen, sorgte sich die IWC anfänglich nicht um die Wale, sondern um den Schutz der Interessen der Walfangindustrie. Schließlich nahmen mit den rapide abnehmenden Walpopulationen auch die Stimmenanteile der Fangnationen in der IWC ab. Mit dem Beitritt anderer Staaten verschoben sich jedoch die Machtverhältnisse. Man rang den Walfängern ein Schutzmoratorium ab, das 1985 viele Walarten endlich aus der Schußlinie der Harpunen nehmen sollte. Norwegen, Japan und Rußland bemühen sich seitdem, den Fang-Stopp rückgängig zu machen. Doch dafür brauchen die Fangnationen, wie die engagierte Walkundlerin Petra Deimer weiß, eine Dreiviertelmehrheit in dem 40-Nationen-Gremium.

Jetzt versuchen die Walfänger mit allen Mitteln, den Fangstopp zu umgehen. Denn nicht nur hat jedes Land das Recht, innerhalb von 90 Tagen Einspruch gegen die Beschlüsse der IWC einzulegen und dann trotz Verbots Wale zu jagen. Petra Deimer: »So kamen allein in der Saison in antarktischen Gewässern fast 5000 Zwergwale vor die Harpunen japanischer und sowjetischer ›Schlachtschiffe‹.« 1985/86 starben trotz Moratoriums knapp 8000 Großwale. Unter den Opfern, so berichtet Frau Deimer, befinden sich jährlich auch 400 Pottwale, die die japanische Industrie hauptsächlich als Schmieröl für hochtourig laufende Getriebe benötigt.

Auch lassen die IWC-Statuten eine besonders zynische Methode zu, den Walfang weiter zu betreiben. Denn das Moratorium sieht lediglich ein Verbot des kommerziellen Walfangs vor. Zu »wissenschaftlichen Zwecken«, wie es dort heißt, dürfen besondere Quoten gefangen werden. So will Norwegen etwa in diesem Jahr 35 Zwergwale umbringen, »um den gegenwärtigen Bestand zu bestimmen«, Island will jährlich 200 Tiere – Finn-, Sei- und Zwergwale – »wissenschaftlich unter die Lupe nehmen«. »Daß allein vom Pottwal für den Nordpazifik aus vergangenen Zeiten noch 250000 ausschlachtbare Daten vorliegen, wird dabei völlig ignoriert«, empört sich Petra Deimer. »Aber es kommt noch schlimmer. Weil die Forschung so teuer sei, müßte man das Fleisch aus wissenschaftlichen Fängen auch an den Käufer bringen.« Diese zynische Argumentation, erklärt die Hamburger Meeresbiologin, wurde aus der Fischerei entliehen. Dort werden etwa beim Hering Stichprobenfänge gemacht, um Alter, Geschlecht und Wachstumskurven der Tiere eines Bestandes zu bestimmen. »Solche kontinuierlich genommenen Daten mögen für die Berechnung von Fischen – mit schneller Fortpflanzungs- und Erholungsphase – von Bedeutung sein, nicht aber bei der Bestandsberechnung von Walpopulationen. Es sei denn, die Riesen der Meere mit einer Trag- und Säugezeit von einem Jahr und länger sowie spät eintretender Geschlechtsreife (Pottwal-Bullen können erst mit 25 Jahren Vater werden!) vermehrten sich plötzlich wie die Heringe.«

Doch nicht nur auf die großen Wale der Weltmeere wird trotz lauter Proteste der Naturschützer und des Versuchs internationaler Regelungen weiterhin Jagd gemacht. Jährlich werden auch mehr als 80000 Kleinwale – vom Delphin bis zum Schwertwal – auf brutale Weise getötet: Dunkelziffer unbekannt.

Und amerikanische Fischer jagen selbst den kleinsten Zahnwalen seit Jahrzehnten hinterher. Im Pazifik werden Jahr für Jahr Hunderte von Delphinen, die in sogenannten Schulen die Meere durchziehen, von den schnellen Fischerbooten – so wie eine Herde Rinder von Cowboys – eingekreist und in großen Netzen gefangen. Zwar geht es den Fischern weniger um diese hochintelligenten Meeressäuger; sie brauchen sie lediglich zum Auffinden von Thunfischschwärmen, die vielfach zusammen mit den Delphinen wandern. Doch ertrinken bei den Fangmanövern der Fischer jährlich Tausende dieser lungenatmenden Zahnwale. Daß die Delphine so elendig in den Netzen der Thunfischer verenden, mögen amerikanische Naturschützer jetzt nicht länger mehr tatenlos hinnehmen.

Wissenschaftlern ist bis heute nicht bekannt, *warum* es eigentlich zu dieser Versammlung von Delphinen und Thunfischen kommt. Für die Fischer der »American Tunaboat Association« aber sind die an der Oberfläche schwimmenden Delphinschulen in 90 Prozent aller Fangversuche ein sicherer Hinweis auf die tiefer ziehenden und ansonsten schwer lokalisierbaren Thunfischschwärme. Sie mögen auf die Hilfe der Delphine daher nicht verzichten. Und so achten sie seit Jahren peinlichst darauf, daß die Delphine nach dem Zusammenziehen der Netze das tödliche Maschenwerk an einer Stelle wieder verlassen können; nach ihren Angaben gelingt das auch in 98 bis 99 Prozent aller Fälle. Dazu wird das Netz von kleinen Booten aus unter die Wasseroberfläche gedrückt, um die Wale hinausschwimmen zu lassen; teilweise wurden auch fernbedienbare »Notausgänge« geschaffen. Der Delphin-Kenner Dr. Wolfgang Gewalt vom Zoologischen Garten in Duisburg weiß sogar zu berichten, daß manche Delphin-Herden der Gattung *Stenella* im Ostpazifik inzwischen schon so oft in Thunfischnetze geraten sind, daß viele der Tiere zu regelrechten »Routiniers« wurden und geduldig abwarten, bis ihnen die Freiheit wiedergegeben wird. Dennoch ertrinken fast bei jedem Fang bis zu acht Tiere, vor allem nachts, wenn sie sich hoffnungslos in den Netzmaschen verheddert haben und zum Luftholen nicht mehr auftauchen können.

Aber auch für die gewaltigen Pottwale können Fischernetze zur tödlichen Falle werden. Kürzlich haben amerikanische Seeleute im Arabischen Meer ihr Leben riskiert für einen in Netze verstrickten Pottwal. Das hilflos treibende Tier war bei einem Routineflug von einem Hubschrauber aus gesichtet worden. Während der Rettungsaktion, so die Meldung, sei ein Seemann »wie bei einem Rodeo« auf dem zwölf Meter langen Tier geritten, um die Nylonnetze zu zerschneiden.

Die Vereinigung der Thunfischer hat als Anreiz zum Schutz der hochevoluierten Meeressäuger daher sogar einen »Goldenen Porpoise Award« ausgeschrieben für denjenigen Thunfischer, der die wenigsten Delphin-Todesfälle pro Fangsaison erreicht. Auch konnte die Zahl ertrunkener Delphine von 300000 jährlich Anfang der 70er Jahre inzwischen auf rund 20000 getötete Tiere heruntergeschraubt werden; dies allerdings erst nach gesetzlichen Regelungen, die die Thunfischer zu sorgsamerem Umgang mit den Delphinen verpflichtet. 1972, als Naturschützer schon einmal fragten: »Würden Sie Flipper töten für ein Thunfisch-Sandwich?«, hatte der amerikanische Kongreß ein Gesetz zum Schutz der Meeressäuger beschlossen, das die maximale Tötungsquote ständig weiter reduzieren sollte. 1984 wurde zuletzt die Mortalitätsrate der Delphine beim Thunfischfang auf 20500 pro Jahr limitiert. Dennoch, so die Umweltschutzgruppe Greenpeace, sterben immer noch zu viele Delphine für ein Thunfischbrötchen.

Im vergangenen Jahr wurde das festgesetzte Limit bereits im September erreicht, wie der »National Marine Fisheries Service« zugab. Zudem sei die tatsächliche Todesquote aufgrund einer unübersehbaren Dunkelziffer viel höher. Die Delphinschützer bemängeln vor allem, daß man bisher nicht auf allen Schiffen kontrolliere, sondern unerlaubterweise einige wenige Daten hochrechne. Die Thunfischfänger ihrerseits beschweren sich darüber, daß nur sie unter eventuell verschärften Quotenregelungen zu leiden hätten, da sich die ausländischen Fangschiffe nicht an die Auflagen hielten. Die Fischereibehörde wird seitdem von Naturschützern und Thunfischern gleichermaßen bedrängt. Daher will Greenpeace jetzt gerichtliche Schritte einleiten, um das Töten vor allem der Tümmler, einer noch verbreiteten Delphingattung, zu verhindern und die erlaubten Quoten noch weiter zu drosseln. Die Fischereiverbände fürchten nun endgültig um ihr Einkommen.

Inzwischen aber haben auch die cleveren Delphine offenbar dazugelernt. Sie können nämlich sehr wohl die Schiffe der Thunfischfänger von anderen unterscheiden. Mexikanische Fischer nennen solche lernfähigen Delphine die »Unberührbaren«. Sie berichten aus Gebieten, wo Delphine häufig gefangen wurden, daß die Zahnwale mittlerweile schon beim ersten Auftauchen eines Fischkutters am Horizont flüchten – und mit ihnen die begehrten Thunfische.

»Für intelligent«, so der Nobelpreisträger und Verhaltensforscher Konrad Lorenz, »gilt ein Wesen mit hoch entwickelter Fähigkeit, einsichtig zu handeln.« Angesichts unseres Verhaltens gegenüber den Meeressäugern drängt sich die Frage auf: Sind uns die Delphine und Wale da nicht einen Flossenschlag voraus?

Danksagung

Mein Dank gebührt in erster Linie Gernot Weitzl. Er stand mir als Redakteur und Leiter des Schulfunks beim Norddeutschen Rundfunk bei den ersten zaghaften Schritten auf dem Gebiet der Wissenschaftspublizistik hilfreich und ermutigend zur Seite. Seine so erfolgreiche Sendung ›Notizen aus der Wissenschaft‹, für die einige Beiträge dieses Bandes einst erarbeitet worden waren, fiel dem zweifelhaften Versuch einer großen Rundfunkanstalt zum Opfer, sich den von Wortbeiträgen entblößten Nonstop-Musiksendungen privater Rundfunkstationen anzupassen; Motto: »Erklären Sie mir den Kosmos, aber nicht länger als 1 Min. 30 Sek.!«

Bedanken möchte ich mich für viele Anregungen und Diskussionen bei den Wissenschafts-Redaktionen von Zeitungen und Magazinen, allen voran bei Dr. Ludwig Kürten von der ›Welt‹ in Bonn, für die ein Teil der Themen dieses Buches recherchiert wurde. Dank auch Herrn Hans Rotta von der ›Naturwissenschaftlichen Rundschau‹ dafür, einige der als Kurzberichte erarbeiteten Themen hier verwenden zu dürfen.

Anregungen und Einsichten, Ideen und wichtige Impulse erhielt ich vor allem auch von Wissenschaftlern und solchen, die es erst noch werden wollen, im Zoologischen und im Geologisch-Paläontologischen Institut der Universität Hamburg; sie bestärkten oft – ohne es zu wissen – die Ansicht, daß wissenschaftliche Erkenntnisse bei weitem zu wichtig sind, um in dämmrigen Archiven und in den Köpfen der Wissenschaftler begraben zu werden.

Und mein Dank gebührt nicht zuletzt meinem Vater, der mich in meinen ersten Lebensjahren regelmäßig und unermüdlich zu einem Samstag-Nachmittag-Spaziergang bei »Hagenbeck« anstiftete und so – freilich ohne auch nur zu ahnen, was er anrichten würde – möglicherweise meine Begeisterung für Tiere weckte.

Dank auch meiner Mutter und Claudia, die als Folge davon nicht nur die dreckigen Stiefel nach so manchem Streifzug durch Wiesen und Wälder der Umgebung, sondern auch allerlei Getier in ihrem Haushalt duldeten.

Literaturverzeichnis

I. Soziobiologie

Frank, D. (1988): Biologie des Sozialverhaltens: Kommunikation, Kooperation und Konflikt. Spektrum d. Wissenschaft: Verständl. Wissenschaft. Heidelberg (Spektrum d. Wissenschaft Verl.-Ges.).

1. Kapitel: Unfreiwillige Pflegeeltern:

Brooke, M. de L. & N.B. Davies (1987): Recent changes in host usage by cuckoos Cuculus canorus in Britain. – Journal of Animal Ecology, 56: 873–883.

Davies, N.B. & M. de L. Brooke (1988): Cuckoos versus reed warblers: adaptations and counteradaptations. – Animal Behaviour.

Gärtner, Karsten (1971): Das Wegnehmen von Wirtsvogeleiern durch den Kuckuck. – Orn. Mitt., 33: 115–131.

– (1981): Der Sumpfrohrsänger (Acrocephalus palustris) als Wirt des Kuckucks (Cuculus canorus) in der Umgebung Hamburgs. – Hamb. Avifaunistische Beitr., 18: 1–14.

– (1982): Zur Ablehnung von Eiern und Jungen des Kuckucks (Cuculus canorus) durch die Wirtsvögel – Beobachtungen und experimentelle Untersuchungen am Sumpfrohrsänger (Acrocephalus palustris). – Die Vogelwelt, 103: 201–224.

Hamilton, W.J. & G.H. Orians (1965): Evolution of brood parasitism in altricial birds. – Condor, 67: 361–382.

Löhrl, Hans (1979): Untersuchungen am Kuckuck, Cuculus canorus (Biologie, Ethologie und Morphologie). – Journal f. Ornithologie, 120: 139–173.

May, R.M. & S.K. Robinson (1985): Population dynamics of avian brood parasitism. – American Naturalist, 126: 475–494.

Reichholf, Josef (1983): Die Evolution des Brutparasitismus beim Kuckuck. – Verh. orn. Ges. Bayern, 23: 479–492.

Sato Tetsu (1986): A brood parasitic catfish of mouthbrooding cichlid fishes in Lake Tanganyika. – Nature (London), 323: 58–59.

Wyllie, I. (1981): The Cuckoo. London (Batsford).

2. Kapitel: Kooperation statt Konkurrenz:

Axelrod, Robert & W.D. Hamilton (1981): The evolution of cooperation. – Science, 211: 1390–1396.

Boyd, R. & J.P. Lorberbaum (1987): No pure strategy is evolutionary stable in the repeated Prisoner's Dilemma gama. – Nature, 327: 58–59.

Hofstadter, Douglas, R. (1983): Metamagikum. Kann sich in einer Welt voller Egoisten kooperatives Verhalten entwickeln? – Spektrum der Wissenschaft, 8: 8–14.

Lombardo, M.P. (1985): Mutual restraint in tree swallows: a test of the TIT FOR TAT model of reciprocity. – Science, 227: 1363–1367.

May, Robert M. (1987): More evolution of cooperation. – Nature, 327: 15–17.

Milinski, Manfred (1987): TIT FOR TAT in sticklebacks and the evolution of cooperation. – Nature, 325: 433–435.

Bruthelfer:

Bunzel, M. & J. Drüke (1986): Diesjähriger Eisvogel (Alcedo atthis) als Helfer am Nest. – J. Orn., 127: 337–338.

Emlen, S.T. (1982): The evolution of helping. I. An ecological constraints model. – Am. Naturalist, 119: 29–39.

– (1982): The evolution of helping. II. The role of behavioural conflict. – Am. Naturalist, 119: 40–53.

Krebs, J.R. & N.B. Davies (1987): An Introduction to Behavioural Ecology. Oxford (Blackwell Scientific Publications).

Ligon, J. David & Sandra H. Ligon (1978): Communal breeding in green woodhoopoes as a case for reciprocity. – Nature (Lond.), 276: 496–498.

– (1982): Rotschnabel-Baumhopfe: Familiensinn als Überlebensstrategie. – Spektrum der Wissenschaft, 9: 72–81.

– (1983): Reciprocity in the green woodhoopoe (Phoeniculus purpureus). – Anim. Behav., 31: 480–489.

Ligon, J.D. (1983): Cooperation and reciprocity in avian social systems. – American Naturalist, 121: 366–384.

Reyer, Heinz-Ulrich (1980): Flexible helper structure as an ecological adaptation in the Pied Kingfisher (Ceryle rudis rudis L.). – Behav. Ecol. Sociobiol., 6: 219–227.

– (1982): Nutzen und Kosten bei brütenden und helfenden Graufischern. – Naturwissenschaftliche Rundschau, 35 (1): 31–32.

– (1984): Investment and relatedness: a cost/benefit analysis of breeding and helping in the Pied Kingfisher (Ceryle rudis). – Anim. Beh., 32: 1163–1178.

– , John P. Dittami & Michael R. Hall (1986): Avian helpers at the nest: are they psychologically castrated? – Ethology, 71: 216–228.

Stacey, P.B. & W.D. Koenig (1988): Die Brutgemeinschaft der Eichelspechte. In: Biologie des Sozialverhaltens. pp. 28–37. Heidelberg (Spektrum d. Wissenschaft Verl.-Ges.).

Zwergmungos:

Rosa, O. Anne E. (1976): Invalid care in the Dwarf Mongoose (Helogale undulata rufula). – Z. Tierpsychol., 42: 337–342.
– (1977): The ethology and sociology of the Dwarf Mongoose (Helogale undulata rufula). – Z. Tierpsych., 43: 337–406.
– (1983): A case of invalid care in wild Dwarf Mongooses. – Z. Tierpsychol., 62: 253–270.
– (1984): Die perfekte Familie: Leben und Sozialverhalten der afrikanischen Zwergmungos. Stuttgart (Deutsche Verlags-Anstalt).

Schimpansen:

De Waal, Frans (1983): Unsere haarigen Vettern: neueste Erfahrungen mit Schimpansen. München (Harnack).
Ghiglieri, M.P. (1985): Die Verhaltensökologie von Schimpansen. – Spektrum d. Wissenschaft, Aug.: 104–111.
Goodall, Jane (1986): The chimpanzees of Gombe. Patterns of Behavior. Cambridge, London (The Belknap Press of Harvard Univ. Press).
Wuketits, Franz M. (1985): Soziobiologie und Evolution des Menschen. – Biol. in unserer Zeit, 15: 16–23.

Tüpfelhyänen:

Frank, Laurence G. (1986): Social organization of the spotted hyaena, Crocuta crocuta. I. Demography. – Anim. Behav., 34: 1500–1509.
– (1986): Social organization of the spotted hyaena Crocuta crocuta. II. Dominance and reproduction. – Anim. Behav., 34: 1510–1527.
– , J.M. Davidson & E.R. Smith (1985): Androgen levels in the spotted hyaena: the influence of social factors. – J. Zool. Lond., 206: 525–531.
Gould, S.J. (1981): Hyaena myths and realities. – Natural History, 90: 16–20.
Kruuk, H. (1972): The Spotted Hyena: a study of predation and social behavior. Chicago (Chicago Univ. Press).
Van Lawick-Goodall, Hugo & Jane (1978): Unschuldige Mörder. Bei den Raubrudeln in der Serengeti. Reinbek (Rowohlt).

Altruismus:

Biologie des Sozialverhaltens: Kommunikation, Kooperation und Konflikt. Spektrum d. Wissenschaft: Verständliche Wissenschaft. Heidelberg (Spektrum d. Wissenschaft Verl.-Ges.).

Brown, Charles R. (1986): Cliff Swallow colonies as information centers. – Science, 234: 83–85.

– & John L. Hoogland (1986): Risk in mobbing for solitary and colonial swallows. – Animal Behavior, 34: 1319–1323.

Dawkins, Richard (1976): The selfish gene. Oxford (Oxford University Press).

Hemminger, Hansjörg (1983): Der Mensch – eine Marionette der Evolution? Eine Kritik an der Soziobiologie. – Frankfurt/M. (Fischer Taschenbuch Verlag).

Krebs, John R. & Nicholas B. Davies (1981): öko-Ethologie. Berlin, Hamburg (P. Parey).

McAllister, Murdoch K. & Bernard D. Roitberg (1987): Adaptive suicidal behaviour in pea aphids. – Nature, 328: 797–799.

Ono, M., I. Okada & M. Sasaki (1987): Heat production by balling in the Japanese honeybee, Apis cerana japonica as a defensive behavior against the hornet, Vespa simillima xanthoptera (Hymenoptera: Vespidae). – Experientia, 43: 1031–1032.

Reyer, Heinz-Ulrich (1982): Soziale Strategien und ihre Evolution. – Naturw. Rundschau, 35 (1): 16–17.

Trivers, R.L. & H. Hare (1976): Haplodiploidy and the evolution of social insects. – Science, 191: 249–263.

Wickler, Wolfgang & Uta Seibt (1977): Das Prinzip Eigennutz. Ursachen und Konsequenzen sozialen Verhaltens. Hamburg (Hoffmann und Campe).

Wilson, E.O. (1975): Sociobiology. The new synthesis. Cambridge, London (Harvard Univ. Press).

3. Kapitel: Paarungsstrategien bei Vögeln

Beutelmeisen:

Flade, Martin (1985): Zum Ansiedlungs- und Schlafplatzverhalten der Beutelmeise. – Journal f. Ornithologie, 126: 351.

Flade, M., D. Franz & A. Helbig (1986): Die Ausbreitung der Beutelmeise (Remiz pendulinus) an ihrer nordwestlichen Verbreitungsgrenze bis 1985. – J. Orn., 127: 261–287.

Franz, Dieter & Norbert Theiß (1983): Brutbiologie und Bestandsentwicklung einer farbberingten Population der Beutelmeise Remiz pendulinus. – Verh. orn. Ges. Bayern, 23: 393–442.

Franz, D., N. Theiß & H. Graff (1987): Weibchen der Beutelmeise Remiz pendulinus brütet in einer Saison zweimal erfolgreich an zwei mehr als 200 km voneinander entfernten Brutplätzen. – J. Orn., 128: 241–242.
Franz, D. (1988): Das Paarungssystem der Beutelmeise (Remiz pendulinus) – ein Kampf der Geschlechter. – J. Orn., 129: 107–111.
Isenmann, P. (1987): Zur Ausbreitung der Beutelmeise (Remiz pendulinus) in Westeuropa: Die Lage an der südwestlichen Verbreitungsgrenze. – J. Orn., 128: 110–111.
Maynard Smith, John (1977): Parental investment – a prospective analysis. – Anim. Behav., 25: 1–9.
Trivers, R.L. (1972): Parental investment and sexual selection. In: B. Campbell (ed.): Sexual selection and the descent of man 1871–1971, pp. 136–179. Chicago (Aldine).
– (1974): Parent-offspring conflict. – Amer. Zool., 14: 249–264.
Wickler, Wolfgang (1986): Dialekte im Tierreich. Ihre Ursachen und Konsequenzen. – Schriftenreihe der Westfälischen Wilhelms-Universität Münster. Münster (Aschendorff).
Winkel, W. & D. (1984): Polygynie des Trauerfliegenschnäppers (Ficedula hypoleuca) am Westrand seines Areals in Mitteleuropa. – J. Orn., 125: 1–14.

Sperbergrasmücke und Braunellen:

Birkhead, M.E. (1981): The social behaviour of the dunnock (Prunella modularis). – Ibis, 123: 75–84.
Davies, N.B. (1985): Cooperation and conflict among dunnocks, Prunella modularis, in a variable mating system. – Anim. Bav., 33: 628–648.
– (1986): Reproductive success of dunnocks, Prunella modularis, in a variable mating system. I. Factors influencing provisoning rate, nestling weight and fledging success.– J. Anim. Ecol., 55: 123–138.
– & A.I. Hudson (1986): Reproductive success of dunnocks, Prunella modularis, in a variable mating system. II. Conflicts of interest among breeding adults. – J. Anim. Ecol., 55: 139–154.
Jakober, H. & W. Stauber (1983): Zur Phänologie einer Population des Neuntöters (Lanius collurio). – J. Orn., 124: 29–46.
Møller, Anders Pape (1986): Mating systems among European passerines: a review. – Ibis, 128: 234–250.
Neuschulz, Frank (1981): Brutbiologie einer Population der Sperbergrasmücke (Sylvia nisoria) in Norddeutschland. – J. Orn., 122: 231–257.
– (1987): [Zur Polygynie der Sperbergrasmücke]. – J. Orn., 128: 397–398.
– (1988): Zur Synökie von Sperbergrasmücke (Sylvia nisoria) und

Neuntöter (Lanius collurio). Ergebnisse einer populations-biologischen Studie. Dissertation Universität Hamburg.
Panow, E.N. (1983): Die Würger der Paläarktis. Neue Brehm-Bücherei. Lutherstadt Wittenberg (A. Ziemsen).
Winding, N. (1987): [Paarungssystem, Kooperation und Territorialität bei der Alpenbraunelle]. – J. Orn., 128: 379–380.

Galapagos-Bussard:

Bednarz, J. (1987): Pair and group reproductive success, polyandry, and cooperative breeding in Harris' Hawks. – The Auk, 104: 393–404.
Brown, J.L. (1970): Cooperative breeding and altruistic behavior in the Mexican Jay (Aphelocoma ultramarina). – Anim. Behav., 18: 366–378.
– (1978): Avian communal breeding systems. – Ann. Rev. Ecol. Syst., 9: 123–155.
Craig, J. L. (1980): Pair and group breeding behavior of a communal Gallinuzle, the Pukeko (Phorphyrio p. melanotus). – Anim. Behav., 28: 593–603.
De Vries, Tjitte J. (1973): The Galapagos Hawk. Amsterdam (Free University Press).
Emlen, S.T. (1987): The evolution of cooperative breeding in birds, in J. Krebs & N.B. Davies (Eds.): Behavioural ecology, an evolutionary approach, pp. 245–281. Oxford (Blackwell Scientific Publications).
Faaborg, J., T.J. de Vries, C.P. Patterson & C.R. Griffin (1980): Preliminary observations on the occurrence and evolution of polyandry in the Galapagos Hawk (Buteo galapagoensis). – Auk, 97: 581–590.
Faaborg, John & Cindy P. Patterson (1981): The characteristics and occurrence of cooperative polyandry. – Ibis, 123: 477–484.
Faaborg, John (1984): Potential for restocking Galapagos Hawks on islands where they have been extirpated. – Noticias de Galapagos, 39: 28–30.
Jenni, D.A. & G. Collier (1972): Polyandry in the American Jacana (Jacana spinosa). – Auk, 89: 743–765.
MacDonald, D.W. (1979): ›Helpers‹ in fox society. – Nature (Lond.), 282: 69–71.
Mader, W.J. (1975): Extra adults at Harris' Hawks nest. – Condor, 77: 480–485.
– (1978): A comparative nesting study of Red-tailled Hawks and Harris' Hawks in southern Arizona. – Auk, 95: 327–337.
Mumme, R.L. et al. (1983): Mate guarding in the Acorn Woodpecker: within-group reproductive competition in a cooperative breeder. – Anim. Behav., 31: 1094–1106.
Rowley, I. (1981): The communal way of life in the Splendid Wren, Malurus splendens. – Z. Tierpsych., 55: 228–267.

Mäusebussard:

Coulson, J.C. (1966): The influence of the pair-bond and age on the breeding biology of the Kittiwake Gull, Rissa tridactyla. – J. anim. Ecol., 35: 269–279.

Glaubrecht, M. (1981): Dreieinhalbjährige Untersuchungen zur Lebensweise einer Mäusebussardpopulation (Buteo buteo) im Westen Ahrensburgs unter Anwendung einer individuellen Erfassungsmethode. – Hamb. Avifaun. Beitr., 18: 149–170.

– (1992): Zur Öko-Ethologie des Mäusebussards, Buteo buteo. I. Territorialität und Paarzusammenhalt. – (In Vorbereitung).

Wickler, W. (1971): Die Biologie der zehn Gebote. München (Piper).

Austernfischer:

Bateson, Patrick (ed.): Mate choice. Cambridge (Cambridge Univ. Press).

Diamond, J. (1987): A darwinian theory of divorce. – Nature (Lond.), 329: 765–766.

Fischdick, G.V. Hahn & K. Immelmann (1984): Die Sozialisation beim Rosenköpfchen Agapornis roseicollis. – J. Orn., 125: 307–319.

Harris, M.P. et al. (1987): The pair bond and divorce among Oystercatchers Haematopus ostralegus on Skokholm Island, Wales. – Ibis, 129: 45–57.

Lorenz, Konrad (1963): Das sogenannte Böse. Zur Naturgeschichte der Aggression. Wien (Borotha-Schoeler).

Mills, J.A. (1973): The influence of age and pair bond on the breeding biology of the Red-billed Gull Larus novaehollandiae scopulinus. – J. Anim. Ecol., 42: 147–162.

Schneegänse:

Birkhead, T. & A. Møller (1986): New Scientist, 112, 1539: 34.

Burke, T. & M.W. Bruford (1987): DNA fingerprinting in birds. – Nature (Lond.), 327: 149–152.

Gowaty, P.A. & A.A. Karlin (1984): Multiple maternity and paternity in single broods of apparently monogamous eastern bluebirds (Sialia sialis). – Behav. Ecol. Sociobiol., 15: 91–95.

Hill, W.G. (1987): DNA fingerprints applied to animal and bird populations. – Nature (Lond.), 327: 98–99.

Lessells, C.M. (1986): Brood size in Canada geese: a manipulation experiment. – J. Anim. Ecol., 55: 669–689.

Quinn, Th., Quinn, J.S. Cooke, F. & B.N. White (1987): DNA marker analysis detects multiple maternity and paternity in single broods of the leser snow goose. – Nature (Lond.), 326: 392–394.

Waage, K. Jonathan (1986): Evidence for widespread sperm displace-

ment ability among Zygoptera (Odonata) and the means for predicit-ing its presence. – Biol. Journ. of the Linnean Society, 28: 285–300.
Wetton, J.H. et al. (1987): Demographic study of a wild house sparrow population by DNA fingerprinting. – Nature (Lond.), 327: 147–149.

Felsenschwalben:

Brown, Ch.R. & M. Bomberger Brown (1988): A new form of reproductive parasitism in cliff swallows. – Nature (Lond.), 331: 66–68.
Davies, N.B. (1988): Dumping eggs on conspecifics. – Nature (Lond.), 331: 19.

II. Evolution

4. Kapitel: Was Darwin gern gewußt hätte

Die Selektion in der Ursuppe:

Calder, Nigel (1973): Das Lebensspiel. Die Evolution im Licht der modernen Biologie. Bern, Stuttgart (Hallwag).
Cech, Thomas R. (1987): RNA als Enzym. – Spektrum der Wissenschaft, Jan.: 42–51.
Degens, Egon T. (1977): Als das Leben begann. – Bild der Wissenschaft, Okt.: 107–120.
Delbrück, Max (1986): Wahrheit und Wirklichkeit. Über die Evolution des Erkennens. Hamburg (Rasch und Röhring).
Eigen, Manfred (1983): Entstehung des Lebens. Ein Ereignis zwischen naturgesetzlichem Zwang und historischer Einzigartigkeit. – Natur, März: 68–77.
– & Ruthild Winkler (1975): Das Spiel. Naturgesetze steuern den Zufall. München (Piper).
Evolution: Die Entwicklung von den ersten Lebensspuren bis zum Menschen. Spektrum der Wissenschaft: Verständl. Wissenschaft. Heidelberg (Spektrum d. Wissenschaft Verl.-Ges.), 1985.
Gilbert, Walter (1986): The RNA world. – Nature (Lond.), 319: 618.
George, Uwe (1984): Darwinismus. Der Irrtum des Jahrhunderts. – Geo, Juli: 74–122.
Illies, Joachim (1979): Schöpfung oder Evolution. Ein Naturwissenschaftler zur Menschwerdung. Zürich (Edition Interfrom).
Kaplan, Reinhard W. (1978): Der Ursprung des Lebens. Stuttgart (G. Thieme).
Kimura, Motoo (1985): Die »neutrale« Theorie der molekularen Evolu-

tion. – In: Evolution. pp. 100–108. Heidelberg (Spektrum der Wissenschaft: Verständl. Wiss.).
Küppers, Bernd-Olaf (1981): Evolution im Reagenzglas. In: H. v. Ditfurth (ed.): Mannheimer Forum 80/81. pp. 47–113. Hamburg (Hoffmann und Campe).
– (1986): Der Ursprung biologischer Information. Zur Naturphilosophie der Lebensentstehung. München (Piper).
– , Hrsg. (1987): Ordnung aus dem Chaos. Prinzipien der Selbstorganisation und Evolution des Lebens. München (Piper).
Lefevre, Wolfgang (1984): Die Entwicklung der biologischen Evolutionstheorie. Frankfurt/M., Berlin, Wien (Ullstein).
Monod, Jacques (1971): Zufall und Notwendigkeit. München (Piper).
Pflug, Hans-Dietrich (1984): Die Spur des Lebens. Berlin, Heidelberg, New York (Springer).
– (1985): Gedanken zum Ursprung des Lebens. – Umschau, 85 (1): 16–20.
Portmann, Adolf (1960): Neue Wege der Biologie. München (Piper).
Riedl, Rupert (1976): Die Strategie der Genesis. München (Piper).
Scherer, S. & Grant Lambert (1986): Korrekturmechanismen beim biologischen Informationstransfer. – Naturw. Rundschau, 39: 20–23.
Siewing, Rolf (Hrsg.) (1987): Evolution. Bedingungen – Resultate – Konsequenzen. Stuttgart (G. Fischer); 3. Aufl.
Smith, Peter (1986): Growing stromatolites. – Nature (Lond.), 320: 396.
Stebbins, G. Ledyard & Francisco J. Ayala (1985): Die Evolution des Darwinismus. – Spektrum der Wissenschaft, Sept.: 58–71.
Vollmert, Bruno (1982): Konnten die Lebewesen von selbst entstehen? – Natur, Okt.: 90–100.
– (1985): Chance $1:10^{1\,200\,000}$. – Natur, Nov.: 92–99.
– (1985): Das Molekül und das Leben. Reinbek (Rowohlt).
Weiss, Armin (1981): Replikation und Evolution in anorganischen Systemen. – Angewandte Chemie, 93: 843–854.

Gradualisten contra Punktualisten:

Brown, W.L. (1987): Punctuated equilibrium excused: the original examples fail to support it. – Biol. J. Lin. Soc., 31: 383–404.
Dawkins, R. (1985): What was all the fuss about? – Nature (Lond.), 316: 683–684.
Eldredge, Niles & Stephen Jay Gould (1972): Punctuated equilibria: an alternative to phyletic gradualism. In: Schopf, T.J.M. (ed.): Models in Paleobiology. 82–115. San Francisco (Freeman, Cooper and Co.).
Eldredge, N. (1986): Time Frames. The rethinking of Darwinian Evolution and the theory of Punctuated Equilibria. Lond. (Heinemann).

Freyer, G., P.H. Greenwood & J.F. Peake (1983): Punctuated equilibrium, morphological stasis and the palaeontological documentation of speciation: a biological appraisal of a history case in an African lake. – Biol. J. Lin. Soc., 20: 195–205.
Gould, Stephen Jay & Niles Eldredge (1986): Punctuated equilibrium at the third stage. – Syst. Zool., 35 (1): 143–148.
Maynard Smith, J. (1987): Darwinism stays unpunctured. – Nature (Lond.), 330: 516.
Penny, D. (1985): Two hypotheses on Darwin's gradualism. – Syst. Zool., 34 (2): 201–205.
Scudo, F.M. (1985): Darwin, Darwinian theories and punctuated equilibria. – Syst. Zool., 34 (2): 239–242.
Sheldon, Peter R. (1987): Parallel gradualistic evolution of ordovician trilobites. – Nature (Lond.), 330: 561–563.
Simpson, G.G. (1984): Fossilien. Mosaiksteine zur Geschichte des Lebens. Heidelberg (Spektrum der Wissenschaft).
Stebbins, G. Ledyard & Francisco J. Ayala (1981): Is a new evolutionary synthesis necessary? – Science, 213: 967–971.
– (1985): Die Evolution des Darwinismus. – Spektrum der Wissenschaft, Sept.: 58–71.
Thenius, Erich (1981): Versteinerte Urkunden. Die Paläontologie als Wissenschaft vom Leben in der Vorzeit. Berlin, Heidelberg, New York (Springer).
Williamson, P.G. (1981): Palaeontological documentation of speciation. – Nature (Lond.), 293: 437–443.
– (1981): Morphological stasis and developmental constraint: real problems of neodarwinism. – Nature (Lond.), 294: 214–215.
Willmann, Rainer (1985): Die Art in Raum und Zeit. Das Artkonzept in der Biologie und Paläontologie. Berlin, Hamburg (Parey).

Archaeopteryx:

Beardsley, T. (1986): Fossil bird shakes evolutionary hypotheses. – Nature (Lond.), 322: 677.
Bergmann, Hans-Heiner (1987): Die Biologie des Vogels. Wiesbaden (Aula).
Bühler, Paul (1986): Archaeopteryx – eine Diskussion der aktuellen Urvogelforschung. – J. Orn., 127: 487–507.
Charig, Alan J. (1982): Dinosaurier. Rätselhafte Riesen der Urzeit. Hamburg (Hoffmann & Campe).
Gould, S.J. (1986): The Archaeopteryx Flap. Natural History, Sept.: 16–25.
Hecht, M.K., J.H. Ostrom, G. Viohl & P. Wellhofer (Hrsg., 1985): The beginnings of birds. Proc. Inter. Archaeopteryx Conference, Eichstätt 1984. Eichstätt (Freunde des Jura Museums).

Kremer, B.P. (1986): Der Urvogel Archaeopteryx. – Naturwiss. Rundschau, 39: 341–344.
Stephan, Burkhard (1974): Urvögel. Neue Brehm-Bücherei. Lutherstadt Wittenberg (A. Ziemsen).
Simpson, G.G. (1984): Fossilien. Mosaiksteine zur Geschichte des Lebens. Heidelberg (Spektrum der Wissenschaft).
Wellnhofer, Peter (1978): Die fliegenden Saurier. – Spektrum der Wissenschaft, Erstedition: 57–71.
– (1985): Kein Vogelahne aus der Trias. – Naturwiss. Rdsch., 38: 343–344.
– (1987): Der älteste fossile Vogel gefunden?! – Naturwiss. Rdsch., 40: 145.
Wolf, H.W. (1986): Urvogel: Flog er oder flog er nicht? – Kosmos, Aug.: 11–17.
– (1987): Alter Vogel – neue »Ente«? – Kosmos, Febr.: 68–69.

Las-Hoyas-Vögel:

Bergmann, Hans-Heiner (1987): Die Biologie des Vogels. Wiesbaden (Aula).
Cracraft, Joel (1982): Phylogenetic relationship and monophyly of loons, grebes, and hesperornithiform birds, with comments on the early history of birds. – Syst. Zool., 31: 35–56.
– (1988): Early evolution of birds. – Nature (Lond.), 331: 389–390.
Sanz, J.L., J.F. Bonaparte & A. Lacasa (1988): Unusual early cretaceous birds from Spain. – Nature (Lond.), 331: 433–435.

5. Kapitel: Von »lebenden Fossilien«

Brückenechse, Perlboot, Quastenflosser:

Benton, M.J. (1985): Classification and phylogeny of the diapsid reptiles. – Zool.J. Linn. Soc., 84: 97–164.
– (1986): The demise of a living fossil: – Nature (Lond.), 323: 762.
Caroll, Robert L. (1988): Vertebrate Paleontology and Evolution. San Francisco (W.H. Freeman).
Dzwillo, M. (1978): Prinzipien der Evolution. Teubner Studienbücher der Biologie. Stuttgart (Teubner).
Fricke, Hans (1987): Im Reich d. lebenden Fossilien. – Geo, Okt.: 14–34.
– , O. Reinicke, H. Hofer & W. Nachtigall (1987): Locomotion of the coelacanth Latimeria chalumnae in its natural environment. – Nature (Lond.), 329: 331–333.
Fritzsch, B. (1987): Inner ear of the coelacanth fish Latimeria has tetrapod affinities. – Nature (Lond.), 327: 153–154.

Geoskop (1986): Neues von Nautilus. – Geo, Nov.: 178–180.
Krumbiegel, G. & B. Krumbiegel (1981): Fossilien der Erdgeschichte. Stuttgart (F. Enke).
Remane, A., V. Storch & U. Welsch (1986): Systematische Zoologie. Stuttgart (G. Fischer).
Romer, A.S. & Th. S. Parsons (1983): Vergleichende Anatomie der Wirbeltiere. Hamburg, Berlin (P. Parey).
Starmühlner, F. (1979): Urwaldinseln. Expeditionen zu den Inseln des Indopazifik. Wien, München (Jugend und Volk).
Thenius, Erich (1981): Versteinerte Urkunden. Die Paläontologie als Wissenschaft vom Leben in der Vorzeit. Berlin, Heidelberg, New York (Springer).
Wägele, H. (1988): Riesenwuchs contra spektakuläre Farbenpracht – Nudibranchia der Antarktis. – Natur und Museum, 118: 46–53.
Wellnhofer, P. (1987): Neues vom Nautilus. – Naturwissenschaftliche Rundschau, 40: 275.
Wendt, H. (1980): Die Entdeckung der Tiere. Von der Einhorn-Legende zur Verhaltensforschung. München (Christian).
Ziegler, B. (1983): Spezielle Paläontologie. Stuttgart (Schweizerbartsche Verlagsbuchhandlung).

Quaggas und Zebras:

Franzen, J.L. (1984): Die Stammesgeschichte der Pferde in ihrer wissenschaftlichen Entwicklung. – Natur u. Museum, 114: 149–162.
Godfrey, D., J.N. Lythgoe & D.A. Rumball (1987): Zebra stripes and tiger stripes. – Biol. J. Lin. Soc., 32: 427–433.
Gould, Stephen Jay (1981): What, if anything, is a zebra? – Natural History, 90: 6–12.
– (1986): Wie das Zebra zu seinen Streifen kommt. Essays zur Naturgeschichte. Basel, Stuttgart (Birkhäuser).
Jeffreys, A.J. (1984): Raising the dead and buried. – Nature (Lond.), 312: 198.
Higuchi, R., B. Bowman, M. Freiberg, O.A. Ryder & A.C. Wilson (1984): DNA sequences from the quagga, an extinct member of the horse family. – Nature (Lond.), 312: 282–284.
Mayr, Ernst (1979): Evolution und die Vielfalt des Lebens. Berlin, Heidelberg, New York (Springer).
Thenius, Erich (1979): Die Evolution der Säugetiere. Stuttgart (Fischer).
Reichholf, J. (1985): Funktion und Evolution des Streifenmusters bei den Zebras. – Säugetierkundl. Mitteilungen, 32: 89–95.
Vogt, H.H. (1984): Quagga: DNA konserviert. – Naturwiss. Rundschau, 37: 327.
– (1985): Quaggas: DNA-Sequenz bestimmt. – Naturwiss. Rundschau, 38: 205.

– (1986): Quagga – eine Subspecies. – Naturwiss. Rundschau, 39: 126–127.
– (1988): Rückzüchtung des Quaggas: – Naturwiss. Rundschau, 41: 25.
Waage, J. (1979): The evolution of insect/vertebrate associations. – Biol. J. Lin. Soc., 12: 187–224.

III. Unsere Brüder im Meer

Wale, See-Elefanten, Robben und Delphine:

Alpers, A. (1967): Delphine. Wunderkinder des Meeres. München (dtv).
Behrmann, G. (1983): Funktion und Evolution der Delphinnase. – Natur u. Museum, 113: 71–78.
– (1984): Zur Orientierung der Wale. – Naturwissenschaftl. Rundschau, 37: 108–109.
Cherfas, J. (1987): Elephant seals reach depths other seals can't. – New Scientist, 115: 36.
Deimer, Petra (1983): Das Buch der Wale. Hamburg (Hoffmann und Campe).
Drescher, H. E. (1979): Biologie, Ökologie und Schutz der Seehunde im schleswig-holsteinischen Wattenmeer. Beitrag zur Wildbiologie, Heft 1. Meldorf (Landesjagdverband Schleswig-Holstein).
Hunter, B. & R. Weyler (1979): Rettet die Wale: Die Fahrten von Greenpeace. Lampertheim (Kübler).
John, Wolfgang (1986): Populations- und nahrungsökologische sowie ethologische Studien am Seehund im niedersächsischen Wattenmeer. Dissertation am Institut für Wildbiologie, Universität Göttingen.
Kanwisher, John W. & Sam H. Ridgway (1983): Wale und Delphine: Anpassung ans Meer. – Spektrum d. Wissenschaft, Aug.: 56–64.
Lockley, R. M. (1979): Whales, dolphines and porpoises. Newton Abbot, London (David and Charles).
Loohuis, Jaap (1985): Die Wal-Kür. – Natur, Febr.: 44–53.
Mackay, R. S. & H. M. Liaw (1981): Dolphin vocalization mechanisms. – Science, 212: 676–678.
Oelschläger, H. A. (1978): Erforschungsgeschichte, Morphologie und Evolution der Wale. – Natur u. Museum, 108: 317–333.
Payne, Katherine & Roger (1985): Large scale changes over 19 years in songs of Humpback Whales in Bermuda. – Zeitschrift f. Tierpsychol., 68: 89–114.
Pilleri, Giorgio (1985): Schließt die Delphinarien! – Geo, Okt.: 194–196.
Reijnders, P. J. H. (1978): Recruitment in the harbour seal (Phoca vituli-

na) population in the Dutch wadden sea. – Netherlands Jour. Sea Research 12: 164–179.

Treuenfels, C.-A. v. (1984): Abenteuer Naturschutz in Deutschland. Hamburg (Hoffmann und Campe).

Vogt, H.-H. (1983): Warum stranden Wale? – Naturwissenschaftl. Rundschau, 36: 450–451.

– (1987): Stranden der Wale geklärt? – Naturwissenschaftl. Rundschau, 40.

Wahlert, G. & H. (1981): Was Darwin noch nicht wissen konnte. Die Naturgeschichte der Biosphäre. München (dtv).

Winn, H.E. et al. (1981): Song of the Humpback Whale – Population comparisons. – Behav. Ecol. Sociobiol., 8: 41–46.

Wipper, E. (1975): Die Bejagung des Seehundes (Phoca vitulina) in Niedersachsen, ihre Folgen und die Problematik bei Beurteilung der Seehundpopulation der Nordsee. – Beitr. z. Naturkunde Niedersachsens, 28: 83–104.

Personen- und Sachregister

Konrad Lorenz im dtv

Er redet mit dem Vieh,
den Vögeln und den Fischen

Unaufdringlich und humorvoll schildert Lorenz die differenzierten Verhaltensweisen der Tiere, die sein Haus in Altenberg bei Wien bevölkert haben.
dtv 173

So kam der Mensch auf den Hund

Der Hundebesitzer Lorenz zeigt Entwicklungsgeschichte und Verhaltensformen dieser Tierart auf und erzählt mit viel Humor von seinen Beobachtungen und persönlichen Erfahrungen.
dtv 329

Das sogenannte Böse
Zur Naturgeschichte der Aggression

Ein Schlüsseltext unserer gegenwärtigen menschlichen Selbsterkenntnis mit epochalem Rang, der eine fruchtbare und nützliche Diskussion über die natürlichen Grundlagen des menschlichen Daseins in Gang gesetzt hat.
dtv 1000

Die Rückseite des Spiegels
Versuch einer Naturgeschichte menschlichen Erkennens

»Der fortschreitende Verfall unserer Kultur ist so offensichtlich pathologischer Natur, trägt so offensichtlich die Merkmale einer Erkrankung des menschlichen Geistes, daß sich daraus die kategorische Forderung ergibt, Kultur und Geist mit der Fragestellung der medizinischen Wissenschaft zu untersuchen.« dtv 1249

Das Jahr der Graugans

Ein außergewöhnlicher Text- und Bildband über die Lebens- und Verhaltensweisen der Graugänse in ihrer natürlichen Umwelt. Mit 147 Farbfotos aus dem Jahresablauf des Familien- und Gesellschaftslebens der Wildgänse. dtv 1795

Konrad Lorenz/Kurt L. Mündl:
Noah würde Segel setzen
Vor uns die Sintflut

Eine eindringliche Warnung vor der Zerstörung der für Mensch und Tier unentbehrlichen natürlichen Lebensräume. Mit Portraits in Text und Bild von fünfzig bedrohten heimischen Tierarten. dtv 10750

Antal Festetics:
Konrad Lorenz

Eine lebendige und anschauliche Biographie des Nobelpreisträgers von seinem Schüler und Weggefährten Antal Festetics.
Mit 250 Fotos. dtv 11044

Vitus B. Dröscher im dtv

Foto: Erwin Falk

Überlebensformel
Wie Tiere Umweltgefahren meistern

Eine Reihe von Umweltproblemen, für die der Mensch vielfach noch nach Lösungen sucht, haben Tiere längst auf erstaunlich wirksame Weise bewältigt. dtv 1733

Nestwärme
Wie Tiere Familienprobleme lösen

An zahlreichen Beispielen zeigt Dröscher, wie die Natur Tiere zu guten Eltern macht und ihnen das richtige Verhalten ihren Jungen gegenüber eingibt. dtv 10349

Wie menschlich sind Tiere?

Nicht um die häufige Vermenschlichung von Tieren geht es Vitus B. Dröscher in seinen spannenden, amüsanten und aufschlußreichen Vergleichen zwischen Verhaltensweisen der Menschen und Tiere. Vielmehr interessiert ihn, ob und wie sich Phänomene menschlichen Verhaltens in der Tierwelt wiederfinden. dtv 10442

Wiedergeburt
Leben und Zukunft bedrohter Tiere

Am Beispiel von 22 gefährdeten Tierarten beschreibt Vitus B. Dröscher Erfolge und Rückschläge im Kampf um die Erhaltung der Natur und ihrer Fauna. dtv 10659

Geniestreiche der Schöpfung
Die Überlebenskunst der Tiere

Vitus B. Dröscher berichtet über die außergewöhnlichen Überlebensstrategien von achtzig Tierarten, die wie grandiose Phänomene anmuten. Daraus entwickelt sich ein Bild vom großen Einfallsreichtum der Natur, der das Überleben vieler Tierarten garantiert. dtv 10936

Magie der Sinne im Tierreich

Tiere »sehen« elektrische Felder, infrarotes, ultraviolettes und polarisiertes Licht. Sie »hören« Bilder, riechen kilometerweit, spüren Erdbeben voraus, schreien für uns unhörbar, navigieren nach der Sonne und den Sternen. Eine allgemeinverständliche, aber fundierte Darstellung geradezu magisch anmutender Wahrnehmungsfähigkeiten mancher Tierarten. dtv 11441

Hoimar v. Ditfurth im dtv

Der Geist fiel nicht vom Himmel
Die Evolution unseres Bewußtseins

Die Entstehung menschlichen Bewußtseins als notwendiges Ergebnis einer Jahrmilliarden langen Entwicklungsgeschichte. »... der gelungene Versuch, dem Leser jenen Eckzahn des ›Mittelpunktwahns‹ zu ziehen, daß nämlich die Welt so beschaffen ist, wie wir sie als Menschen erleben.« (Hamburger Abendblatt)
dtv 1587

Im Anfang war der Wasserstoff

Ein Report über 13 Milliarden Jahre Naturgeschichte, angefangen vom Urknall über die Entstehung des »Abfallprodukts« Erde, über die große Sauerstoffkatastrophe, die Entstehung der Warmblütigkeit (und damit die Voraussetzung für das menschliche Bewußtsein) bis hin zur Möglichkeit interplanetarisch-galaktischer Kommunikation. Durchgehend verzeichnet Ditfurth dabei das Vorherrschen von Vernunft. dtv 1657

Kinder des Weltalls
Der Roman unserer Existenz

Anhand wissenschaftlicher Erkenntnisse vollzieht Ditfurth nach, warum auf unserer Erde Leben entstehen konnte und wie unser Dasein von ineinandergreifenden kosmischen Vorgängen abhängt. dtv 10039

Wir sind nicht nur von dieser Welt
Naturwissenschaft, Religion und die Zukunft des Menschen

»Dies Buch wird in der Überzeugung geschrieben, daß die naturwissenschaftliche und die religiöse

Foto: York-Foto, Freiburg i. Br.

Deutung der Welt und des Menschen miteinander in Einklang zu bringen sind.« (Hoimar von Ditfurth)
dtv 10290 / großdruck 25027

Zusammen mit Volker Arzt:

Dimensionen des Lebens

Reportagen aus der Naturwissenschaft auf der Grundlage der Fernsehreihe »Querschnitte«, mit der Hoimar v. Ditfurth und Volker Arzt gezeigt haben, daß allgemeinverständliche Beiträge aus diesem Bereich möglich sind und wissenschaftliche Materie durchaus in fesselnde Erlebnisse auch für den fachlich nicht vorgebildeten Zuschauer umgesetzt werden kann.
dtv 1277

Querschitte
Reportagen aus der Naturwissenschaft

Zehn weitere Beiträge aus der erfolgreichen Fernsehserie »Querschnitte« in Buchform. dtv 1742